U0110434

古代歷史文化研究輯刊

十一編

王明蓀 主編

第 5 冊

劉裕軍功及其受益階層研究

劉則永 著

國家圖書館出版品預行編目資料

劉裕軍功及其受益階層研究／劉則永 著 — 初版 — 新北市：
花木蘭文化出版社，2014〔民 103〕
目 2+220 面；19×26 公分
（古代歷史文化研究輯刊 十一編；第 5 冊）
ISBN：978-986-322-564-5（精裝）

1. 軍官　2. 官制　3. 南宋

618　　　　　　　　　　　　　　　　　　103000931

古代歷史文化研究輯刊
十一編　第 五 冊　　　　　ISBN：978-986-322-564-5

劉裕軍功及其受益階層研究

作　　者　劉則永
主　　編　王明蓀
總 編 輯　杜潔祥
副總編輯　楊嘉樂
編　　輯　許郁翎
出　　版　花木蘭文化出版社
社　　長　高小娟
聯絡地址　235 新北市中和區中安街七二號十三樓
　　　　　電話：02-2923-1455／傳真：02-2923-1452
網　　址　http://www.huamulan.tw 信箱 hml 810518@gmail.com
印　　刷　普羅文化出版廣告事業
初　　版　2014 年 3 月
定　　價　十一編 24 冊（精裝）新台幣 46,000 元
版權所有‧請勿翻印

劉裕軍功及其受益階層研究

劉則永　著

作者簡介

劉則永，男，河北省文安縣人。1971 年出生。1995 年獲得河北大學歷史學系歷史專業學士學位，1998 年獲得河北大學歷史研究所秦漢史方向碩士學位，2001 年獲得北京師範大學歷史學系魏晉南北朝史方向博士學位。2001.7–2005.6，任中華書局辭書一部（古籍資源開發部）編輯、副編審。2005.7–2009.2，任民革中央宣傳部《團結》雜誌（民革中央機關刊物）編輯部副主任。2009.4- 現在，任民革中央宣傳部黨史處副處長、處長。

先後發表了《中興名臣霍光》（《文史知識》1999 年第 7 期）、《劉宋皇室之婚媾》（《江蘇社會科學》2001 年第 2 期）、《二十世紀的中國幕府研究》（《東南學術》2001 年第 4 期）等學術文章，按時提交博士學位論文《劉裕軍功受益階層研究》，得到導師和答辯委員會的一致好評，最終於 2001 年 6 月順利通過博士論文答辯並獲得學位。《二十世紀的中國幕府研究》一文，獲得「《東南學術》1998－2001 年優秀論文獎」。

在中華書局擔任編輯期間，所在部門主業為辭書工具書，先後參與了《中華辭海》中中國歷史、電子、物理等學科和《漢語成語大詞典》的組稿、加工、審讀，獨自責編了《古漢語實用詞典》、《中華典故詞典》、《宋代商人和商業資本》、《徘徊於七寶樓臺——吳文英詞研究》等各類圖書多種。其中，《漢語成語大詞典》獲得中華書局 2002 年度優秀圖書獎一等獎，參與修訂的《中華字典（豪華本）》獲得二等獎，擔任責編的《X 辭典——高考理科綜合》獲得中華書局優秀圖書三等獎。

在民革中央宣傳部工作期間，先後承擔了《李濟深畫傳》、《中山精神讀本》、《民革與新中國的建立》、《中山學概論》、《民革前輩與辛亥革命》等書的寫作、編輯任務。2011 年，獲得民革中央年度優秀公務員稱號。

博士學位論文答辯委員會組成：

主席，祝總斌（北京大學歷史學系教授）。委員，閻步克（北京大學歷史學系教授）；瞿林東（北京師範大學史學研究所教授）；曹文柱（北京師範大學歷史學系教授）；蔣福亞（首都師範大學歷史學系教授）等。

博士學位論文評語：

魏晉南朝的歷史上，晉宋之際構成了又一個重要的轉型期。東晉門閥政治由此低落，南朝皇權重新振興，其間各階層的權勢格局出現了重大變化。作者從新的角度做出了新的揭示。其突出特色是，引入了「軍功受益階層」概念，進之比照與「軍層」的關係，提出了若干身份類型概念，且將之用於分析晉宋社會變動。並在此基礎上，採用了一些新的理論和方法，探討了這一歷史階段以京口次門為主的「軍層」的興衰沈浮，以及與其他社會集團的互動關係。在突破傳統思路，開闊視野，豐富研究手段等方面作出了貢獻，使這一似已題無餘義的課題呈現出新的面貌，將東晉南朝史的研究水平向前推進了一步。本文徵引豐富，所列諸表，足見功力，反映了作者治學的勤奮和學風的嚴謹。答辯委員會對劉則永的答辯表示滿意，一致認為，這是一篇具有創新精神而且頗具功力的博士論文。經過無記名投票，答辯委員會一致通過，建議授予其博士學位。

提　　要

　　軍功受益階層，是指因軍功而獲得政治、經濟利益的特殊社會階層。這個概念，與「軍事集團」、「軍功集團」相比，更側重於縱向的考察，不僅包括因軍功而受益者本人，同時也包括他們的後代。劉裕軍功受益階層是以京口次門為主，在反桓複晉旗幟下組成的軍事集團。它產生於東晉門閥政治的大背景下，是諸多因素作用的結果。有一批以軍旅為生的武人存在，和他們之間已有的良好鄉里關係，較為接近的家世、出身，是其賴以生存、發展的社會基礎。東晉末年的紛繁政局，高門在內亂中的漸次凋謝，使得京口次門地位逐漸提高，呈代替高門之勢。而桓玄篡晉及其對次門武人的排擠、壓制，加速了這一過程，是劉裕軍功受益階層形成的直接誘因。桓玄稱帝所帶來的人心思晉之機，使得劉裕能趁亂起事，桓玄摒棄的晉室招牌被地位卑微的次門拿來作為反對門閥政治的旗幟。高門的鄙薄武事，則導致了他們在政治上的徹底失敗，無法與以京口次門為代表的新興力量相抗衡。劉裕為首的京口次門勢力，終於登上長期為高門所盤踞的政治舞臺，並由邊緣走到中心。

　　晉末劉宋的 70 餘年時間裏，劉裕軍功受益階層經歷了產生、發展、高潮、衰落諸多過程，本文對劉裕「軍層」所發生的滄桑巨變採取了兩種角度的觀察方法。首先，我們運用量化分析的方法，依照當時政治制度的特點，挑選出數個有代表性的官職，對相關史料進行分類、統計，從而得出結論，即：在晉末劉宋的 75 年時間裏，劉裕軍功受益階層在政治中的地位、影響在晉宋之際盛極之後，總體呈下降之勢，而處於其下風的宗室、「非軍層」等勢力則逐漸發展、壯大起來。造成這種情況的原因在於：「軍層」內部權力之爭導致相互之間的不信任；劉裕及其後繼者施政理念的改變；受到劉宋皇室婚媾的波及等等。其次，在量化分析的基礎上，我們再採用個案微觀分析、宏觀分析相結合的方法。晉末宋初，劉裕「軍層」由於在反桓複晉、造宋代晉中的突出表現，使得沒有任何一支政治勢力可以與之抗衡。剛剛從門閥政治陰影下走出的皇權，也不得不依靠強大的「軍層」勢力穩固統治。劉裕死後，「軍層」中被委以重托的顧命大臣，廢黜了宋少帝劉義符，擁立劉裕第三子劉義隆為帝。此時，「軍層」的地位達到了前所未有的程度，再次凌駕於皇權之上。然而，上臺不久的宋文帝，在其他「軍層」幫助下，成功消滅了顧命集團，重新確立起皇帝的絕對權威。此後，劉裕軍功受益階層，政治地位逐漸衰落，不時受到皇權從多方面進行的壓制和打擊。特別是宗室勢力的崛起，迫使「軍層」交出已極為有限的權力。不過，隨著皇權、宗室矛盾的加劇，「軍層」中具有外戚身份者，由於與皇權的特殊關係，仍能得到皇帝的信用，並被作為抑制宗室的武器。宋末，逐漸喪失了祖先武勇之風而又缺乏才幹的「軍層」，在以蕭道成為首的武人勢力崛起之時，不再具有獨立的政治地位。劉裕軍功受益階層，除了已經消失無聞的一部分外，有的搖身一變成為蕭齊代宋的功臣，有的則為新政權所拋棄而退出歷史舞臺，這就是劉裕軍功受益階層的結局。劉裕軍功受益階層，還對南朝政治、社會產生了深遠的影響，在齊梁佔有重要地位的許多家族，特別是高門大族，幾乎都與劉裕「軍層」有著千絲萬縷的聯繫。

目次

緒論　問題的提出：關於軍功受益階層 ⋯⋯⋯⋯⋯ 1

一、概念的界定 ⋯⋯⋯⋯⋯⋯⋯⋯⋯⋯⋯⋯⋯ 1

二、研究現狀 ⋯⋯⋯⋯⋯⋯⋯⋯⋯⋯⋯⋯⋯⋯ 3

三、研究思路與方法 ⋯⋯⋯⋯⋯⋯⋯⋯⋯⋯⋯ 5

第一章　劉裕軍功受益階層的形成 ⋯⋯⋯⋯⋯⋯⋯ 7

第一節　寓居京口的次門武人 ⋯⋯⋯⋯⋯⋯⋯ 8

第二節　動盪政治中的京口次門 ⋯⋯⋯⋯⋯⋯ 10

第三節　桓玄代晉與次門命運 ⋯⋯⋯⋯⋯⋯⋯ 13

第四節　對晉室的認同心理 ⋯⋯⋯⋯⋯⋯⋯⋯ 17

第五節　高門的鄙薄武事及其衰落 ⋯⋯⋯⋯⋯ 20

第二章　劉裕軍功受益階層之興衰變遷 ⋯⋯⋯⋯⋯ 23

第一節　晉末劉宋社會與參數之選取 ⋯⋯⋯⋯ 23

第二節　劉裕軍功受益階層的變動軌跡 ⋯⋯⋯ 27

一、諸公 ⋯⋯⋯⋯⋯⋯⋯⋯⋯⋯⋯⋯⋯⋯⋯ 27

二、尚書省官員 ⋯⋯⋯⋯⋯⋯⋯⋯⋯⋯⋯⋯ 30

三、中書省官員 ⋯⋯⋯⋯⋯⋯⋯⋯⋯⋯⋯⋯ 34

四、門下省官員 ⋯⋯⋯⋯⋯⋯⋯⋯⋯⋯⋯⋯ 36

五、禁衛武官 ⋯⋯⋯⋯⋯⋯⋯⋯⋯⋯⋯⋯⋯ 37

六、都督刺史 ⋯⋯⋯⋯⋯⋯⋯⋯⋯⋯⋯⋯⋯ 40

　　　七、郡國守相 ……………………………… 46
　　　八、其他官職 ……………………………… 49
　　第三節　劉裕軍功受益階層內部變動分析 ……… 53
　　　一、建義次門爲主的義熙初年政局 ………… 53
　　　二、劉裕北伐與「軍層」之變動 …………… 57
　　　三、劉宋皇室婚媾與「軍層」變動 ………… 63
　第三章　劉裕軍功受益階層與晉宋政治 ………… 69
　　第一節　「軍層」與劉裕之關係 ……………… 69
　　第二節　劉穆之之死與霸府重建 ……………… 75
　　第三節　劉裕的顧命大臣與「軍層」 ………… 82
　　第四節　元嘉政治法制化與「軍層」 ………… 90
　　第五節　孝武政治與「軍層」 ………………… 97
　　第六節　明帝政治與「軍層」 ……………… 100
結　語 ………………………………………………… 105
參考書目 ……………………………………………… 113
附　錄 ………………………………………………… 119
　表一：諸公 ………………………………………… 119
　表二：尚書省官員 ………………………………… 123
　表三：中書省官員 ………………………………… 135
　表四：門下省官員 ………………………………… 138
　表五：禁衛武官 …………………………………… 153
　表六：都督刺史 …………………………………… 169
　表七：郡國守相 …………………………………… 186
　表八：其他官職 …………………………………… 216

緒　論
問題的提出：關於軍功受益階層

一、概念的界定

　　劉裕是魏晉南北朝史乃至中國古代史上一個極爲重要的歷史人物。從政治史的角度看，他是劉宋的開國皇帝，一掃東晉門閥政治格局，開創南朝皇權政治的新局面。從社會史的角度而言，協助劉裕反桓復晉、造宋代晉的軍功階層，大多數是次門，他們以軍功起家，依賴與劉宋的姻親關係，上昇爲高門，成爲其中的後進者，給門閥大族帶來了新鮮的血液，充實了它的階級基礎與社會基礎。劉裕的這兩大功績，都與因追隨他而獲益的軍功受益階層有著密不可分的關係。本書以此爲視角，提出劉裕軍功受益階層說。

　　「軍功受益階層」一詞，係華裔學者李開元先生在《漢帝國的建立與劉邦集團——軍功受益階層研究》一書中所提出的概念，他在對秦末漢初社會進行深入分析後認爲，當時存在著一個以軍人爲主體，擁有強大的政治勢力和經濟基礎，具有高等社會身份的新的社會集團。它根基於軍功爵及其隨之而來的各種既得利益，在當時的歷史條件下，成爲一個獨特的社會階層，稱之爲軍功受益階層。〔註1〕筆者拜讀李著之後，聯繫魏晉南北朝動蕩的社會現

〔註1〕　可參見李開元《漢帝國的建立與劉邦集團——軍功受益階層研究》，生活・讀書・新知三聯書店 2000 年 3 月版。另可參考有關書評：張繼海文，《中國學術》第四輯，劉東主編，商務印書館 2000 年 10 月版，326～328 頁。葉煒：《自覺的理論意識——讀李開元先生〈漢帝國的建立與劉邦集團〉》，《北京大學學報（哲學社會科學版）》2001 年 1 期，153～156 頁。

實，決定選取晉末劉宋這一歷史時段作爲考察對象，從軍功受益階層的角度
對其加以分析。鑒於劉裕在這段歷史中所擁有的重要地位，筆者遂名之爲劉
裕軍功受益階層。〔註2〕

　　嚴格的講，軍功受益階層有廣義、狹義之分，二者之間既有區別又有聯繫。
狹義的軍功受益階層，也可稱爲軍功階層，僅限於以軍功而獲得某種特權身份
特徵的政治、社會階層，注重於獲得軍功利益者本人，是橫向的觀察。廣義的
軍功受益階層，則更側重於縱向的考察，不僅包括軍功受益者本人，同時包括
他們的後代。凡是父祖有軍功之資的階層（或個人），均可歸入軍功受益階層的
範圍。他們的入仕，很大程度上正是倚恃於父祖的軍功之資，其家族的命運，
也因之興衰沉浮。本書所採用的軍功受益階層一詞，屬於廣義的概念。

　　筆者之所以將軍功受益階層單獨提出加以研究，一個很重要的因素，就
是在晉末劉宋社會中，以軍功仕進者，其人數之多、力量之大，已經發展到
足可與其他任何一支政治力量相抗衡，以階層目之，並不爲過。下面是我們
基於本書第二章統計表所作的統計表、圖，表格中斜線前爲人數，後爲百分
比數，柱狀圖是依百分比數值繪製。希望能通過這種較爲直觀的方式，進行
比照研究，展現在晉末劉宋政局中，「軍層」所佔有的重要地位。〔註3〕

	諸公 1	尚書 2	中書 3	門下 4	禁衛 5	督刺 6	郡相 7	其他 8
軍層	22/36	171/75	60/72	191/67	142/65	154/58	313/72	62/76
宗室〔註4〕	38/62	22/10	13/16	43/15	38/17	82/31	52/12	11/13
非軍層	1/2	36/15	10/12	51/18	39/18	30/11	72/16	9/11
總計	61/100	229/100	83/100	285/100	219/100	266/100	437/100	82/100

　　需要說明的一點是，5、6、7 三項，各有約 70、60、90 例無法確定準確身

〔註2〕 在行文中，「劉裕軍功受益階層」，大多數情況下省稱爲「軍層」，但有時也採
　　　　用劉裕「軍層」等稱呼，以與蕭道成「軍層」相區別。

〔註3〕 圖表中所選取的八種官職的省略稱呼，皆依據本書附表。「軍層」，是劉裕軍
　　　　功受益階層的省稱；「宗室」，是晉、宋、齊三朝宗室的總稱；而「非軍層」，
　　　　在本書中，如非特別指出，則是除去「軍層」、「宗室」之外的其他各階層。
　　　　由於製錄、列印等原因，本書表、圖有可能不太清晰，請參見各有關說明。
　　　　特此致歉。

〔註4〕 本書中的「宗室」，其含義係採用張興成《兩晉宗室制度研究》之説，北京師
　　　　範大學博士學位論文，2000 年 4 月，第 1 頁，注 13。

份者，其中大部分應屬於崛起較晚的次門、寒門，尤其是寒門，但其中具有「軍層」身份者並不多。我們這裡並沒有將其計入，因為總的看來，它至多牽涉到與宗室的位次問題，並不會影響「軍層」在三者之中所佔的優勢地位。

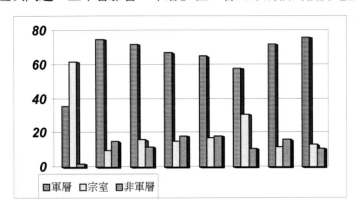

由上面的圖表不難看出，在我們所選擇的較有代表性的八種官職中，除了諸公地位特殊，在皇權日趨強大的劉宋一朝大部為宗室壟斷以外，其他的各個官職，都是劉裕軍功受益階層佔據絕對優勢。這個數量龐大的階層，在晉末劉宋的 70 餘年中，曾經扮演了相當重要的角色。

二、研究現狀

由於中國史學界的傳統，關於軍功家族、受益階層的研究，一直屬於政治史的範疇。田餘慶先生《暨豔案及相關問題——兼論孫吳政權的江東化》一文的「作者跋語」中有這樣一段話：

> 中國古代政權當其興建之際或經歷其他變革之時，往往從受益階層中培植相當數量的人物，使之通過某種渠道進入仕途，充實統治機構，鞏固這一變革。以此登進於朝的一代人物，必然是權勢為先、魚龍混雜。與此相應，選舉制度弊端百出，社會、政治矛盾難於避免……如果主事者不識時務，不容忍這種腐敗，而欲堅持沙汰穢濁，惟平是務，就難免引發利害衝突，導致當權者的暴力干預，甚至釀成大獄，出現悲慘結局。〔註5〕

這是筆者所看到的關於魏晉南北朝時期受益階層問題的最早論述。田先生的跋語，本非文章正文，而係在後來結集出版時所添加，是對論點的進一步深

〔註 5〕　《秦漢魏晉史探微》，中華書局 1993 年 11 月版，303 頁。

化與總結。他只是提到了這一概念，但並無深入論述。所謂的「受益階層」，如果僅就田文而言，當指那些曾協助富春孫氏立國江東的諸家族。他們之中有的早先雖曾與孫氏有過矛盾，但是隨著時間的推移，孫吳政權在江東統治不斷鞏固，爲了維持自己的政治、社會地位，他們只得見風使舵，通過具體政治、軍事鬥爭而重新贏得孫吳信任。顧陸朱張從此成爲吳姓士族的代表，其政治地位也隨之確定。

學術研究仁者見仁，智者見智，本屬常事。陳琳國著有《論晉末劉宋軍功家族的三種類型》一文，〔註6〕認爲在晉末劉宋這一歷史時期中，曾存在三種類型（京口僑人、荒傖、南人）的軍功家族說，很有啓發意義，但他卻沒有將其時的社會統治階層——高門計入。大概是覺得高門當時大多僅爲府州僚佐，參謀帷幄，而並非馳騁疆場的將帥之任，其功勞不能與以武力進身的次門相比的緣故。陳氏此說，對「軍功家族」這一概念的理解顯然過於狹隘。其實，對「軍層」的探討，不應該、也不能僅僅局限於衝鋒陷陣的武人。這絕不單是我們現代人的想法，生活在當時的古人也有很多持類似觀點。關於劃分功臣的標準問題，早在漢初就曾經出現過。這就是有名的「功狗」、「功人」間的封爵之爭。

> 漢五年，既殺項羽，定天下，論功行封。群臣爭功，歲餘功不決。高祖以蕭何功最盛，封爲酇侯，所食邑多。功臣皆曰：「臣等身被堅執銳，多者百餘戰，少者數十合，攻城略地，大小各有差。今蕭何未嘗有汗馬之勞，徒持文墨議論，不戰，顧反居臣等上，何也？」高帝曰：「諸君知獵乎？」曰：「知之。」「知獵狗乎？」曰：「知之。」高帝曰：「夫獵，追殺獸兔者狗也，而發蹤指示獸處者人也。今諸君徒能得走獸耳，功狗也。至如蕭何，發蹤指示，功人也。」〔註7〕
>
> （《史記·蕭相國世家》6/53/2015）

在曹參等攻城略地、衝鋒陷陣的武人看來，蕭何、張良等爲劉邦出謀劃策的文人實在算不了什麼，稱不上是大功臣，或者連功臣都不是。然而，正所謂「公知其一，未知其二」，劉邦深知，正是在這些「運籌策帷帳之中，決勝於

〔註6〕《中國史研究》1995 年 4 期，138～143 頁。

〔註7〕本書著重號皆爲引者所加，下同。在引用典籍之後的數字與斜線，是該引文所在的「冊/卷/頁」或「卷/頁」的簡寫。如《史記·蕭相國世家》6/53/2015」即是指中華書局點校 10 冊本《史記》之第 6 冊、第 53 卷、第 2015 頁。依此類推。

千里之外」(《史記‧高祖本紀》2/8/381)的文士幫助下，自己才能屢敗屢戰，最終打敗不可一世的項羽而王天下，建立起統一的漢帝國。無獨有偶，在其後的位次之爭中，鄂君也看到了這一點，並據此駁斥仍不服氣的眾武將。

> 列侯畢已受封，及奏位次，皆曰：「平陽侯曹參身被七十創，攻城略地，功最多，宜第一。」……關內侯鄂君進曰：「群臣議皆誤。夫曹參雖有野戰略地之功，此特一時之事。夫上與楚相距五歲，常失軍亡眾，逃身遁者數矣。然蕭何常從關中遣軍補其處，非上所詔令召，而數萬眾會上之乏絕者數矣。夫漢與楚相守滎陽數年，軍無見糧，蕭何轉漕關中，給食不乏。陛下雖數亡山東，蕭何常全關中以待陛下，此萬世之功也。今雖亡曹參等百數，何缺於漢？漢得之不必待以全。奈何欲以一旦之功而加萬世之功哉！蕭何第一，曹參次之。」高祖曰：「善。」於是乃令蕭何「第一」。(《史記‧蕭相國世家》6/53/2016)

可見，在劉邦軍事集團進行利益分割時，蕭何雖為文士，但封爵、位次第一均非其莫屬，絕非單單人情世故所致，更是客觀事實的真實體現。這一爭論清楚的表明，軍功的有無，如果只以是否衝鋒陷陣為標準的話，非但會遭到軍功集團內部人士的反對，在居於上層的統治者心目中，更對此不以為然。因為只有處處得益於帷幄近臣的統治者才有可能切身的感受到，這些不堪疆場之任的文弱書生真實價值之所在。

三、研究思路與方法

　　鑒於魏晉南北朝社會的複雜情況，為了便於多角度分析、研究，本書採取政治分層、社會分層兩種不同的區分方法。所謂政治分層，即從政治角度出發而劃分的社會階層，本書所涉及者，有「軍層」、「非軍層」、外戚、宗室等階層。社會分層，則是從社會、階級關係的角度，也就是傳統學術界將魏晉南北朝階級結構劃分的高門、次門和寒門等階層。然而，事實上，這兩種性質的分層互相滲透、彼此影響，本書所涉及的大多數階層，均帶有多重色彩。在具體研究過程中，不可能將兩者完全割裂，我們也盡可能把它們結合起來分析。

　　本書擬從劉裕軍功受益階層入手，在分析其產生、發展、演變以至衰亡的同時，也著重考察其與領導者劉裕等人之間的互動關係、在晉宋禪代中的作用、劉宋一朝的嬗變及在皇權加強中所扮演的角色等相關問題。同時，盡可能從更廣闊的視野，觀察劉裕軍功受益階層在南朝的興衰沉浮，以及這種

變化在政治、社會中的影響等等。

在研究方法上，本書主要採用定量、定性分析相結合的方法。在大量原始材料的基礎上，通過多種角度進行統計、分析，輔以較爲直觀的表格，再結合必要的政治史研究，以期探討劉裕軍功受益階層興衰背後的歷史動因、影響，提出自己的看法、評價。

關於研究對象——劉裕軍功受益階層的時間起止問題。我們採取常用的沈約《宋書》分期，起自義熙元年晉安帝由江陵返回京師、大赦改元，迄於宋順帝昇明三年蕭齊代宋共 75 年的歷史（公元 405～479 年）。對於起止時間的截取，筆者曾有過多種方案。因爲每一種分期都有其價值所在，不可輕易否定。正如我們在《宋書‧恩倖列傳‧徐爰》（8/94/2309）所看到的，對如何劃分晉宋歷史，早在宋孝武帝時，就曾有過激烈的爭論。齊永明五年，沈約被敕撰《宋書》，又提出不同的看法，並根據自己的見解，對原有《宋書》進行了較大的調整。本書題爲《劉裕軍功受益階層研究》，自然是圍繞以劉裕爲首的軍事集團及其後代的興衰沉浮所展開的。劉裕出身貧寒，早年雖已加入軍隊，但眞正崛起爲獨立性較強的政治軍事集團的首領，是在元興三年（公元 404 年）的京口建義之後。不過，由於桓楚政權已經取代了東晉，而晉安帝也被桓玄所控制，儘管劉裕等人在建義之後就得到了許多官銜，但是從當時的政治體制上來說，卻並非名正言順。這就是爲何我們採取晉安帝由江陵返回建康、大封眾人的義熙元年三月爲研究起點的緣故。蕭齊代宋，劉裕軍功受益層有的搖身一變，轉化爲蕭齊的功臣，繼續活動於政治舞臺之上；有的力圖保持原來本色，遂逐漸爲當權者所拋棄，淹沒於歷史長河之中。〔註8〕

〔註8〕 我們從劉穆之曾孫劉祥與褚淵的一段對話，可以清晰看出宋齊禪代中「軍層」內部的分化。

司徒褚淵入朝，以腰扇鄣日，祥從側過，曰：「作如此舉止，羞面見人，扇鄣何益？」淵曰：「寒士不遜。」祥曰：「不能殺袁、劉，安得免寒士？」（《南齊書‧劉祥列傳》2/36/639）

劉祥係劉裕所封頭等功臣劉穆之的後代，其父劉式之也因跟隨劉裕北伐而獲封爵，一門兩封，在劉裕「軍層」之中，地位不低。褚淵是一流高門，諸祖皆以晉室姻親身份而爲劉裕「造宋」功臣，並因之獲得劉宋的嘉獎，得以多次與劉宋皇室聯姻，家族地位保持不墜。褚淵在宋末的紛亂政局中，捨棄顧命之任，轉而擁戴蕭道成，使其順利擊敗擁宋的袁粲、劉秉等顧命大臣，專擅朝政，最終建齊代宋。劉祥所言，正是忠於宋室的「軍層」對叛變者發泄的不滿。

第一章　劉裕軍功受益階層的形成

　　一個社會階層的形成，必有較為廣泛、深遠的社會背景。

　　以京口次門為主的劉裕軍功受益階層，能突破高門的重重壁壘在東晉末年迅速脫穎而出，確實是值得學界關注的一個問題。

　　東晉末年，門閥大族逐漸走向沒落，新的政治勢力正在醞釀、形成。以劉裕為首的京口次門武人集團，借桓玄篡晉之機，推翻桓楚政權，將東晉延續了10餘年之久。但值得注意的是，京口次門武人，政治上早已嶄露頭角，可是並不引人注目，很難看出有能與一流高門相抗衡的力量。〔註1〕北府將劉牢之的命運就是很好的例證。他作為北府名將，雖先後在淝水之戰以及其後的北伐戰事中屢立大功，但位次、功封均不高，晉安帝初年，王恭借其力發動兵變，企圖控制中央，劉牢之權衡再三，決定投靠中央，並因此得到高位。

> 牢之背恭歸朝廷。恭既死，遂代恭為都督兗、青、冀、幽、并、徐、
> 揚州晉陵軍事。牢之本自小將，一朝據恭位，眾情不悅。〔註2〕

　　可見，為晉室效力多年的劉牢之在關鍵時刻歸順朝廷，尚且得不到眾人的信任，其他資歷遠不及他的北府諸將在時局中的命運就可想而知了。桓玄起兵東下控制中央朝政後，也正是抓住這批京口次門政治地位並不鞏固的弱點，將其高層將領消滅。

　　擁有如此可觀的軍事實力，卻處處受人欺凌、打擊。早先進入高層的京

〔註1〕　直到劉裕等入京口起兵時，仍有人持此種態度。
　　　　玄自聞軍起，憂懼無復為計。或曰：「劉裕等眾力甚弱，豈辦之有成，陛
　　　下何慮之甚。」（《武帝本紀上》1/7）
〔註2〕　《晉書‧劉牢之列傳》（7/84/2189）

口次門的命運，給尚處於低層的劉裕等人提供了很好的借鑒。

下面我們具體分析一下劉裕軍功受益階層產生的社會背景。

第一節　寓居京口的次門武人

有一批以軍旅爲生的武人存在，是「軍層」形成所必須具備的社會基礎。而良好的鄉里關係，較爲接近的家世、出身，也是一個階層能夠形成，並得以生存、發展的不可缺少的因素。

劉裕軍功受益階層，大致上由高門、次門兩大社會階層構成。在早期，特別是京口建義至義熙十一年，次門武人在其中佔據了極大的比重，這一點我們下面還要分析。他們大多是寓居京口的青、齊、徐、兗、豫諸州僑民，[註3]跟隨琅邪王司馬睿南來，在京口居住了百餘年，本來已極爲熟稔。

> 高祖（劉裕）克京城，問何無忌曰：「急須一府主簿，何由得之？」無忌曰：「無過劉道民。」高祖曰：「吾亦識之。」即馳信召焉。[註4]

> （彭城劉簡之）世居京口。……有志幹，爲高祖所知。高祖將謀興復，收集才力之士，嘗再造簡之。[註5]

> （魏詠之）早與劉裕遊款，及玄篡位，協贊義謀。（《晉書・魏詠之列傳》7/85/2218）

> （檀憑之）與劉裕有州閭之舊；文數同東討；情好甚密。義旗之建，憑之與劉毅俱以私艱，墨絰而赴。……裕將義舉也，嘗與何無忌、魏詠之同會憑之所。（《晉書・檀憑之列傳》7/85/2217）

> 劉裕嘗爲劉牢之參軍，與無忌素相親結。至是，因密共圖玄。劉毅家在京口，與無忌素善，言及興復之事，無忌曰：「桓氏強盛，其可圖乎？」毅曰：「天下自有強弱，雖強易弱，正患事主難得耳！」無忌曰：「天下草澤之中非無英雄也。」毅曰：「所見唯有劉下邳。」

[註3] 關於此問題，可參考《陳寅恪魏晉南北朝史講演錄》（萬繩楠整理）、周一良《魏晉南北朝史箚記》、田餘慶《東晉門閥政治》、薛軍力〈試述東晉徐兗地方勢力〉（《北京師範大學學報（社會科學）》1991 年 2 期，94～99 頁）、陳勇〈劉裕與晉宋之際的寒門士族〉（《歷史研究》1984 年 6 期，31～40 頁）等相關學術成果。

[註4] 《劉穆之列傳》（5/42/1303）。以下引文，凡僅列傳名不標出書名者，皆爲沈約《宋書》。

[註5] 《劉康祖列傳》（5/50/1446）。

無忌笑而不答，還以告裕，因共要毅，與相推結，遂共舉義兵，襲京口。（《晉書‧何無忌列傳》7/85/2214）

元德果敢有智略，武帝甚知之，告以義舉，使於都下襲玄。（《王懿列傳》5/46/1391）

劉裕將建義，與（孟）昶定謀。（《晉書‧列女列傳‧孟昶妻周氏》8/96/2518）

高祖每有戎事（指劉裕東討孫恩之戰），鍾不辭艱劇，專心盡力，甚見愛信。（《劉鍾列傳》5/49/1438）

高祖既累破妖賊，功名日盛，故敬宣深相憑結，情好甚隆。（《劉敬宣列傳》5/47/1410）

高祖東伐孫恩，以懷玉爲建武司馬。……（孟懷玉弟孟龍符）少好游俠，結客於閭里。早爲高祖所知，既克京城，以龍符爲建武參軍。（《孟懷玉列傳》5/47/1407）

可見劉裕與京口次門早就建立了廣泛的聯繫，這些家族，不但與劉裕的關係大多不錯，他們之間的聯繫，也較爲密切。共同的出身、經歷，使得這些京口次門之間的聯繫更容易得到保持、加強。

檀憑之戰沒之後，仍以憑之所領兵配祇。（《檀祇列傳》5/47/1416）

從入京城。將向京邑，高祖命曰：「預是彭沛鄉人赴義者，並可依劉主簿。」於是立爲義隊，恒在左右，連戰皆捷。……自陳情事，改葬父祖及親屬十喪，高祖厚加資給。〔註6〕（《劉鍾列傳》5/49/1438）

京口建義之後，獲得高官顯爵的諸人，大多紛紛自京口徙居建康，原來那種較爲親密的聯繫不但並沒有因此而中斷，有的甚至維持到數十年後的劉宋中期，對當時的政治、社會生活產生了一定的影響。

（盧江何瑀）豪競於時，與平昌孟靈休、東海何勗等，並以輿馬驕奢相尚。（《后妃列傳‧前廢帝何皇后》4/41/1293）

（劉穆之孫劉邕）嗜食瘡痂，以爲味似鰒魚。嘗詣孟靈休，靈休先

〔註6〕劉裕早年貧苦，曾於新洲伐荻，父母早死，喪葬也非常簡單。
　　　高祖微時，貧約過甚。孝皇之殂，葬禮多闕；高祖遺旨，太后百歲後不須祔葬。（《后妃列傳》4/41/1281）
　　　劉裕沒有爲自己父親改葬，卻答應了劉鍾的諸多請求，可見劉裕對他還是很重視的。

患灸瘡，瘡痂落床上，因取食之。靈休大驚。答曰：「性之所嗜。」靈休瘡痂未落者，悉褫取以飴邕。邕既去，靈休與何勗書曰：「劉邕向顧見啖，遂舉體流血。」（《劉穆之列傳》5/42/1308）

安成公何勗，無忌之子也，臨汝公孟靈休，昶之子也，並各奢豪，與湛之共以肴膳、器服、車馬相尚。京邑爲之語曰：「安成食，臨汝飾。」湛之二事之美，兼於何、孟。勗官至侍中，追諡荒公。靈休善彈棋，官至秘書監。（《徐湛之列傳》6/71/1844）

元嘉二十六年，太祖謁京陵，質朝丹徒，與何勗、檀和之（檀憑之子）並功臣子，時共上禮。（《臧質列傳》7/74/1910）

義宣反問至，愷（義宣子）於尚書寺內，著婦人衣，乘問訊車，投臨汝公孟詡。詡於妻室內爲地窟藏之，事覺，收付廷尉，並詡伏誅。（《武二王列傳·南郡王義宣》6/68/1808））

由此可見，這些南渡次門的後代，政治、經濟、社會生活等方面盤根錯節，不論是平時的日常生活，還是動蕩的亂世，來往極爲頻繁。他們不僅有著共同的生活愛好，許多政治見解、經濟狀況也很接近。這正是爲何他們在當時不可一世的門閥大族桓氏當政的情況下，雖然「位微於朝，眾無一旅」，卻敢於團結起來，「奮臂草萊之中，倡大義以復皇祚」〔註7〕的社會根源所在。

第二節　動蕩政治中的京口次門

軍功受益階層，顧名思義，就是依賴軍功而獲得政治利益的社會階層或集團。在以門閥大族當政爲時代主流的魏晉南北朝時期，這一點更顯得非同尋常。因爲在門閥政治下，許多高門倚恃父祖之資，「平流進取，坐至公卿」，並不依賴於甚至鄙視軍功這一仕途。當然，只要有國家這一政治實體存在，軍事活動就不會消亡，以軍功起家也肯定會成爲一些人入仕的首選。而動蕩不安的社會環境，是劉裕軍功受益階層得以產生、存在的前提。

淝水戰後，北方四分五裂，再無力大舉南侵，江左的對外形勢得以好轉，甚至還組織一系列北伐，收復了一些失地。但是好景不長，不久，晉室統治集團內部矛盾再度激化，主相之爭愈演愈烈，許多高門大族捲入其中，推波助瀾。

〔註7〕《武帝本紀上》（1/9）

隨著鬥爭的深入，許多高門被誅殺，次門逐漸代替高門成為了政治舞臺上的主角。下面我們以《晉書》、《宋書》有關紀傳為主，參以《資治通鑑》，對安帝繼位至義熙元年的政治大事作一簡要排比，以期使這一歷史脈絡更為明朗。

晉孝武帝太元二十一年（396 年）

九月，孝武帝死，太子德宗繼位，是為晉安帝。孝武帝母弟會稽王道子獨掌大權。

晉安帝隆安元年（397 年）

正月，道子以王珣為尚書令，心腹太原王國寶為左僕射，領東宮兵。

四月，安帝母舅兗青二州刺史王恭聯合荊州刺史殷仲堪以討王國寶、王緒為名，起兵內向。道子殺二王，王恭罷兵還京口。

五月，司徒左長史王廞擊恭，王恭遣司馬劉牢之擊破之。

隆安二年（398 年）

二月，道子忌王、殷之逼，以其司馬王愉為江州刺史，都督江州及豫州之四郡軍事。豫州刺史庾楷以勢力削弱，大為不滿，說恭反。王恭以告殷仲堪、桓玄。二人許之。

八月，佺期、玄至湓口，俘王愉。

九月，加會稽王道子黃鉞，以世子元顯為征討都督，遣衛將軍王珣、右將軍謝琰將兵討王恭，譙王司馬尚之將兵討庾楷。王恭將劉牢之與子敬宣本不滿於王恭屢叛中央，遂降於道子；遣敬宣及其婿高雅之還襲恭，王恭兵敗而死。在劉牢之北府兵的強大壓力下，內部矛盾重重的殷仲堪、楊佺期、桓玄等人回師荊州。

隆安三年（399 年）

六月，孫恩借東土不樂兵役之機，進攻會稽。朝廷以謝琰、劉牢之東平叛亂，劉裕參劉牢之軍事。桓玄趁京師大亂，消滅殷仲堪、楊佺期，稱霸荊楚。

隆安四年（400 年）

正月，朝廷以桓玄為都督荊司雍秦梁益寧七州諸軍事、荊江二州刺史。謝琰戰敗身死，朝廷遣冠軍將軍桓不才、輔國將軍孫無終、寧朔將軍高雅之拒孫恩。

十一月，高雅之敗。詔以劉牢之都督會稽等五郡，牢之使劉裕戍句章。

隆安五年（401 年）

二月，孫恩攻句章，劉裕固守，不能拔。

三月，孫恩北趣海鹽，劉裕大破之。

六月，孫恩浮海至丹徒，裕兵不滿千人，倍道兼行，與恩俱至，大破之。詔以劉裕為建武將軍、下邳太守，討孫恩於郁洲，復破之。

十一月，劉裕追孫恩至滬瀆、海鹽，又破之。

十二月，桓玄表其兄偉為江州刺史，鎮夏口；司馬刁暢為輔國將軍、督八郡軍事，鎮襄陽；遣其將皇甫敷、馮該戍湓口。元顯欲討桓玄，謀於劉牢之，牢之以為難。

元興元年（402 年）

正月，下詔罪狀桓玄，以尚書令元顯爲驃騎大將軍、征討大都督、都督十八州諸軍事，加黃鉞，又以鎮北將軍劉牢之爲前鋒都督，譙王尙之爲後部。玄舉兵東下。

二月，劉牢之欲降桓玄，劉敬宣、何無忌、參軍劉裕等極諫，不聽。

三月，牢之降，桓玄得以專權，遍用親信，劉牢之欲反不得而自殺，劉敬宣、高雅之北奔。桓玄以劉裕爲桓脩撫軍中兵參軍，軍、郡如故。

五月，盧循自臨海入東陽，桓玄遣劉裕將兵擊走之。桓玄殺劉牢之北府舊將多人。

元興二年（403 年）

正月，盧循使司馬徐道覆寇東陽。

二月，劉裕擊破徐道覆。玄殺北府將冀州刺史孫無終。

六月，加劉裕彭城內史。

七月，劉裕屢破盧循，循浮海南走。何無忌勸裕於山陰起兵，劉裕認爲時機不成熟。

十二月壬辰，桓玄即皇帝位。有人勸桓玄殺劉裕以絕後患。

元興三年（404 年）

正月，益州刺史毛璩不受桓玄命，遣兵東討。

二月，劉裕、劉毅、何無忌等人分於京口、廣陵兩地起兵，斬桓脩、桓弘。

三月，桓玄西走。王謐與眾議推裕領揚州，裕固辭，乃以謐爲侍中、領司徒、揚州刺史、錄尙書事，謐推裕爲使持節、都督揚徐兗豫青冀幽幷八州諸軍事、徐州刺史，劉毅爲青州刺史，何無忌爲琅邪內史，孟昶爲丹陽尹，劉道規爲義昌太守。以冠軍將軍劉毅、輔國將軍何無忌、振武將軍劉道規率諸軍追討。

四月，桓玄死。

通過上表，我們不難看到，正是王恭之亂，使得劉牢之等人借高門內部爭權奪勢之機控制了北府兵。而孫恩之亂，又給以武勇見長的「無賴」劉裕能有從戎討敵的機會。桓玄篡晉，劉牢之等北府次門的被誅，使得劉裕看到作爲次門武人在桓玄高門主政的情況下毫無出路可言，這才決心反桓復晉。在不到 9 年的時間裏，政治舞臺上的主角逐漸由高門變成了次門。

劉裕多次伐孫恩，除積累了必要的政治資本外，還使他有機會籠絡、選拔了一批京口次門以外的諸多寒門、吳人以爲己用。這些人，特別是吳人，在建義以後的一系列軍事鬥爭中，發揮了極爲重要的作用，是劉裕賴以戰勝其他勢力，從而最終造宋代晉的一支不可輕視的力量。

> 孫處，字季高，會稽永興人也。……少任氣。高祖東征孫恩，季高義樂隨。高祖平定京邑，以爲振武將軍，封新夷縣五等侯。廣固之役，先登有功。盧循之難，於石頭扦柵，戍越城、查浦，破賊於新亭。高祖謂季高曰：「此賊行破，應先傾其巢窟，令奔走之日，無所

歸投，非卿莫能濟事。」遣季高率眾三千，汎海襲番禺。（《孫處列傳》5/49/1435）

蒯恩，字道恩，蘭陵承人也。高祖征孫恩，縣差為征民，充乙士，使伐馬芻。……高祖聞之，即給器仗，恩大喜。自征妖賊，常為先登，多斬首級。既習戰陣，膽力過人，誠心忠謹，未嘗有過失，甚見愛信。……從平京城，進定京邑，以寧遠將軍領幢。隨振武將軍道規西討，虜桓仙客，克偃月壘，遂平江陵。（《蒯恩列傳》5/49/1436）

孔靖，字季恭，會稽山陰人也。……高祖東征孫恩，屢至會稽，季恭曲意禮接，贍給甚厚。高祖後討孫恩，時桓玄篡形已著，欲於山陰建義討之。季恭以為山陰去京邑路遠，且玄未居極位，不如待其篡逆事彰，釁成惡稔，徐於京口圖之，不憂不剋。高祖亦謂為然。（《孔靖列傳》5/54/1531）

時孫恩屢出會稽，諸將東討者相續，劉牢之、高素之放縱其下，虜暴縱橫，獨高祖軍政嚴明，無所侵犯。林子乃自歸……（劉裕）載以別船，遂盡室移京口，高祖分宅給焉。……從高祖剋京城，進平都邑。（《自序》8/100/2453）

越來越多身份卑微的武人，正是靠這些連綿不斷的戰亂鍛鍊了自己的軍事才幹，使得在以後與高門的對峙中，能夠更加得心應手。

第三節　桓玄代晉與次門命運

東晉末年政治的發展，越來越對構成北府兵主力的京口次門有利，在參與平定王恭、殷仲堪、孫恩等諸多叛亂的過程中，他們的地位逐漸提高，已呈代替高門之勢。如果沒有桓玄之亂，可以說，他們也照樣能水到渠成地取代高門的統治地位。而桓玄篡晉及其對次門武人的排擠、壓制，加速了這一進程，是劉裕軍功受益階層得以迅速形成的直接誘因和催化劑。

元興元年，年輕氣盛的司馬元顯，輕啟事端，決定西討桓玄。但他賴以對抗桓玄的前鋒劉牢之臨陣倒戈，使得晉室處於極為不利的位置，安帝被迫以玄總百揆，假黃鉞，委以都督中外諸軍事、丞相、錄尚書事、揚州牧、領徐、荊、江三州刺史之重任。

桓玄掌權伊始，首先將其心腹、親屬安插到了各個實權職位上，以穩固

統治。

> 玄以桓偉爲荊州刺史，桓謙爲尚書左僕射，桓脩爲徐、兗二州刺史，桓石生爲江州刺史，卞範之爲丹楊尹。（《資治通鑑·晉紀三十四》安帝元興元年條 8/112/3539）

其次，作爲門閥大族的代言人，桓玄也任命了一些有名望的高門來擔任有關職務。

> 會稽王世子元顯嬖人張法順，權傾一時，內外無不造門者，唯景仁不至。年三十，方爲著作佐郎。桓玄誅元顯，見景仁，甚知之，謂四坐曰：「司馬庶人父子云何不敗，遂令謝景仁三十方作著作佐郎。」玄爲太尉，以補行參軍，府轉大將軍，仍參軍事。玄建楚臺，以補黃門侍郎。及簒位，領驍騎將軍。景仁博聞強識，善敍前言往行，玄每與之言，不倦也。玄出行，殷仲文、卞範之之徒，皆騎馬散從，而使景仁陪輦。（《謝景仁列傳》5/52/1493）

桓玄的這些做法得到了大多數人的肯定，史載：

> 自隆安以來，中外之人厭於禍亂。及玄初至，黜姦佞，擢俊賢，京師欣然，冀得少安。（《資治通鑑·晉紀三十四》安帝元興元年條 8/112/3542）

本來，以此觀之，東晉門閥政治仍舊可以照舊延續下去。但是政局粗安，桓玄卻又開始轉而清除政敵。起初他的打擊面並不大，僅限於晉宗室及其親信黨羽，但一發而不可收，很快波及到京口次門。

> 斬元顯及東海王彥璋、譙王尚之、庾楷、張法順、毛泰等於建康市，流放司馬道子於安成郡。（《資治通鑑·晉紀三十四》8/112/3540）

接著，玄以劉牢之爲會稽內史，解除其對北府兵的控制權。〔註8〕劉牢之謀討桓玄而不成，縊死於新洲，其子敬宣、女婿廣陵相高雅之北奔南燕。八月，桓玄又殺吳興太守高素、將軍竺謙之及謙從兄朗之、劉襲並襲弟季武等劉牢之北府舊將。次年二月丁巳，桓玄又殺劉裕的故主冀州刺史孫無終。〔註9〕

〔註8〕 關於此點，可參見田餘慶《東晉門閥政治》第227頁注2。

〔註9〕 桓玄之所以除掉高素等人，可能是因爲其在隆安二年王恭、殷仲堪、桓玄起兵討伐司馬道子、元顯父子時，曾爲元顯充當說服劉牢之的說客，從而導致了劉牢之的臨陣倒戈、王恭被殺，桓玄等人挾制中央的企圖遂未能實現。掌權後剷除劉牢之、高素，大概是在報隆安二年之辱。

按孫無終之死，史未載其因。據《晉書·劉牢之列傳》，劉牢之與孫無終等

桓玄掌權不足 1 年，就殺死 7 名北府將領，這種大肆殺戮，使得他剛到手的統治出現了危機。

眾所周知，自晉室南渡以來，荊州與揚州就一直紛爭不休。荊州幾乎一直為權臣所控制，以外制內，號稱「分陝」；而揚州則在中央手中，作為對抗強藩、拱衛京師的屏障。北府兵應運而生，成為中央賴以平叛的主力。自從王敦起兵之時起，長期不斷的內亂、衝突，使得荊、揚二州的矛盾日益激化。〔註10〕

本來，如果在正常的仕進道路上，晉末的紛繁擾攘政局使這批京口楚子們可以效法他們的首領劉牢之，由參佐而為都督軍事之類的高職。但是，世居西楚的桓氏，其佐史、部下亦以西人為多，具有「相當濃厚的地緣政治色彩」。〔註11〕而其子桓玄在襲爵南郡公，消滅殷仲堪、楊佺期，總西楚要任後，桓氏在荊州的影響越來越大。當桓玄憑藉父叔之資崛起之時，肯定會有眾多的荊楚豪士樂為其用。〔註12〕

完成對北府將的清洗後，桓玄派遣桓脩、桓弘分鎮京口、廣陵，表面上看，桓氏已經掌握了晉室賴以自立的北府勢力，但是，他的統治又是不穩固的。桓玄對親黨的安插、任命，無疑使政治形勢變得更為錯綜複雜。荊揚人之間的互不信任，因桓玄對北府諸將的殺戮而加劇。而桓玄對眾多底層北府將領的歧視與排擠，更使他們對前途尚抱有的一線希望徹底破滅。次門走投無路的反抗，最終結束了門閥政治。

> 諸葛長民，琅邪陽都人。有文武幹用，然不持行檢，無鄉曲之譽。桓玄引為參軍平西軍事，尋以貪刻免。及劉裕建義，與之定謀，為揚武將軍。（《晉書·諸葛長民列傳》7/85/2212）

> 魏詠之字長道，任城人也。……初為州主簿，嘗見桓玄。既出，玄鄙其精神不儁，謂坐客曰：「庸神而宅偉幹，不成令器。」竟不調而

人同以驍猛應謝玄之選，後均靠軍功成為北府將領。照常理推測，桓玄在殺死高素等人同時，孫無終也不應幸免。但桓玄不但沒有殺死，反而重用了孫無終。高雅之、司馬休之被迫出逃後，曾於北境謀討桓玄，玄派遣進討之人即為孫無終。

〔註10〕薛軍力《漢魏晉（劉）宋時期中央地方關係》第五章第三節，北京師範大學博士學位研究生畢業論文，1990 年 10 月，北京師範大學圖書館藏。

〔註11〕林校生《桓溫幕府僚佐構成考說》，《北大史學（3）》，北京大學歷史學系編，北京大學出版社 1996 年版，163 頁。

〔註12〕直到桓玄死去多年的義熙六年，盧循、徐道覆攻打荊州之時，桓謙等人趁機起兵，仍有眾多的江陵士庶回應，就是桓氏與荊楚關係非同一般的明證。見《宋書·宗室列傳·臨川烈武王道規》。

> 遣之。詠之早與劉裕游款，及玄篡位，協贊義謀。(《晉書·魏詠之列傳》7/85/2218)

> 何無忌，東海郯人也。……會稽世子元顯子彥章封東海王，以無忌爲國中尉，加廣武將軍。及桓玄害彥章於市，無忌入市慟哭而出，時人義焉。……及玄篡位，無忌與玄吏部郎曹靖之有舊，請莅小縣。靖之白玄，玄不許，無忌乃還京口。(《晉書·何無忌列傳》7/85/2214)

孟昶，應該說，平昌孟氏是京口建義諸人中最有文采者，桓玄也確實想重用他。只是因劉邁的詆毀才未被錄用，也正是因此，原本準備投靠桓玄的孟昶才下決心起義。

> 平昌孟昶爲青州主簿，桓弘使昶至建康，玄見而悅之，謂劉邁曰：「素士中得一尚書郎，卿與其州里，寧相識否？」邁素與昶不善，對曰：「臣在京口，不聞昶有異能，唯聞父子紛紛更相贈詩耳。」玄笑而止。昶聞而恨之。……孟昶妻周氏富於財，昶謂之曰：「劉邁毀我於桓公，使我一生淪陷，我決當作賊。」(《資治通鑑·晉紀三十五》安帝元興三年條，8/113/3558-3559)

京口次門當中，能夠暫時獲得桓玄青睞的，只有劉裕與劉毅兄劉邁。

劉裕。元興元年三月，劉牢之被剝奪軍權後，圖謀反對桓玄不成而死。他的外甥何無忌向劉裕詢問對策，劉裕認爲：

> 鎮北（指劉牢之，曾爲鎮北將軍）去必不免，卿可隨我還京口。桓玄必能守節北面，我當與卿事之。不然，與卿圖之。今方是玄矯情任算之日，必將用我輩也。(《武帝本紀上》1/4)

果然不久，桓玄從兄脩以撫軍鎮丹徒，玄以劉裕爲其中兵參軍，軍、郡如故。這較其他或殺或遭排擠的北府諸將來說，命運相當不錯。其後桓玄也多次拉攏劉裕，但劉裕知道，自己作爲一名北府將領，之所以還能幸存至今，只是因爲還有值得桓玄利用之處而已。在桓玄的門閥統治下，終無出路可言。〔註13〕

不過，在門閥政治已經存在了數十年的背景下，一批業已失勢、聲望並不高、勢力並不強大的次門，〔註14〕要想突破譙國桓氏與陳郡謝氏、琅邪王

〔註13〕或說玄曰：「劉裕龍行虎步，視瞻不凡，恐不爲人下，宜蚤爲其所。」玄曰：「我方欲平蕩中原，非劉裕莫可付以大事。關、隴平定，然後當別議之耳。」(《武帝本紀上》1/5)

〔註14〕劉裕賴以戰勝桓玄的資本，實際上少得可憐。據劉裕在義熙二年上書請封時稱，其組成大致爲：

氏諸一流高門的聯合統治，談何容易。所以劉裕才要何無忌耐心的等待時機。

第四節　對晉室的認同心理

　　司馬晉自代魏以來，到永嘉南渡，雖外憂內亂不斷，但仍一直受到士大夫與廣大普通百姓的支持。司馬睿與僑吳士族，在形成政治、經濟諸多利益的妥協後，得到他們的共同擁戴，擊敗其他稱帝的宗室勢力，建立東晉王朝。如果沒有如此廣泛的社會階層作為基礎，很難想像衰弱的東晉皇權如何能度過如此頻繁的動亂，立國江東百年之久。因此田餘慶先生才將「喪失了權威但尚餘一定號召力的皇統存在」，作為東晉門閥政治得以在江左產生、延續百年的三個必備條件之一。〔註15〕

　　東晉社會發展到晉安帝時期，逐漸呈現出敗落之相。但這並不意味著它從此就失去了民心，〔註16〕百足之蟲，死而不僵。一些企圖推翻晉室自立者，不管是高門、外戚，還是借宗教之名蠱惑人心的天師道孫恩之亂，均遭到失敗。

　　安帝即位後，中央權力為孝武帝母弟司馬道子及其子元顯所控制。這引起其他大族的不滿。隆安二年，王恭聯合殷仲堪、楊佺期、桓玄等人再度內犯，劉牢之時以王恭司馬總前鋒之任。然而，他卻認為王恭此次起兵已與去年有了很大的差別，即不再以擁晉室、清君側為目的，威脅到了晉王朝的根本利益。因此，他決定不再惟王恭馬首是瞻。

> 牢之呼敬宣謂曰：「王恭昔蒙先帝殊恩，今居伯舅之重，義心未彰，唯兵是縱。吾不能審恭事捷之日，必能奉戴天子，緝穆宰相與不。今欲奉國威靈，以明逆順，汝以為何如？」敬宣曰：「朝廷雖無成、康之隆，未有桓、靈之亂，而恭怙亂阻兵，志陵京邑。大人與恭親無骨肉，分非君臣，雖共事少時，意好不協。今日討之，於情何有？」（《劉敬宣列傳》5/47/1409～1410）

　　　臣（劉裕）及撫軍將軍毅等二百七十二人，並後赴義出都緣道大戰，所餘一千五百六十六人，又輔國將軍長民、故給事中王元德等十人，合一千八百四十八人，乞正封賞。其西征眾軍，須論集續上。（《武帝本紀上》1/13）

　　可見，劉裕集團反桓復晉的力量十分弱小，除了「西征眾軍」外，不過2000人左右，他們是劉裕軍功受益階層早期的主要成員。

〔註15〕田餘慶《東晉門閥政治》，359頁。

〔註16〕一些因於北方的家族冒著被人目為荒傖、受人歧視的境遇，仍不斷輾轉南來，也是一個很好的明證。見《晉書·楊佺期列傳》、《宋書·王仲德列傳》、《宋書·王玄謨列傳》、《宋書·杜驥列傳》。

可見，在劉牢之父子的眼裏，晉王朝仍有足以維持人心穩定的力量，不能輕易被他人取代。牢之父子因出賣王恭，獲得了高位。時隔 5 年之後的元興元年，元顯以劉牢之爲前鋒，派其討桓玄。劉牢之由於不滿於元顯的待遇，準備再次投靠桓玄。但這次，他卻遭到了包括其子劉敬宣、外甥何無忌、司馬劉裕的一致反對。

> 敬宣諫曰：「方今國家亂擾，四海鼎沸，天下之重，在大人與玄。玄藉先父之基，據荊南之勢，雖無姬文之德，實爲參分之形。一朝縱之，使陵朝廷，威望既成，則難圖也。董卓之變，將生於今。」（《劉敬宣列傳》5/47/1410）

劉敬宣反對其父投降桓玄的理由就是唯恐桓玄坐大，打破已有格局，對晉室及自身不利。主帥同是劉牢之，同是倒戈投降，但部下卻有兩種截然相反的態度，這是爲何？這就需要歸結到人心思晉的問題上。

桓玄代晉後，不僅是「軍層」，就是代晉的桓楚內部，也有擁晉傾向存在。

元興三年閏五月，桓玄敗死，桓振欲殺司馬德宗兄弟，桓謙苦諫。桓謙此舉是何用意？原來，桓謙準備重新擁立晉室。

> 謙等帥群臣奉璽綬於帝曰：「主上法堯禪舜，今楚祚不終，百姓之心復歸於晉矣。」（《資治通鑒·晉紀三十五》安帝元興三年條，8/113/3573）

如果說桓謙此語尚有自己下臺階因素的話，那麼，身處異域的劉敬宣、高雅之，在會稽極有影響的孔靖則是抓住了時局的要處。

劉敬宣、高雅之在劉牢之死後，與司馬休之等人一起逃往南燕，得其資助，於邊地以晉室爲號召反對桓玄的獨裁。但劉敬宣認爲這很難達到目的，於是想推翻南燕政權，借其國家之力復晉。

> 劉敬宣、高雅之結青州大姓及鮮卑豪帥謀殺南燕主備德，推司馬休之爲主。（《資治通鑒·晉紀三十五》安帝元興三年條，8/113/3567）

與此同時，何無忌也在揚州策劃反桓復晉。元興二年，就在桓玄篡晉前數月，何無忌潛至會稽，勸劉裕於東土起兵。劉裕諮詢會稽大族孔靖，孔靖認爲：

> 山陰去都道遠，舉事難成；且玄未篡位，不如待眞已篡，於京口圖之。〔註17〕

孔靖之所以不同意在桓玄篡位之前於會稽起兵，當是出於下述考慮：

〔註17〕《資治通鑒·晉紀三十五》安帝元興三年條，（8/113/3552）。

　　其一，爲利於吸收反桓力量，應選擇一個合適的地點，以壯大義師實力。山陰距離建康較遠，不利於力量寡弱的義師迅速取勝。京口是北府兵的大本營，距離建康很近，劉裕生長於此，年少無賴之時，曾結交很多意氣朋友，可資利用。桓玄在得知劉裕起事後，與部下商議對策時，也存在大致相同的兩種意見：

　　　　（桓玄）召桓謙、卞範之等謀拒高祖。謙等曰：「亟遣兵擊之。」玄
　　　　曰：「不然。彼兵速銳，計出萬死。若行遣水軍，不足相抗；如有蹉
　　　　跌，則彼氣成而吾事敗矣！不如屯大眾於覆舟山以待之。彼空行二百
　　　　里，無所措手，銳氣已挫，既至，忽見大軍，必驚懼駭愕。我案兵堅
　　　　陣，勿與交鋒。彼求戰不得，自然散走。此計之上也。」謙等固請，
　　　　乃遣頓丘太守吳甫之、右衛將軍皇甫敷北拒義軍。(《武帝本紀上》1/6)

我們不必花費過多的筆墨去辨別究竟誰的看法正確，歷史的事實告訴我們，劉裕僅僅靠建義時的百餘人，再加上後來招募的千餘人，四天之內，[註18]就由京口將已經稱帝、控制了包括北府兵在內的朝野軍政大權的高門桓玄打得大敗，狼狽逃往江陵，這一切，很難均歸爲偶然。因此可以斷言，孔靖的意見無疑是正確的，桓玄的所謂養精蓄銳、以逸待勞招致的則是慘敗。

　　其二，鑒於桓玄的既有聲望，應等待合適的時機。桓玄雖然據有大位，但並沒有代晉稱帝，這就是孔靖所謂的不成熟，即桓玄尚沒有達到人神共棄的地步。問題的關鍵，在於桓玄是否凌駕晉室、代晉稱帝。[註19]可見，孔靖無非是想借桓玄稱帝、人心思晉之機，趁亂起事。他們用來反對桓玄的旗幟，就是被桓玄所摒棄的晉室招牌。

　　以上這些事例說明，東晉王朝，仍然在時人心目中佔有一定的地位。劉裕等人起義後的諸多行動，也正是以晉室作爲號召的。

　　　　義軍初剋京城，(桓)脩司馬刁弘率文武佐吏來赴。高祖登城謂之曰：
　　　　「郭江州已奉乘輿反正於尋陽，我等並被密詔，誅除逆黨，同會今
　　　　日。賊玄之首，已當梟於大航矣。諸君非大晉之臣乎，今來欲何爲？」
　　　　弘等信之，收眾而退。毅既至，高祖命誅弘。(《武帝本紀上》1/6)

其後，劉裕等人向京師進軍，在其檄文中，有這樣的話：

〔註18〕二月丙辰旦舉事，丁巳進軍竹里，戊午檀憑之戰死、劉裕斬桓玄驍將吳甫之，
　　　　己未攻入建康。不過四天時間，可見其迅速。

〔註19〕自隆安以來，中外之人厭於禍亂。及玄初至，黜姦佞，擢俊賢，京師欣然，
　　　　冀得少安。既而玄奢豪縱逸，政令無常，朋黨互起，陵侮朝廷……由是眾心
　　　　失望。(《資治通鑑・晉紀三十四》(8/112/3542) 安帝元興元年條。

自我大晉，陽九屢構。隆安以來，難結皇室。忠臣碎於虎口，貞良
弊於豺狼。逆臣桓玄，……遂傾皇祚。主上播越，流幸非所，神器
沉淪，七廟毀墜。……仰觀天文，俯察人事，此而能久，孰有可亡。
凡在有心，誰不扼腕。裕等所以叩心泣血，不遑啟處者也。（《武帝
本紀上》1/7）

可見，正是依靠人們心中普遍存在的對晉室的那份眷戀之情，劉裕才能以少
數人眾，數日內就推翻了不可一世的桓楚政權，迫使登基未久的桓玄狼狽逃
往江陵的大本營。

劉裕「軍層」中的擁晉心理，還可以從劉虔之之死上看出。義熙十一年，
劉虔之應劉裕命討司馬休之：

為（魯）宗之子軌所襲，眾寡不敵。參軍孫長庸流涕勸退軍，虔之
屬色曰：「我仗順伐罪，理無不克。如其不幸，命也。」戰敗見殺。
（《劉康祖列傳》5/50/1446）

劉虔之也認為自己是勤王、討逆之師，所以能視死如歸、大義凜然。這正是
京口次門「軍層」在擁晉心理作用下的結果。晉室的這種號召力，直到劉裕
代晉時，仍有所體現。例如徐廣。

初，桓玄篡位，安帝出宮，廣陪列悲慟，哀動左右。及高祖受禪，
恭帝遜位，廣又哀感，涕泗交流。謝晦見之，謂之曰：「徐公將無小
過？」廣收淚答曰：「身與君不同。君佐命興王，逢千載嘉運；身世
荷晉德，實眷戀故主。」因更歔欷。（《徐廣列傳》5/55/1549）〔註20〕

有同感者，還有著名隱士陶潛。〔註21〕

第五節　高門的鄙薄武事及其衰落

自東漢末年黃巾大起義以降，戰亂不斷，在動盪的環境中，許多大族為了

〔註20〕關於此點，《資治通鑒》的記載為：

帝（晉恭帝）遜於琅邪第，百官拜辭，秘書監徐廣流涕哀慟。丁卯，王（宋
王劉裕）為壇於南郊，即皇帝位。禮畢，自石頭備法駕入建康宮。徐廣又悲感
流涕，侍中謝晦謂之曰：「徐公得無小過！」廣曰：「君為宋朝佐命，身是晉室
遺老，悲歡之事，固不可。」（《資治通鑒·宋紀一》武帝永初元年條，8/119/3734）
還可參見張興成《兩晉宗室制度研究》，118～120頁。

〔註21〕袁行霈《陶淵明與晉宋之際的政治風雲》，《陶淵明研究》（北京大學出版社，
1997年第1版。）

生存、發展，除了以經學傳家，保持自己的文化優勢外，也不廢武備。永嘉之亂，許多流民集結在大族的周圍，相互依偎，或輾轉南來，或保聚塢壁，這使得習武之風有增無減。〔註22〕劉琨、祖逖的聞雞起舞，就是這種亂世的反映。

琅邪王司馬睿，在西晉的宗室中，位望並不顯赫，在琅邪王敦、王導兄弟的協助下，他才得以超過其他宗室，建立了東晉王朝，形成「王與馬，共天下」的門閥政治格局。政局粗安後，東晉皇室雖曾多次努力建立皇權的絕對權威，但均因遭到大族的一次又一次反對而作罷。大族之所以能夠一再刊落宗支、凌駕皇權，其對軍事權的控制無疑起了極大的作用。王敦、庾亮、庾翼、桓溫、王恭、桓玄等人，無不如此。

但是，隨著江左偏安局面的形成、穩固，高門大族的尚文之風日趨濃厚，鄙薄、排擠武人的現象開始出現。更有甚者，走向極端，縱情山水，不以世務嬰心。一代名相王導，雖然親身經歷過顛沛流離之苦、草創制度之難，不過，他卻並不喜歡自己的子孫棄文習武。

> （王恬）少好武，不爲公門所重。導見悅輒喜，見恬便有怒色。（《晉
> 書‧王導列傳附子恬》6/65/1755）

高門桓溫雖然得以尚主，並且西鎮荊楚，權勢薰天，但卻仍被高門目爲「兵」，〔註23〕表明高門輕視武功的心態。近來，已有學者考證以武事著稱的桓溫，其實玄學修養並不低。〔註24〕這當然是桓溫本人爲了提高自己聲譽，不得不盡力表現出文質彬彬的模樣。

其實，高門並非眞的鄙夷、排斥武功，他們之所以在平時流露出如此態度，主要是怕這種投筆從戎的極度功利做法被人恥笑，影響家族清譽。一旦其家族利益受到威脅，他們就會毫不猶豫的以武力爲先，「以軍權謀求門戶利益」。〔註25〕琅邪王氏諸大族在東晉一朝的遞嬗，即大多伴隨以軍事內爭，使

〔註22〕程應鏐《四世紀初至五世紀末中國北方塢壁略論》，《流金集》（上海古籍出版社1995年2月第1版）。
〔註23〕溫欲爲子求婚於坦之。及還家省父，……坦之因言溫意。述大怒，遽排下，曰：「汝竟癡邪！詎可畏溫面而以女妻兵也。」坦之乃辭以他故。（《晉書‧王湛列傳附王述》7/75/1963）
　　（謝奕）嘗逼溫飲，溫走入南康主門避之……奕遂攜酒就聽事，引溫一兵帥共飲，曰：「失一老兵，得一老兵，亦何所怪。」（《晉書‧謝安列傳附謝奕》7/79/2080）
〔註24〕林校生《桓溫與玄學》，《中國史研究》1998.4.62～72.
〔註25〕田餘慶《東晉門閥政治》，214頁。

得許多較通武事的大族在內爭中不斷遭到屠戮。這樣，到了東晉末年，雖然門閥大族在表面上仍舊佔據統治地位，但由於軍事實力逐步喪失，其統治變得極為虛弱，這導致了他們在政治上的徹底失敗。〔註26〕「國雖大，好戰必亡；天下雖安，忘戰必危。」作為一個國家，當然不能沒有武力的存在。而東晉與北方少數族政權的對立狀態，更使其不敢放鬆武備。於是，一個新起的軍功階層逐漸替代了高門在軍事上的領導地位，他們的主體，就是隨司馬氏永嘉南渡的青、徐、兗、豫諸州僑民。

流民、僑民在東晉一朝的歷史上，並非不引人注目。例如東晉初年的流民統帥郗鑒，就是憑藉流民的力量，力求在琅邪王氏、潁川庾氏等掌權高門與晉宗室之間維持政治、軍事上的平衡。琅邪王氏在王敦叛亂、王導死後，儘管勢力大衰，但由於郗鑒的存在，而使琅邪王氏的政治利益仍能在一定限度之內得以保存。〔註27〕不過，除了郗鑒之外，其他的流民統帥則很難有機會、有實力干預中央政局。郗鑒死後，其子孫逐漸放棄了對流民武裝的控制，或入朝為官，或以僚佐身份依附於當權大族，在以後的門閥大族遞嬗過程中，原來舉足輕重的地位逐漸喪失。曾孫郗僧施因黨附桓玄為劉裕所殺後，高平郗氏無聞於世。

其實，次門武人之所以不能上昇到上層統治階級中，並非因為其乏功可陳，主要是在門閥政治環境下，倍受操縱政治的門閥大族壓制的結果。以淝水之戰為例，次門劉牢之作為謝玄的前鋒，在擊敗苻堅的重要一役中功勳卓著，其後又數次北伐，收復失地。卻僅由鷹揚將軍、廣陵相遷為龍驤將軍、彭城內史，封爵則僅為武岡縣男，食邑五百戶。這與謝安、謝玄等大族所受功封，顯然無法相提並論。

正是在上述諸多因素的綜合作用下，以劉裕為首的京口次門勢力，才得以一舉打破長期為高門所盤踞的政治舞臺，並由邊緣走到中心，開始與參國是。這無疑是東晉後期乃至中國古代政治中極為重要的一個事件，它標誌著新的政治格局即將形成。

〔註26〕關於桓玄為代表的高門的無能，可參看祝總斌《試論東晉後期高級士族之沒落及桓玄代晉之性質》，《北京大學學報（哲學社會科學版）》1985年3期，75～88頁。

〔註27〕田餘慶《東晉門閥政治·論郗鑒》。

第二章　劉裕軍功受益階層之興衰變遷

　　為了能較為細緻、全面的反映軍功受益階層在晉末劉宋的興衰沉浮，我們採取了大量的統計方法，選取當時數個有代表性的官職作為統計對象，並著重考察其任職時間、家庭出身、社會階層等幾項重要參數，以期建立一個較為完備的晉末劉宋任官情況檔案庫，作為我們進一步探討的基礎。由於相關的統計材料相對完備，所以表格所佔空間極大，出於行文的考慮，我們將其作為附表，放在正文之後。

第一節　晉末劉宋社會與參數之選取

　　在對史料的搜集、統計基礎上，我們擬對其進行分析，以得出相關結論。下面先對我們選取的有關參數加以必要說明。

　　「軍層」：劉裕軍功受益階層的省稱。大體而言，宋文帝中期以後，原有的劉裕「軍層」（也即直接軍功受益者，狹義「軍層」）大多謝世，代之而起的是其後代。

　　高門、次門與寒門：是魏晉南北朝史研究者耳熟能詳的詞語。魏晉南北朝時期，社會階級結構極為複雜，朱大渭先生認為這一時期的階級結構「大體可以分為二十五種類別，三個階層，六個階級，兩大階級營壘。」〔註1〕高敏先生將其分為兩大營壘、四個等級和八個階層，〔註2〕而祝總斌先生從門閥制度角度將其簡化為高門、次門與役門、兵戶、吏家等階層，〔註3〕汪征魯先

〔註1〕　《魏晉南北朝階級結構試析》，《六朝史論》，中華書局 1998 年版。
〔註2〕　高敏主編《魏晉南北朝經濟史》，上海人民出版社 1996 年，第 14 頁。
〔註3〕　白壽彝總主編《中國通史·第五卷·中古時代·三國兩晉南北朝時期（上）》丙編「典志」第三章「門閥制度」，上海人民出版社 1995 年。

生則將自由民以上的社會等級分爲高門（高級士族）、一般士族（低級士族）與寒門等三個階層。〔註4〕儘管具體細部有所不同，但並無根本差異。爲簡便起見，我們仍以較爲傳統的三分法，將社會簡單劃分爲高門、次門與寒門三大階層，其內部則根據南渡早晚、僑吳地望再加以分類。附表所用的高門、次門、寒門，除了具有傳統社會分層的意義外，其中，高門、次門特指僑姓家族，寒門由於大多無法斷定地望，因此沒有僑吳之分。

「晚次」、「南高」、「南次」：是晚渡次門、南土高門、南土次門的省稱。其中，晚渡次門也包括了像弘農楊氏、京兆杜氏等北土高門。我們之所以稱它爲次門，是從南朝的角度而言的。「南土」，我們這裡主要指的是吳姓，也就是吳郡、會稽等地舊有，而非永嘉之亂後由北方南遷者。凡不標有南、晚者，皆爲永嘉亂後的南渡僑民。〔註5〕

宗室：根據所處時間段及其身份分爲晉、宋、齊三類，以體現其在朝代
興革之際所起作用。

外戚：與劉宋皇室、宗室有姻親聯繫的個人，此處只涉及劉宋外戚，與
晉、齊有聯姻關係的階層，除非特殊需要，一般不予提及。

另外，由於這一時期社會階層極爲複雜，幾乎每個階層都同時具有多種身份，爲簡便計，我們都已採用省稱。如「軍高」，即「軍層」中的高門。「軍外高」，則爲「軍高」中與皇室聯姻者。統計表格中所採用的「非軍層」，是指除了「軍層」、宗室以外的其他各有關階層。依此類推。

再對表格內容稍加說明：

1、盡量吸收、利用已有的學術成果

如「諸公」、「都督刺史」等表格，是在萬斯同《歷代史表》的基礎上，加以增訂、整理而成。附表中凡不注明出處者，皆出自萬斯同《歷代史表》。

2、盡可能準確的反映歷史資料

與此前的秦漢史相比，魏晉南北朝時期，史料較爲豐富。但是，我們在搜集、排比史料的過程中，卻也感到，要想建立一個完備、詳實的資料庫，並非易事。許多官吏的任期，史籍記載不詳，有的尚有大致年代可供推測，而有些則根本無法斷定其時代，只好暫時付之闕如。還有一些史料，則是只

〔註4〕　汪征魯《魏晉南北朝選官體制研究》，福建人民出版社 1995 年版，68～69 頁。
〔註5〕　豫章胡藩，從地理位置上講，屬於江南。但是，由於其與吳姓士族有很大差別，仍以僑人目之。

能斷定一個任職時間，但其具體的任期則無法確定。好在魏晉南北朝時期，官吏的任期一般不長，與我們所採取的 10～15 年的時間段（詳見下文）相比，這一影響並不大。〔註6〕

3、盡可能依照個人當時的身份確定其所屬階層、角色。如謝晦，只有在元嘉二年才成爲外戚，其前則只能算作是「軍高」。「軍層」劉道產之子劉延孫，本爲「軍次」，但大明元年，宋孝武帝迫於宗室內部的矛盾，將其納入宗室，以增強皇帝的力量，對抗宗室近屬，於是又一變而爲宗室。〔註7〕

4、個人身份的確定，一般依三代以內直系親屬爲準。「軍層」的範圍，是以晉安帝元興三年京口建義之後，直接參與建義、從義者，或爲上述人之僚佐者，以及他們的後代。

5、僅搜集由中央政權直接任命、統屬的官員，如武都楊氏等地方割據勢力，雖名義上歸屬江左政權，但實際並不受其指揮，所以不予收入。

6、如果一人官職跨越兩個時段，則分別以其當時身份進行統計。但在每個時段內，每個人只計一次，而並不以官職遷轉次數爲準。

關於分期問題：

從義熙元年到蕭齊代宋的 75 年時間裏，共有晉安帝、晉恭帝、宋武帝、宋少帝、〔註8〕宋文帝、宋孝武帝、宋前廢帝、宋明帝、宋後廢帝、宋順帝等

〔註6〕 蕭惠開「初爲秘書郎，著作並名家年少。惠開意趣與人多不同，比肩或三年不共語。」（《蕭惠開列傳》8/87/2199）表明著作郎的任期爲 3 年。而郡國守相之任期則有 6 年、3 年之別。宋文帝世「守宰之職，以六期爲斷，雖沒世不徙。」（《良吏列傳》8/92/2261）。《王景文列傳》（8/85/2170）載王景文上表議政：「今蒞民之職，自非公私必應代換者，宜遵六年之制，進獲章明庸墮，退民不勤擾。」《宋書·自序》（8/100/2459）載沈邵「在任（鍾離太守）六年，入爲衡陽王義季右軍中兵參軍。」《南史·恩倖列傳·呂文顯》（6/77/1932）：「晉、宋舊制，宰人之官，以六年爲限，近世以六年過久，又以三周爲期，謂之小滿。」《通典·選舉二》（14/333）「文帝元嘉中，限年三十而仕，郡縣以六周而代，刺史或十餘年。及孝武即位，仕者不復拘老幼，守宰以三周爲滿。」

〔註7〕 （大明元年，劉延孫）出爲鎮軍將軍、南徐州刺史。先是高祖遺詔，京口要地，去都邑密邇，自非宗室近戚，不得居之。延孫與帝室雖同是彭城人，別屬呂縣。……雖同出楚元王，由來不序昭穆。延孫於帝室本非同宗，不應有此授。時司空竟陵王誕爲徐州，上深相畏忌，不欲使居京口，遷之於廣陵。廣陵與京口對岸，欲使腹心爲徐州，據京口以防誕，故以南徐授延孫，而與之合族，使諸王序親。（《劉延孫列傳》7/78/2019～2020）

〔註8〕 關於劉宋諸帝之年號，目前我們所能見到的史料中，有不同說法。《宋書·少帝本紀》、《南史·宋本紀》均以劉義符爲宋少帝，《資治通鑑》稱爲營陽王，《建康實錄》以前廢帝劉子業爲宋少帝，劉義符則爲前廢帝。但同一書內部

十位皇帝與義熙、元熙、永初、景平、元嘉、孝建、大明、永光、景和、泰始、泰豫、元徽、昇明等 13 個年號。〔註9〕其中，除晉安帝、宋文帝、宋孝武帝、宋明帝等四人在位時間在 8 年以上外，其他均在 5 年以下，永光、景和為孝武帝子前廢帝劉子業的年號，係一年之中兩次改元。

　　晉末劉宋這種並不複雜的帝系與年號給我們分期帶來極大方便，本書在參考帝王年號的基礎上，以較有影響的政治事件為分界，將這 75 年分為六個時間段，所採用的分期標準為：

　　公元 405.3-415.8：義熙元年三月晉安帝回到建康至義熙十一年八月劉裕平定荊雍的司馬休之、魯宗之等反抗勢力，回到建康，共 10 年零 5 個月，編號為 A。

　　公元 415.8-426.1：從劉裕平定荊州勢力到宋文帝元嘉三年劉義隆除掉徐羨之、傅亮、謝晦等顧命大臣，共 10 年零 9 個月，編號為 B。

　　公元 426.1-440.10：宋文帝恢復皇權統治到元嘉十七年對威脅皇權的劉義康、劉湛集團加以分割、離散，共 14 年零 9 個月，編號為 C。

　　公元 440.10-453.3：從宋文帝消除宗室近戚對皇權的威脅到元嘉三十年太子劉劭弒劉義隆自立，共 12 年零 5 個月，編號為 D。

　　公元 453.3-465.12：宋文帝子江州刺史劉駿起兵稱帝到其子前廢帝子業永光元年被殺，劉駿弟劉彧繼位，共 12 年零 9 個月，編號為 E。

　　公元 465.12-479.4：宋明帝劉彧即位改元到宋順帝劉準昇明三年禪位於蕭道成，共 13 年零 4 個月，編號為 F。

也互有牴牾。《宋書》卷七十六史臣曰：「玄謨雖苛克少恩，然觀其大節，亦足為美。當少帝失道，多所殺戮，而能冒履不測，傾心輔弼，斯可謂忘身徇國者歟！」（7/76/1976）文中所說的「少帝」即是指宋明帝子劉子業。之所以一書之內會有兩種不同記載、稱呼，當是許多修史者完全是「應命」而非個人愛好，對史實本不熟悉，加之成於眾手、時間過短、不暇細核所致。而沈約的《宋書‧王玄謨列傳》當取自徐爰《宋書》舊本，許嵩《建康實錄》則可能本之裴子野《宋略》。本書仍採用傳統觀點，以沈約《宋書》本紀所用廟號、帝號為準。

〔註9〕宋文帝太子劭殺父自立為帝，既為期甚短，又遭到普遍抵制、不被承認，因此不予計入。

這樣，我們既可以照顧到各個時段間的平衡，〔註10〕又盡量以較爲恰當的政治事件爲界標，以利於下一步的分析、統計，得出較爲科學、精確的結果。需要指出的是，上述時間段的劃分，不可避免的包含有爲了方便統計而人爲割裂歷史的色彩，不可能完全、客觀的反映當時的狀況。因此，它也不會被作爲本書遵循不變的唯一劃分標準。在後面進行具體分析的時候，有時我們會打破這種分期，或者將其再進行更爲細緻的劃分。當然，一切都是爲了盡可能還歷史以本來面目，視具體情況而定。

第二節　劉裕軍功受益階層的變動軌跡

筆者之所以在下述列表中，不厭其煩的將所搜集到的任官材料劃分爲十餘種身份類型，無非是想通過這種做法，可以使我們盡可能從多種角度、立場出發，在直觀資料、圖表的幫助下，對晉末劉宋的政治、社會產生一個較爲全面、細緻的認識。而我們也將在下面的論述中，從不同的側面來分析下列資料，以期得到相關結論。

需要說明的是，由於材料眾多，特別是禁衛、郡守諸職，不僅有一定數量無法明確具體時段的任職者，還存在大量身份歸屬無法確定者沒有進行統計。另外，由於統計工作費時耗力，在統計的過程中，很難避免出現多計、漏計或身份歸屬前後標準不一致的情況，而這都需要大量的時間來完善、修補。

一、諸　公

魏晉南北朝時期，職官制度中的「公」，有「公」與「從公」兩種。一般而言，「公」即「八公」，也就是上公太宰、太傅、太保；三公太尉、司徒、司空；以及大司馬、大將軍等。大概是晉統治者覺得官職太少，不敷世用，所以還有從公之設。左右光祿大夫、光祿大夫，驃騎、車騎、衛將軍、諸大將軍，開府位從公者，均位從公。《晉書・職官志》從職能方面將他們分爲文官公、武官公，「太宰、太傅、太保、司徒、司空、左右光祿大夫、光祿大夫，開府位從公者爲文官公，」「大司馬、大將軍、太尉、驃騎、車騎、衛將軍、諸大將軍，開府位從公者爲武官公。」這就是說，他們在朝堂上具有與八公相同的禮遇、地位與權勢。如此眾多的高官位居一品，顯然不可能均擁有實

〔註10〕最長者「C」與最短者「A」之間，相差 4 年零 4 個月。

權，這就使得權力分散、互相牽製成爲可能，也爲諸公的散官化之濫觴。

下面的表格，即包括公、從公兩種。相國、丞相，在魏晉南北朝，雖位在公上，並不屬於公，所謂「非復尋常人臣之職」，禮儀制度也「殊於常公」（《晉書・職官志》）但從某種角度看，其權力、地位也有相似之處，故將其與諸公一併分析。〔註11〕

時間＼身份	A	B	C	D	E	F	分類統計
軍高	1	1	2	1			5
軍次	2	3					5
軍晚次						1	1
軍南高		1					1
軍南次					1	1	2
軍外高					1	4	5
軍外次		1	1		1		3
宗室	晉2	晉1，宋3	2	6	12	宋10，齊2	晉3，宋33，齊2
次門					1		1
分類統計	5	10	5	7	16	18	61
軍層所佔比例〔註12〕	3/5 60%	6/10 60%	3/5 60%	1/7 14%	3/16 19%	6/18 33%	22/61 36%
宗室所佔比例〔註13〕	2/5 40%	4/10 40%	2/5 40%	6/7 86%	12/16 75%	12/18 67%	38/61 62%
非軍層所佔比例	0%	0%	0%	0%	1/16 6%	0%	1/61 2%

先看「軍層」。「軍高」、「軍次」等帶有軍功色彩的幾個階層，其任諸公者，集中在 A、B、C 三個時段，也就是晉末至劉宋元嘉中期。而「軍南次」、「軍外高」等階層，則集中於 E、F 兩期，即宋後期。由此我們可以發現，在整個軍功受益階層內部，各個階層也隨著政治、社會環境的變化而有升降。

〔註11〕 本節的 8 個表格中的相關資料，皆依據文末相應的附表統計得來，可以互相參見。下表據「附錄・表一」。

〔註12〕 下列 8 表中，斜線前的數字爲各相應時段、相關階層的人數，後爲該時段所有階層的總人數，其下則爲二者的百分比數。

〔註13〕 此處將晉、宋、齊一併分析。

造成這種狀況的原因是：

第一、隨著劉宋統治的穩定，皇權逐步加強，對於與皇室關係並不密切的「軍層」，開始疏遠，而宗室、帶有外戚身份的高門，卻迅速崛起，故此形成鮮明反差。

第二、宋末亂世，戰亂頻仍，京口次門武人的後代，此時已逐漸褪去了原來濃重的軍事色彩，軍事才幹也不斷下降。「軍外高」，儘管少有武功可稱者，但是由於在社會上的影響猶存，皇帝出於宗室內爭頻繁、皇子幼弱的考慮，大多委之以重任。而作爲南土次門、武力強宗的吳興沈氏，則是憑藉武力，才得以在戰亂頻仍的劉宋後期崛起，躋身於「諸公」這一少有南人爲之的高職。不過，由於缺乏與皇室聯姻等因素，使得南土次門的政治位置很難穩固，在受到打擊後很容易衰落。

再看宗室。宋宗室爲諸公者共 33 人，其中 E、F 兩期 22 人，約占 65%（22/34），而 E 段（孝武、前廢帝時期）尤多，約占總數的 38%（13/34）。其原因大致有：

> 宋宗室成員數量的增多。按劉裕有 7 子，宋文帝劉義隆有 19 子，而孝武帝劉駿則有 28 子之多。〔註14〕可見，劉氏三代的子嗣數量呈急劇的遞增趨勢。特別是到了宋孝武時期，其兄弟、子侄大多成年，具備了從政的資格，按照「親親」的原則，朝廷必須要給以優越的政治、經濟地位。這應該是造成這一時期宗室爲諸公的數量急劇增多的重要原因。

此外，劉宋不僅大量任用宗室、排斥庶族，以期維護皇權統治，甚至矯枉過正，開諸公出鎮之先河。東晉一朝，諸公特別是太尉（大司馬）、司徒、司空三公，均爲朝官，即使間或出征，亦必不久即還，很少有以三公出鎮之例。而宋三公則隨著政局的不斷演變，逐漸成爲了用以提高位在方鎮的宗室位望的手段，其榮譽意義更是遠遠大於了實際權力。加之此時的宗室，普遍受到皇權的猜忌，權力日漸削弱，位列諸公在某種意義上說是一種榮寵，成爲朝班、廩祿的象徵。

將上表中「軍層」、宗室、「非軍層」三種勢力各所佔百分比，用曲線圖表示如下：〔註15〕

〔註14〕分見《武三王列傳》（6/61/1633）、《文九王列傳》（6/72/1855）與《孝武十四王列傳》（7/80/2057）。

〔註15〕以下 8 個曲線圖，橫軸均爲時間段 A—F，縱軸爲其上統計表中所得出的各百

諸公變動曲線圖

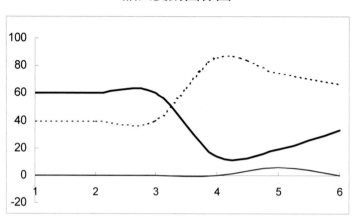

由上曲線圖，我們可以很直觀的看到，作為支撐劉宋政權的兩大支柱，他們在晉末劉宋75年中的不同階段，勢力此消彼長、互相牽制、互為補充，從而構成了這一時期政局的一大特色。在 A、B、C 三個階段，「軍層」、宗室在「諸公」中所佔比例相對平穩，並未產生大的變動。正是這兩個階層，壟斷了當時地位最崇高的諸公職位，由此也可看出當時統治階層的政治走向。D 段，以劉義康為代表的集團勢力遭到打擊，其他宗室逐漸悟出專制皇權的味道。孝武帝即位後，政局開始為之一變。「軍層」作為主要政治勢力，在 D 期由宗室全面壟斷諸公位置之後，E、F 兩期，「軍層」勢力重新擡頭。「軍層」在宋末F 期的驟升，一定程度上並非劉宋意願，而是源於在戰亂中崛起的權臣──「軍次」蕭道成大量提升擁護自己的「軍層」，為代宋所作的必要準備。而宋明帝所安排的以「軍層」（主要是「軍外高」）、宗室、恩倖組成的顧命格局，由於種種原因遭到破壞，其中，既有宗室的謀反，又有恩倖的阻撓和「軍外高」的背叛宋室，關於這一點，可以參見有關學術成果。〔註16〕

二、尚書省官員

據《晉書·職官志》與《宋書·百官志》，尚書省除了令僕丞郎之外，還有令史、書吏等員，由於這些官職地位低微，與「軍層」的關係較為疏遠，因此不予論述。

分比數。由於製錄技術問題，橫軸中的 1－6 均應為 A－F 六個時間段。另外，8 個曲線圖中，粗黑線為「軍層」，虛線為「宗室」，細黑線則為「非軍層」。

〔註16〕李文才《宋明帝安排輔政格局及其破壞》，《濟寧師專學報》，2000.2.20～23.

　　錄尚書事一職，本非實職，而是加官，無單拜錄之事，也不包括在尚書八座之內，但由於他仍在尚書省內辦公，而且位尊權重，故此列入。〔註 17〕在晉宋，加錄尚書事者多爲位尊屬重的諸公。自義熙元年（405 年）至宋末的 70 餘年，共有王謐（405-407.12）、劉裕（408.1-418.6，）、徐羨之（422.1-426.1）、王弘（426.1-429.1）、劉義康（429.1-440.10）、劉義恭（440.10-454）、蕭道成（477）等 7 人。

身份＼時間	A	B	C	D	E	F	分類統計
軍高	12	17	10	3	8	5	55
軍次	10	13	5	1	5	5	39
軍晚次		1	1		1	2	5
軍南高	2	2	1	4	7	6	22
軍南次			1	2	1		4
軍外高			3	7	11	12	33
軍外次		1		5	3	4	13
宗室		1	3	2	10	宋 4，齊 2	宋 20，齊 2
高門					1	2	3
次門			1		3	8	12
南高	1	1	2	1	3	4	12
南次			1	1	2	4	8
恩倖					1		1
分類統計	25	36	28	26	56	58	229
身份不定							
軍層所佔比例	24/25 96%	34/36 94%	21/28 75%	22/26 84%	36/56 64%	34/58 59%	171/229 75%

〔註17〕稍後的南齊，對於錄尚書事的官職性質問題，曾有過辯論：

　　　　太祖（齊高帝蕭道成的廟號）崩，遺詔以淵爲錄尚書事。江左以來，無單拜錄者，有司疑立優策。尚書王儉議，以爲「見居本官，別拜錄，推理應有策書，而舊事不載。中朝以來，三公王侯，則優策並設，官品第二，策而不優。優者襃美，策者兼明委寄。尚書職居天官，政化之本，〔故〕尚書令品雖第三，拜必有策。錄尚書品秩不見，而總任彌重，前代多與本官同拜，故不別有策。即事緣情，不容均之凡僚，宜有策書，用申隆寄。既異王侯，不假優文。」（《南齊書・褚淵列傳》2/23/430）

| 宗室所佔比例 | 0% | 1/36 3% | 3/28 11% | 2/26 8% | 10/56 18% | 6/58 10% | 20/229 10% |
| 非軍層所佔比例 | 1/25 4% | 1/36 3% | 4/28 14% | 2/26 8% | 10/56 18% | 18/58 31% | 36/229 15% |

　　由上表可以看到，尚書省官員涉及的階層非常廣泛，而且值得注意的一點是，吳姓士族在尚書省佔了較大的比重（20%以上），比在其他類型官員中所佔比重都要大的多。

　　將上表中「軍層」、宗室、「非軍層」三種勢力各所佔百分比，用曲線圖表示如下：

尚書省變動曲線圖

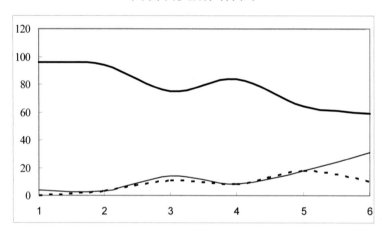

　　在諸公中佔據了絕對優勢的宗室成員，卻在尚書省中沒有得到相應的位置，還不及「非軍層」的各階層。我認爲，造成這種結果的原因有以下兩點：

　　首先，東晉劉宋之時，尚書令僕丞郎的地位、職權較其前相比，有所加強。〔註 18〕由於尚書省官員位處宰輔，有大量事務需要處理，因而爲此職者必須具備一定的文學修養與行政能力。不過，在宋宗室中，像劉義康這種不學有術、熟練吏職的人並不多。

　　　　性好吏職，銳意文案，糾剔是非，莫不精盡。……雖重定卑人微，
　　　　皆被引接。又聰識過人，一聞必記，常所暫遇，終生不忘，稠人廣
　　　　席，每標所憶以示聰明，人物益以此推服之。（《武二王列傳·彭城

〔註18〕祝總斌《兩漢魏晉南北朝宰相制度研究》，第七章第一節，中國社會科學出版
　　　　社 1998 年 4 月第 2 版。白鋼主編、黃惠賢著《中國政治制度通史·魏晉南北
　　　　朝卷》，第四章，人民出版社 1996 年版。

王義康》6/68/1790）

其次，由於錄尚書事、尚書令僕位居宰相之職，如果再以宗室近屬為之，則極易對皇權構成威脅。

（劉義康為錄尚書事）專總朝權，事決自己，生殺大事，以錄命斷之。凡所陳奏，入無不可，方伯以下，並委義康授用，由是朝野輻湊，勢傾天下。義康亦自強不息，無有懈倦。府門每旦常有數百乘車，雖重定卑人微，皆被引接。……私置僮部六千餘人，不以言臺。四方獻饋，皆以上品薦義康，而以次者供御。……自十六年秋，不復幸東府。（《武二王列傳・彭城王義康》6/68/1790～1791）

劉宋一朝，在位時間較長的文帝、孝武帝、明帝三人皆非以太子即位，而是通過政變上臺。以太子身份名正言順繼承皇位者反而不久即亡，這種現象對父死子繼的皇帝制度產生威脅，導致皇帝與宗室之間的不信任感越來越強。〔註19〕因此自劉義康廢殺之後，宗室既很少擔任尚書省職任，又大多不與政事，極力遠避權寵。例如劉義康集團遭到宋文帝打擊後，從兄弟有才幹者如劉義慶，遠避權勢，〔註20〕同父弟劉義恭、劉義季等，也紛紛不與世事。

義恭既小心恭慎，且戒義康之失，雖為總錄，奉行文書而已，故太祖安之。〔註21〕（《武三王列傳・江夏文獻王義恭》6/61/1644）

義季素嗜酒，自彭城王義康廢後，遂為長夜之飲，略少醒日。（《武三王列傳・衡陽文王義季》6/61/1654）

另據《武二王列傳・彭城王義康》，元嘉二十四年，「軍次」胡藩之子胡誕世等企圖謀立義康，事敗後，時為太尉錄尚書事的劉義恭提議將劉義康流放邊地，以防屢生事端。出賣友於、保己祿位，皇權強大下的宗室之作為，可見一斑。孝武帝即位後，由於帝位乃是從其兄太子劉劭處以「弟殺兄」的方式奪來，並非名正言順，加上第二年即有叔父劉義宣、外戚臧質聯合叛亂，使

〔註19〕前廢帝狂悖無道，以太祖、世祖並第數居三以登極位，子勛次第既同，深構嫌隙，因何邁之謀，乃遣使齎藥賜子勛死。（《鄧琬列傳》7/84/2130）另可參見白鋼主編、黃惠賢著《中國政治制度通史・魏晉南北朝卷》，第二章第一節第二節。

〔註20〕見周一良《魏晉南北朝史箚記・宋書札記・劉義慶傳之「世路艱難」與「不復跨馬」》及《魏晉南北朝史論集・世說新語和作者劉義慶身世的考察》（北京大學出版社1997年第1版）。

〔註21〕要知道，劉義恭本來是個權力欲極強之人，還曾與劉義隆特意安排的上佐劉湛因權力發生過多次矛盾。可參見本傳。

得他對最有資格覬覦其皇位的宗室深懷畏忌。〔註 22〕此時，叔父劉義恭又迎合其意，主動交出錄尚書事這一職位。

> 世祖以義宣亂逆，由於強盛，至是欲削弱王侯。義恭希旨，乃上表省錄尚書。（《武三王列傳·江夏文獻王義恭》6/61/1647）

除了廢除權力過重的錄尚書事一職外，劉義恭等宗室還迫於孝武帝的壓力，提出一系列限制宗室的具體措施，「遵正之首，請以爵先；致貶之端，宜從戚始。輒因暇日，共參愚懷，應加省易，謹陳九事。」如此難得的機會，一心鞏固皇權的孝武帝當然不會錯過。有關部門在他的授意下，認為「九條之格，猶有未盡，謹共附益，凡二十四條」，（同上）於是，除了少數幾個官職外，宗室在 E、F 二期一般均呈下降的趨勢。

三、中書省官員

我們在這裡，也主要考察中書省中地位較高的監令郎，對那些士族不屑為之、由寒門、恩倖擔任的舍人之職，不予考察。

時間 \ 身份	A	B	C	D	E	F	分類統計
軍高	5	5	4	2			16
軍次	6	5	1			2	14
軍南高	1				1		2
軍南次					1	1	2
軍外高		1	1	1	6	11	20
軍外次			1	2	1	2	6
宗室			2	1	7	3	13
外寒						1	1
高門						1	1
次門						3	3

〔註22〕 史載，早在平定劉義宣、臧質叛亂的過程中，孝武帝就開始針對潛在的最大威脅——宗室採取一系列措施，這一行動，隨著劉義宣臧質的誅除、皇權的穩固而加快。有關細節，可以參見《宋書·孝武帝本紀》及《資治通鑑》孝建元年、二年部分的記載，此不贅述。

南高						3	3
南次						1	1
恩倖						1	1
分類統計	12	11	9	6	16	29	83
軍層所佔比例	12/12 100%	11/11 100%	7/9 78%	5/6 83%	9/16 56%	16/29 55%	60/83 72%
宗室所佔比例	0%	0%	2/9 22%	1/6 17%	7/16 44%	3/29 10%	13/83 16%
非軍層所佔比例	0%	0%	0%	0%	0%	10/29 35%	10/83 12%

將上表中「軍層」、宗室、「非軍層」三大勢力各所佔百分比，用曲線圖表示如下：

中書省變動曲線圖

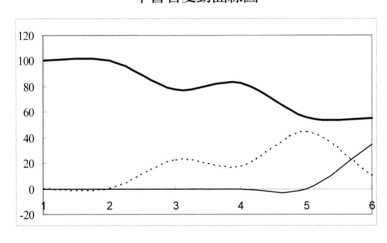

由上圖我們不難看到，自孝武帝上臺後，「軍層」所佔比重驟降，而宗室所佔比例大幅增加。「非軍層」勢力，則集中於 F 期。不過，此時「非軍層」所擔任的官職，均為中書郎，沒有任監令等高職者。

在所選取的八種官職中，孝武帝統治期間的 E 期，宗室勢力得到大幅增長的只有「中書省官員」與「其他官職」二種。這與其餘六種官職的發展趨勢有很明顯的差異，造成這種狀況的主要原因在於中書省地位的日趨低下，這一點，有關學者已做了極為詳盡的論述，可以參看，〔註23〕而對於「其他官職」，則另行分析。

〔註23〕祝總斌《兩漢魏晉南北朝宰相制度研究》，第九章第三節。

四、門下省官員

此處僅包括侍中、黃散諸職，給事中、奉朝請由於為尊寵之任，多賜予德高望重之人，不予計入。散騎常侍一職，至劉宋中期，特別是孝武帝世，由於戰亂頻繁，方鎮之職地位轉重，皇帝為了拉攏人心，就以散騎常侍這一雖地位低落，但影響猶在的內職外授，成為榮譽的散職，其門下職能逐漸淡化。〔註24〕但基於其舊有的影響，仍舊列入。

身份＼時間	A	B	C	D	E	F	分類統計
軍高	11	19	12	2	2	5	51
軍次	13	11	3		6	4	37
軍晚次		3	3	3		6	15
軍南高	1	4	2	1	8	4	17
軍南次			1	2	7	3	13
軍外高		3	3	9	9	14	38
軍外次		4	4	5	2	2	17
宗室		3	5	8	13	宋10，齊4	宋39，齊4
外高				1		1	2
外寒						2	2
高門				1	1		2
次門		5	1	2	6	9	23
南高					1	6	7
南次		1	1		2	2	6
恩倖				1	3	5	9
分類統計	25	53	35	35	60	77	285
身份不定							

〔註24〕初，晉世散騎常侍選望甚重，與侍中不異，其後職任閒散，用人漸輕。孝建三年，世祖欲重其選，詔曰：「散騎職為近侍，事居規納，置任之本，實惟親要，而頃選常侍，陵遲未允，宜簡授時良，永置清轍。」於是吏部尚書顏竣奏曰：「常侍華選，職任俊才，新除臨海太守孔覬意業閒素，司徒左長史王彧懷尚清理，並任為散騎常侍。」世祖不欲威權在下，其後分吏部尚書置二人，以輕其任。侍中蔡興宗謂人曰：「選曹要重，常侍閒淡，改之以名而不以實，雖主意欲為輕重，人心豈可變邪！」既而常侍之選復卑，選部之貴不異。(《孔覬列傳》

軍層所佔比例	25/25 100%	44/53 83%	28/35 80%	22/35 63%	34/60 56%	38/77 49%	191/285 67%
宗室所佔比例	0%	3/53 5%	5/35 14%	8/35 23%	13/60 22%	14/77 18%	43/285 15%
非軍層所佔比例	0%	6/53 12%	2/35 6%	5/35 14%	13/60 22%	25/77 33%	51/285 18%

將上表中「軍層」、宗室、「非軍層」三大勢力各所佔百分比，用曲線圖表示如下：

門下省變動曲線圖

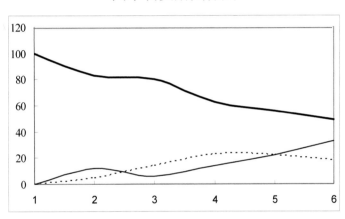

與其他類型的官職相比，「軍層」雖然在門下省官員中所佔比例也呈下降之勢，但其變化相對來說總體比較平穩，不像「諸公」等在劉宋末期有那樣劇烈的變動。造成這種現象的原因在於，散騎常侍、員外散騎侍郎等官職的漸趨濫置，使得門下省官員的來源日趨廣泛，而不是集中於少數幾個階層，這樣，各個階層在政局中的此消彼長，使其變動呈較為平緩的態勢，不至於過分劇烈。

五、禁衛武官

劉宋後期，由於內爭不斷，本來禁衛殿省的武將頻繁出征，加之西省本身所帶有的儲才性質，使得禁衛武官之職的授予漸趨萎濫。〔註25〕與劉宋以後的情況不同的是，雖然帶禁衛將軍號者不一定位在京師，而且也大大突破原來的員額限制，但是，基本上還是武職。

〔註25〕閻步克《仕途視角中的南朝西省》(《中國學術》第一輯，商務印書館 2000 年 1 月。)

身份 / 時間	A	B	C	D	E	F	分類統計
軍高	3	8	5	2	2	2	22
軍次	7	9	5		6	4	31
軍晚次	1	1	3	3	8	13	29
軍南高	1	2	1	1	2	5	12
軍南次		1		2	4	3	10
軍外高		1	2	4	12	7	26
軍外次		3	1	5	2	1	12
宗室		1	2	9	15	宋7，齊4	宋34，齊4
外寒						3	3
高門					2		2
次門			1	1	7	10	19
南高					1	1	2
南次						2	2
恩倖					2	9	11
分類統計	12	26	20	27	63	71	219
身份不定						66〔註26〕	66
軍層所佔比例	12/12 100%	25/26 96%	17/20 85%	17/27 63%	36/63 57%	35/71 50%	142/219 65%
宗室所佔比例	0%	1/26 4%	2/20 10%	9/27 33%	15/63 24%	11/71 15%	38/219 17%
非軍層所佔比例	0%	0%	1/20 5%	1/27 4%	12/63 19%	25/71 35%	39/219 18%

〔註26〕這種身份、時間不能作明確界定的材料，幾乎每個身份類型、時間段都有，如果數量較少，我們一般不再計入，因為從統計學的角度看，畢竟其所佔比重小，並不會產生大的誤差。只有當其影響到有關結論的情況下，我們才將其列入，但暫不計入總數，只在具體分析時使用。本表 F 段的身份不定者，絕大多數為原本地位稍低次門、寒門。他們組成了這個時期的主體，是不可忽視的政治力量。張金龍認為劉宋後期，禁衛武官中出現了直閣、直衛諸職，不過由於擔任此職者多為恩倖、寒門，屬於本書階層劃分中很難斷定準確身份者，於「軍層」發展並無大的影響，不計。參見《禁衛軍權與南朝政治》，《南京大學學報（哲學・人文・社科版）》，1999.3.127～134.

此時，地方武將加禁衛將軍號，雖有榮譽的成分在內，[註27]但卻在更大程度上保持了其武官領兵的本色，而像蕭齊那種以文人帶帖者尚不多見。也正因此，F 期才有那麼多擔任禁衛之職卻無法進行具體統計、分類的身份低微者。在其他諸類官職中往往佔有較大比重的「軍外高」、「軍外次」等階層，所佔比例卻不大，而「軍晚次」這一曾在東晉劉宋前期屢受排擠的階層，卻由於劉宋末年的頻繁內爭、戰亂得以發揮所長，受到統治上層的重用，成為蕭道成建齊代宋功臣中極為重要的一員，社會、政治地位均較晉末劉宋前期他們的先輩為高。

　　將上表中「軍層」、宗室、「非軍層」三大勢力各所佔百分比，用曲線圖表示如下：

禁衛武官變動曲線圖

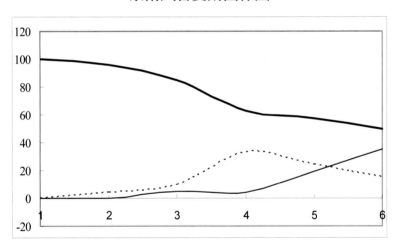

上述圖表可以提供給我們如下信息：

　　禁衛武官的發展，從其階層構成來看，大致可分為三個階段：

　　晉末宋初的 A、B 為第一階段。在這一階段，我們可以看到，擔任禁衛諸職者，皆為「軍層」出身者，而包括晉宋宗室在內的其他非「軍層」人士，則無一蒞此重任。

〔註27〕由於中國政治所素有的大一統集權體制，使得即便在皇權衰弱的東晉末年，在中央任職，仍是許多熱衷功名者的首選。傅亮不樂外出雖然說的是中書門下官員的事，但由此也可推見，職司禁衛的武官，必然更容易憑藉與皇帝的特殊關係，得到某些地方官員所無法得到的政治利益。宋末恩倖多為此職，就表明了這一點。

　　宋文帝元嘉時期的 C、D 時期為第二階段。宗室勢力，在這一時期得到了極為迅速的發展，特別是則元嘉末的 D 期，宗室擔任禁衛諸職者竟然達到了32%，而且大多擔任的是領護軍、左右衛等禁衛高職。

　　第三階段的 E、F 兩期，禁衛武官選任對象發生了劇烈的變動。宗室內爭不斷，人數逐漸減少，宗室擔任禁衛要職的數量也呈下降之勢。儘管我們沒有將大量的身份不定者計入 F 期，但也可以明顯的看出，此時，「軍層」的勢力已經走向衰弱，他們曾經在晉末完全獨佔的禁衛武官之職，此時竟然被「非軍層」的次門、寒人佔據了絕對優勢，只能退居次席。這正是宋齊之際的顯著變化。它也從一個側面說明，儘管禁衛諸職，特別是西省軍校有散官化的趨勢，但是由於傳統觀念的影響，他們至少較其他武將擁有更為優先的禁衛特權，而並無父祖名望、身份微賤的他們能在其後的南朝歷史上佔有一席之地，如果僅僅靠散職的官位，恐怕是不夠的。

六、都督刺史

　　自漢末至魏晉南北朝時期，地方官的軍事色彩日益濃厚，不僅出現了都督諸軍事一職，地方官員帶有將軍號的現象也越來越普遍。而無將軍號者，被譏為「單車刺史」。但是在晉末劉宋，刺史治民權尚未被都督侵奪，刺史一職仍具有不容忽視的地位。〔註28〕儘管沒有都督、將軍號的刺史地位日益低微，但其與各個職務的相互組合，使得州一級地方官員的權力與位次也就相應有所不同，可謂豐富多彩。由於都督的範圍常有變換，與刺史不盡相同，此處列表以刺史為主，對都督的更迭則因篇幅原因從略，可參見有關成果。〔註29〕

〔註28〕當時人對都督軍事、刺史的職能分工有如下看法：
　　　　盧循平後，（劉）毅求都督江州，以江州內地，治民為職，不宜置軍府。
《庾悅列傳》
　　　　劉裕在任命張邵為湘州刺史時，擬同時設置軍府。張邵並不同意：
　　　　邵以為長沙內地，非用武之國，置署妨人，乖為政要。帝從之。（《張邵列傳》
　　　　可見此時的刺史雖因權力受到都督軍事的侵奪，地位有所下降，但仍有一定地位，都督軍事也不可完全取而代之。
〔註29〕嚴耕望《中國地方行政制度史》上編卷中之上《魏晉南朝地方行政制度》第一章、第二章；陳琳國《魏晉南北朝政治制度研究》；姚念慈、邱居里《西晉都督制度演變述略》（《北京師範大學學報（社科版）》，1988.2.36～45）；祝總斌《都督中外諸軍事及其性質、作用》（《紀念陳寅恪先生誕辰百年學術論文集》，北京大學出版社 1989 年版，267～276 頁。）；陳仲安《都督散考》（《魏

時間＼身份	A	B	C	D	E	F	分類統計
軍高	4	5	2	2	2		15
軍次	16	18	8	5	7	5	59
軍晚次	1	2	4	5	9	10	31
軍南高		2	1	1	3	4	11
軍南次		2			3	3	8
軍外高		1		1	1	7	10
軍外次		5	4	6	4	1	20
宗室	晉1	5	9	16	26	宋20，齊5	晉1，宋76，齊5
外高					1	1	2
高門			1		2	2	5
次門	1		1	1	7	4	14
晚次	2						2
南高			1	1	1	1	4
南次					1		1
恩倖						2	2
分類統計	25	40	31	38	67	65	266
身份不定							
軍層所佔比例	21/25 84%	35/40 87%	19/31 61%	20/38 53%	29/67 43%	30/65 46%	154/266 58%
宗室所佔比例	1/25 4%	5/40 13%	9/31 29%	16/38 42%	26/67 39%	25/65 38%	82/266 31%
非軍層所佔比例	3/25 12%	0%	3/31 10%	2/38 5%	12/67 18%	10/65 16%	30/266 11%

與其他類型官職相比，在我們所搜集的都督刺史任職者中，「軍層」及其中具

晉南北朝隋唐史資料（1～7），武漢大學歷史系魏晉南北朝隋唐史研究室編，香港中華科技（國際）出版社 1992 年版。》；張鶴泉《曹魏都督諸州軍事制度試探》（中國魏晉南北朝史學會編《魏晉南北朝史研究》，湖北人民出版社 1996 年版，55～70 頁）、《西晉都督諸州軍事制度試探》（《六朝文化國際學術研討會暨中國魏晉南北朝史學會第六屆年會論文集》，《東南文化》1998 年增刊 2，113～118 頁）；童超《魏晉南北朝軍事領導體制的歷史特點》（《中國史研究》2000.2.80～89）。

有外戚身份者所佔比例，均較其他類型的官職爲少。尤其是「軍外高」，更是很少爲都督刺史之職。都督刺史一職之所以呈現出迥然不同的鮮明特徵，根本原因當在於其所具有的地方官色彩，加之事務繁重，使得越來越疏於武事，又缺乏治幹的「軍層」多不樂爲之，即使出身次門者亦然。而劉宋一朝皇權政治的加強，也是造成這種情況的另一要因。劉宋建立後，隨著對門閥士族的打擊，東晉門閥政治趨向消亡，而皇權政治勃興。〔註30〕這一重大轉變在都督刺史一職中的表現則是，揚州、荊州、南徐、南兗、江州等具有重要戰略地位的要州，逐漸改由宗室控制，東晉那種庶姓方鎮居外以遙控朝政的現象不復存在。

與門閥大族的興衰沉浮一樣，各都督刺史的重要性也在不斷隨著政局的改變而有所變動，例如雍州，東晉地位本不重要，在雍州刺史設立之前，一直是由「監督沔北沔南諸軍事」管轄。〔註31〕

襄陽去江陵步道五百，勢同唇齒，無襄陽則江陵受敵。自東晉庾翼爲荊州刺史，將謀北伐，遂鎮襄陽。田土肥良，桑梓遍野，常爲大鎮。北接宛洛，跨對楚沔，爲鄢郢北門。〔註32〕

儘管襄陽地處衝要，雍州刺史之設卻是晚在晉孝武帝時。我認爲，造成這種情況的原因在於，東晉門閥政治下，高門大族控制強藩、抗衡中央，地處分陝的荊州地區幾乎一直爲皇權離心勢力所控制，是其賴以對抗朝廷的資本，中央無力染指、加以控制所致。〔註33〕大概也正是由於雍州設鎮太晚，

〔註30〕 孔毅《南朝劉宋時期門閥士族從中心到邊緣的歷程》，《江海學刊》1999.5.111～118。

〔註31〕 萬表頁 3454，吳表頁 3495～3499，《二十五史補編》第三冊。近人著述有：何德章《釋「荊州本畏襄陽人」》（中國魏晉南北朝史學會編《魏晉南北朝史研究》，湖北人民出版社 1996 年版，191～199 頁。）一文，對荊雍二州在東晉南朝的勢力消長做了一定研究，但本書與其觀點、材料均有所不同，可以參看。關於其他軍事重鎮的形成、演變，請參閱田餘慶《東晉門閥政治·論郗鑒》；郭黎安《六朝建都與軍事重鎮的分佈》（《中國史研究》1999.4.73～81）；薛軍力《劉宋初期對強藩的分割》（《天津師大學報（社科版）》1995 年 5 期，52～57 頁。）、〈試述東晉徐兗地方勢力〉（《北京師範大學學報（社會科學）》1991 年 2 期，94～99 頁）；張承宗《六朝時期江州的戰略地位》（《蘇州大學學報（哲學社會科學版）》，1993.1.88～95.

〔註32〕 《通典·州郡七·襄陽郡》5/177/4676。

〔註33〕 要瑞芬《都督制在東晉南朝荊揚之爭中的作用》，《蘇州大學學報（哲學社會科學版）》，1993.1.96～98、115.

加之位處西北邊陲，所以它在方鎮中的地位始終無法與其重要戰略位置相稱。因此，荒傖楊佺期等人任此職而怨氣滿腹，終釀大亂。但是，隨著政局的變遷，雍州的重要性在晉末劉宋逐漸加強。

首先，頻繁的內亂，特別是荊揚之爭，使得地理位置特殊的雍州得以在其中發揮舉足輕重的作用，地位逐漸升高。

> （元嘉元年，劉粹）遷使持節、督雍梁南北秦四州荊州之南陽竟陵順陽襄陽新野隨六郡諸軍事、征虜將軍、領寧蠻校尉、雍州刺史、襄陽新野二郡太守。……元嘉三年討謝晦，遣粹弟車騎從事中郎道濟、龍驤將軍沈敞之就粹，自陸道向江陵。粹以道濟行竟陵內史，與敞之及南陽太守沈道興步騎至沙橋……初，晦與粹厚善，以粹子曠之爲參軍。粹受命南討，一無所顧，太祖以此嘉之。（《劉粹列傳》5/45/1380）

按劉粹與謝晦的「厚善」，當始自義熙末，宋國建後。史載，謝晦爲宋國右衛將軍，加侍中。《劉粹列傳》並未載其爲宋國官職，但義熙十二年後其經歷爲「進號輔國將軍，遷相國右司馬、侍中、中軍司馬、冠軍將軍。」侍中前後官職均爲僚佐或地方郡守，由遷轉次序可以推斷，此侍中不可能爲位居三品首位的清顯官，而應是位居六品的王國官吏。而謝晦、劉粹的「厚善」，只有在這時或此後，才能成爲可能。此前，劉粹多爲郡守之職，而謝晦則在帷幄之中，不大可能有深交的機會。劉義隆爲何敢在危急關頭大膽起用與謝晦關係不錯的劉粹擔任如此重任？案諸史實，他與劉粹的故吏關係及劉粹對劉裕事業的忠誠，當是使劉義隆在上臺伊始就委其以重任的導因。

> 盧循逼京邑，京口任重，太祖時年四歲，高祖使粹奉太祖鎮京城。……衛將軍毅，粹族兄也，粹盡心高祖，不與毅同。高祖欲謀毅，眾並疑粹在夏口，高祖愈信之。及大軍至，粹竭其誠力。（《劉粹列傳》5/45/1379）

劉粹沒有辜負故主劉義隆對其寄予的厚望，雖然他在南討謝晦的過程中爲謝晦司馬周超所敗，但是，謝晦在被檀道濟、到彥之等人打敗後，準備與眾弟子騎馬北逃，爲安陸延頭戍主光順之所擒。安陸延頭位於劉粹所督隨郡東南，[註34]謝晦自江陵騎馬北奔，按理說應該選擇北上襄陽的步道捷徑，但是由於劉粹已爲文帝賣命，只得由江陵斜插安陸，企圖繞過南下的劉粹與西進的檀道濟、到

〔註34〕據譚其驤先生主編《中國歷史地圖集》第四冊圖 23、24～25。

彥之眾軍的圍堵。不過，江陵、安陸之間，地況卑濕，爲古雲夢澤之地，今湖
北省安陸市即爲當時安陸郡治所在，其南不足百里，猶有云夢縣。荊雍地區，
倒沒有所謂的滄海桑田之變，21 世紀之地理、政區仍有助於我們的歷史考證。
謝晦自江陵騎行至延頭，至少要經過沔水、溳水等多條較大河流，加之其間星
羅棋佈的湖泊，肯定不利於其逃脫，終爲人所擒的結果應該說早已注定。雍州
刺史劉粹完成了劉義隆交給他的「斷其（謝晦）走伏」的任務。(《徐羨之列傳》
5/43/1334）假如當時的雍州仍爲謝晦以荊州刺史所督的話，那麼謝晦很可能會
首選江陵至襄陽的步道，北奔關中。這一點，史有先例。早在其前，鎮守襄陽
的魯宗之、江陵的司馬休之，舉兵聲討劉裕，劉裕親統大軍西征，也是兵分兩
路。檀道濟、朱超石率步騎出襄陽，徐逵之、蒯恩、沉淵子將水軍出江夏。司
馬休之、魯宗之敗後，由江陵退往襄陽，儘管留守襄陽的魯宗之參軍李應之投
降劉裕，但是他們仍能順利北降姚秦，可見雍州對荊州的戰略價值確實非同一
般。這一點還可以從劉宋政治中找到一些佐證。

> （元嘉三十年，孝武帝劉駿）至新亭即位，以元景爲侍中，領左衛
> 將軍，轉使持節、監雍梁南北秦四州、荊州之竟陵隨二郡諸軍事、
> 前將軍、寧蠻校尉、雍州刺史。……初，臧質起義，以南譙王義宣
> 暗弱易制，欲相推奉，潛報元景，使率所領西還。元景即以質書呈
> 世祖，語其使曰：「臧冠軍當是未知殿下義舉爾。方應伐逆，不容西
> 還。」質以此恨之。及元景爲雍州刺史，質慮其爲荊、江後患，建
> 議尒牙不宜遠出。(《柳元景列傳》7/77/1988）

雖然在臧質的要求下，孝武帝並沒有讓柳元景之鎮，但是臧質的多慮及其對
柳元景的拉攏、排擠，恰好表明了雍州在荊揚之爭中所處的戰略地位。而且
劉駿也正是依靠以雍州豪族柳元景、雍州刺史朱修之爲首的雍州勢力，才在
次年戰勝強大的劉義宣、臧質、魯爽的聯合叛亂。

> 太祖（蕭道成）以敬兒人位既輕，不欲便使爲襄陽重鎮。敬兒求之
> 不已，乃微動太祖曰：「沈攸之在荊州，公知其欲何所作？不出敬兒
> 以防之，恐非公之利也。」太祖笑而無言，乃以敬兒爲持節、督雍
> 梁二州郢司二郡軍事、雍州刺史，將軍如故……沈攸之聞敬兒上，
> 遣人伺覘。見雍州迎軍儀甚盛，慮見掩襲，密自防備。敬兒至鎮，
> 厚結攸之，信饋不絕。得其事迹，密白太祖。攸之得太祖書翰，論
> 選用方伯密事，輒以示敬兒，以爲反間，敬兒終無二心。(《南齊書‧

《張敬兒列傳》2/25/465-466）

蕭道成、沈攸之都看到鎮守襄陽的張敬兒左右政局的地位。在沈攸之起兵之後，正是張敬兒從襄陽南下，攻陷沈攸之子元琰留守的江陵。沈攸之兵敗郢州，後方已失，只得盲目流竄，最終為人所斬。

可見，如果在荊揚之爭中荊雍能聯合起來，則即使不能戰勝，也至少可以保留一條北逃退路，（如司馬休之、魯宗之）而如果雍州在荊揚之爭中倒向揚州，荊州將面臨背水一戰的厄運，素畏襄陽人的江陵人士，很難越過重重阻礙而北奔保命。

雍州的另一重要作用則是北伐，這也是由於其獨特的地理位置所決定的。

> 襄陽地接邊關，江左來未有皇子重鎮。元嘉二十二年，世祖出為撫
> 軍將軍、雍州刺史。天子甚留心，以舊宛比接二關，咫尺崤、陝，
> 蓋襄陽之北捍，且表裏強蠻，盤帶疆場，以亮為南陽太守，加揚武
> 將軍。（《自序》8/100/2451）

雍州的優越地勢，使得在元嘉北伐時，儘管東路的王玄謨等人大敗，但柳元景所率領的西路，則取得了輝煌戰績。

將上表中「軍層」、宗室、「非軍層」各所佔百分比，用曲線圖表示如下：

都督刺史變動曲線圖

我們從上圖不難看出，與「軍層」、宗室相比，「非軍層」發展雖有起伏，但由於總量較小，受到制約。而宗室在都督刺史所佔比例的增多，特別是在劉宋後期甚至幾乎動搖「軍層」的首席地位，其原因是由於都督刺史仍舊有權，使得

皇帝投鼠忌器，避免形成尾大不掉之勢，不敢輕易以屬尊望重的高門爲之，而寧肯代之以年少宗室，高選僚佐輔之。〔註35〕宋明帝從前廢帝劉子業處奪得帝位後，孝武帝出鎮諸子的反抗，就是由各自僚佐幕後策劃、組織而成的。

七、郡國守相

在官制逐漸完善的魏晉南北朝，郡國守相雖然職位並不高，權力有限，但是，由於此時的地方長官多以將軍兼領，擁有一定的軍權，不可小視。特別是如丹陽尹、廣陵太守、琅邪太守、歷陽太守諸職，由於地位衝要，往往在政治事變中產生極爲重要的影響。以丹陽尹爲例。按丹陽尹一職，極爲重要，大致相當於漢代的京兆尹、河南尹。東晉由於南渡，寄寓建康，於是就以丹陽尹治京師。萬斯同將其列入《東晉將相大臣年表》，確有卓識。我認爲，丹陽尹之所以能位列衝顯，除了丹陽爲天子所在的優勢外，還有一點不容忽視，即其極佳的戰略位置。丹陽尹位於秦淮河南岸，與宰相所在的東府城僅一水之隔。〔註36〕一旦有不虞之事，能起到非常重要的鎮撫作用。劉裕北伐廣固時，孟昶以左僕射、丹陽尹留守，而孟懷玉則「轉輔國將軍，領丹陽府兵，戍石頭。」(《孟懷玉列傳》5/47/1407) 劉裕西征劉毅，以諸葛長民留守，但又放心不下，於是以劉穆之爲丹陽尹，置佐領兵，都是極好的例證。可見由於其特殊的地理位置，能經常擔任一些具有特殊意義的職任，所以決不可小視。不過，從官制來看，丹陽尹畢竟還是屬於地方官，〔註37〕故此一併論述。

時間＼身份	A	B	C	D	E	F	分類統計
軍高	15	18	8	3	6	5	55
軍次	32	24	12	11	8	7	94
軍寒	2	2					4
軍晚次	2	8	6	3	10	7	36
軍南高	2	3	4	5	8	6	28

〔註35〕陳長琦《南朝時代的幼王出鎮》，《華南師範大學學報（社科版）》，1996.1.101～109。

〔註36〕據譚其驤主編《中國歷史地圖集》第四冊，中華地圖學社 1975 年第一版，第22 頁。

〔註37〕謝方明、王準之、鄭鮮之均曾「出爲丹陽尹」，見《宋書》各本傳。

軍南次	3	1	3	4	3	4	18
軍外高		3	2	11	12	19	47
軍外次		6	5	6	3	11	31
宗室	晉1	2	2	8	19	宋14，齊6	晉1，齊6，宋45
外高					3		3
外寒						1	1
高門		2		3	5	2	12
次門		1	4	4	9	8	26
南高			2	2	2	3	9
南次				1	2	5	8
恩倖					3	10	13
分類統計	57	70	48	61	93	108	437
身份不定							
軍層所佔比例	56/57 98%	65/70 93%	40/48 83%	43/61 70%	50/93 54%	59/108 55%	313/437 72%
宗室所佔比例	1/57 2%	2/70 3%	2/48 4%	8/61 13%	19/93 20%	20/108 18%	52/437 12%
非軍層所佔比例	0%	3/70 4%	6/48 13%	10/61 17%	24/93 26%	29/108 27%	72/437 16%

東晉南朝地方行政區劃上實行的是州郡縣三級制，郡守作為中間一級地方行政長官，在官制中有著極為特殊的地位。

第一、雖為地方官吏，但是如果在海內名郡，則收入頗豐，即使一般郡國，俸祿、送故也極為可觀，這是較為清貧的朝官賴以迅速致富的捷徑。〔註38〕但是，由於畢竟是位在地方，如果能不為利所動，也有一些朝官拒絕擔任這類地位較低、與中央聯繫較少的地方官吏。

（王弘子王僧達）與錫不協，訴家貧，求郡，太祖欲以為秦郡……兄錫罷臨海郡還，送故及奉祿百萬以上。（《王僧達列傳》7/75/1951）

仍轉中書黃門侍郎，直西省如故。高祖以其久值勤勞，欲以為東陽郡，先以語迪，迪大喜告亮。亮不答，即馳見高祖曰：「伏聞恩旨，

〔註38〕關於州郡官吏對財富的搜刮、聚斂，還可參見王仲犖《魏晉南北朝史》上冊，412～414頁。

賜擬東陽，家貧忝祿，私計爲幸。但憑陰之願，實結本心，乞歸天
宇，不樂外出。」高祖笑曰：「謂卿之須祿耳，若能如此，甚協所望。」
（《傅亮列傳》5/43/1336）

第二、郡守由於職能所在，直接面對廣大百姓，爲郡守者一般還需要有
一定的治幹。

> 永初三年，出爲丹陽尹，有能名。轉會稽太守。江東民戶殷盛，風
> 俗峻刻，強弱相陵，姦吏蜂起，符書一下，文攝相續。又罪及比伍，
> 動相連坐，一人犯吏，則一村廢業，邑里驚擾，狗吠達旦。方明深
> 達治體，不拘文法，闊略苛細，務存綱領。州臺符攝，即時宣下，
> 緩民期會，展其辦舉；郡縣監司，不得妄出，貴族豪士，莫敢犯禁，
> 除比伍之坐，判久繫之獄。前後征伐，每兵運不充，悉發倩士庶，
> 事既寧息，皆使還本。而屬所刻害，或即以補吏。守宰不明，與奪
> 乖舛，人事不至，必被抑塞。方明簡汰精當，各愼所宜，雖服役十
> 載，亦一朝從理，東土至今稱詠之。（《謝方明列傳》5/53/1524）

可見，謝方明能贏得東土百姓的稱譽，顯然是因爲像他這種稱職的地方官吏
並不多見的緣故。而且，從其治績也可看出，作爲一個地方官吏，所需管理
事務極爲繁殷，確非常人所能勝任。

第三、劉宋一朝，特別是前期，對於郡縣級地方官吏的選任、考覈比較
重視。據《裴松之列傳》，元嘉三年，宋文帝除掉徐傅謝等顧命大臣、親掌政
權後，曾派大使，巡行天下，表現了對地方吏治的重視。〔註39〕王弘子王僧
達家貧求郡，就因不擅吏事而未獲批准。

> 訴家貧，求郡，太祖欲以爲秦郡，吏部郎庾炳之曰：「王弘子既不宜
> 作秦郡，僧達亦不堪蒞民。」乃止。（《王僧達列傳》7/75/1951）

這種狀況到了劉宋後期發生了變化。史載：

> 太宗繼阼，彌篤浮侈，恩不恤下，以至橫流。蒞民之官，遷變歲屬，
> 竈不得黔，席未暇暖，蒲、密之化，事未易階。豈徒吏不及古，民
> 偏於昔，蓋由爲上所擾，致治莫從。（《良吏列傳·序》8/92/2262）

地方吏治遭到的嚴重破壞，致使劉宋統治的根基發生動搖。我們統計所得的

〔註39〕守宰之職，以六期爲斷，雖沒世不徙，未及朞時，而民有所繫，吏無苟得。
家給人足，即事雖難，轉死溝渠，於時可免。凡百戶之鄉，有市之邑，歌謠
舞蹈，觸處成群，蓋宋世之極盛也。（《良吏列傳·序》

結果也從一個側面反映了這一點，較有治幹的「軍層」、宗室在劉宋後期郡國
守相的任命中所佔比例，並未升高，而恩倖以及大量無法確定身份的次門、
寒門的湧入，很難保證地方吏治的清明。《宋書・良吏列傳》所列舉的王鎮之、
杜慧度、徐豁、陸徽、阮長之、江秉之等 6 人，皆在孝武帝以前，也可見宋
後期地方吏治之一斑。

　　將上表中「軍層」、宗室、「非軍層」三大勢力各所佔百分比，用曲線圖
表示如下：

郡國守相變動曲線圖

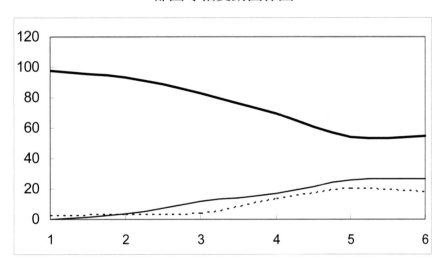

儘管許多「軍層」在經過安逸生活後，對於郡縣這種事務繁重的職位並不熱
心，但是，由於此職傳統上仍是一些地位一般家族仕途中的優選，因此直到
劉宋末年，「軍層」仍以較大比例位居三種勢力的首位。長期處於方鎮、郡國
守相之類的地方武職，使得他們較那些早早升入統治上層的「軍層」相比，
腐化、墮落的要慢。也正因此，才有一部分地位本來較低的「軍層」得以維
持一定的軍事能力，在戰亂頻仍的宋末，他們仍能以武功入仕，並改頭換面，
崛起為新的政治力量。

八、其他官職

　　除了上述七種官職外，還有一些較為重要的職位，值得提出加以關注。秘
書監郎、著作郎，清顯美職，是很不錯的起家之選。而御史中丞，在皇權崛起、

清議逐漸受到行政干預的情況下，其司法彈劾的作用也日趨明顯，〔註40〕我們下面的論述就圍繞這數個職位展開。

時間＼身份	A	B	C	D	E	F	分類統計
軍高	4	9	1		1	1	16
軍次	3	4	2	1	1	1	12
軍南高		2		1	1	1	5
軍南次					2	1	3
軍外高		2	2	3	5	8	20
軍外次		1	3		1	2	7
宗室		1	1		7	宋1，齊1	宋10，齊1
高門					1	1	2
次門		2			1	2	5
南高						1	1
恩倖					1		1
分類統計	7	21	9	5	21	20	83
軍層所佔比例	7/7 100%	18/21 85%	8/9 89%	5/5 100%	10/21 50%	14/20 70%	62/83 76%
宗室所佔比例	0%	1/21 5%	1/9 11%	0%	7/21 35%	2/20 10%	11/83 13%
非軍層所佔比例	0%	2/21 10%	0%	0%	3/21 15%	4/20 20%	9/83 11%

　　我們所選擇的這幾個分屬不同系統、不同部門的官職，其職能、地位各不相同，按九品中正制的選任制度可以推測，其人選也應各有特色。但是，它們所涉及的社會階層卻遠較前述官職簡單，並且大部分爲「軍層」、宗室所佔據，「非軍層」所佔比例一直極小，而且僅僅局限於D、E兩個階段。另外，只有「軍次」、「軍外高」兩個階層能延續 5 個以上時段，其他階層都是時有時無、斷斷續續，可見它們在這些官職中的地位並不穩定。

　　將上表中「軍層」、宗室、「非軍層」三大勢力各所佔百分比，用曲線圖

〔註40〕周一良《兩晉南朝的清議》，《魏晉南北朝史論集》。

表示如下：

其他官職變動曲線圖

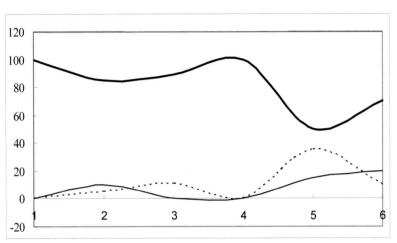

從上圖我們可知，「軍層」、宗室作為劉宋一朝的兩大政治勢力，它們之間的此消彼長，幾乎壟斷了上述職位的所有人選。A、D兩期是「軍層」勢力的高峰，100%的任職表明，此時「軍層」在起家、司法等有關職位上，仍佔有相當重要的地位。

下面我們分析一下御史中丞的選任問題：

漢魏之時，御史中丞作為主要的監察官員，其糾彈權力甚大，在職官中的地位亦高，東漢時甚至得與司隸校尉、尚書令並稱「三獨坐」。〔註41〕但隨著九品中正制的實行，門閥大族政治地位的鞏固，其所具有的彈劾職能在門閥大族林立的官場顯得極不和諧。

> （鄭鮮之）遷御史中丞。性剛直，不阿強貴，明憲直繩，甚得司直之體。（《鄭鮮之列傳》6/64/1695）

> 宋臺建，除御史中丞，為僚友所憚。准之父訥之、祖臨之、曾祖彪之至准之，四世居此職。准之嘗作五言，范泰嘲之曰：「卿唯解彈事耳。」（《王准之列傳》6/60/1624）

> 遷御史中丞。瑀使氣尚人，為憲司甚得志。彈王僧達云：「陰籍高華，人品冗末。」朝士莫不畏其筆端。（《劉穆之列傳》5/42/1310）

〔註41〕《後漢書·宣秉列傳》4/27/927）

徙御史中丞。世祖與劉秀之詔曰：「今以蕭惠開爲憲司，冀當稱職。但一往服領，已自殊有所震。」及在任，百僚畏憚之。八年，入爲侍中。詔曰：「惠開前在憲司，奉法直繩，不阿權戚，朕甚嘉之。可更授御史中丞。」（《蕭惠開列傳》8/87/2201）

（沈沖與）淡、淵並歷御史中丞，兄弟三人，皆爲司直，晉、宋未有也。中丞案裁之職，被憲者多結怨。淵永明中彈吳興太守袁彖，建武中，彖從弟昂爲中丞，到官數日，奏彈淵子續父在傲白幰車，免官禁錮。沖母孔氏在東，鄰家失火，疑爲人所焚爇，大呼曰：「我三兒皆作御史中丞，與人豈有善者！」（《南齊書·沈沖列傳》2/34/614）

也正因此，許多高門盡量遠離此職。

（宋孝武帝世）遷御史中丞，領驍騎將軍。甲族由來多不居憲臺，王氏以分枝居烏衣者，位官微減，僧虔爲此官，乃曰：「此是烏衣諸郎坐處，我亦可試爲耳。」（《南齊書·王僧虔列傳》2/33/592）

王僧虔之語，多被人們用來形容一流高門在權勢面前的超脫心態與高門不爲御史中丞之例，但是，從本書的附錄表八我們發現，事實絕非如此。下面是所搜集到的有確切身份、任職時間的御史中丞任職者。A 期有鄭鮮之（軍次）、王鎮之（軍高）；B 期謝曜（軍高）、傅隆（軍次）、孔琳之（軍南高）；C 期殷沖（軍外高）、顏延之（軍次）、何承天（軍次）；D 期袁淑（軍外高）；E 期王謙之（高門）、顏師伯（次門）、王僧虔（軍外高）、袁顗（軍外高）、王景文（軍外高）、蕭惠開（軍外次）、劉瑀（軍次）；F 期袁凝（軍外高）、臧凝之（軍外次）、王悅（軍高）、羊希（軍次）、陸澄（南高）等 20 人。列表如下：

時間＼身份	A	B	C	D	E	F	分類統計
軍高	1	1				1	3
軍次	1	1	2		1	1	6
軍南高		1					1
軍外高			1	1	3	1	6
軍外次					1	1	2
高門					1		1
次門					1		1
南高						1	1
分類統計	2	3	3	1	7	5	21

值得我們注意的是，「軍南次」、宗室、恩倖這些在其他類型官職中均佔有一定比例的階層，卻並不見於御史中丞這一官職。而「軍高」、「軍外高」與「軍次」、「軍外次」這兩對在晉末劉宋歷史上一直佔有重要地位的階層，在其中佔據了絕大部分比重。而在晉末宋初一直受人歧視的「軍晚次」，卻無一人為此職。可見，御史中丞之所以不被一流高門所喜，並非因為其地位低下，皇權的崛起已經給這一官職帶來了生機。他們有高貴的身份，並不發愁沒有官做，所以才不樂為這一容易得罪他人、與清談玄言相去絕遠的官職。但如果他們無官可做，御史中丞也並非不可為。以「軍高」、「軍外高」身份為御史中丞之職者，共有9人，占總數的 45%左右。王僧虔在裏面既非其首，又非其末，並沒有什麼特殊之處。如果我們從這個角度再來看王僧虔所言，或許就可以理解他那份被迫無奈卻又要為自己所謂高貴身份辯護、遮羞的複雜心情了。

恩倖不為憲臺之職說明，由於御史中丞正伴隨著皇權而崛起，以巧言令色取悅於上的恩倖，身份低微，並不適合擔任彈劾百官的重任，而他們的任職集中於「門下省官員」、「禁衛武官」與「郡國守相」這三種官職似乎也表明，只有人選漸趨濫置的門下、禁衛之職，才是適合他們、並為社會廣泛認可的位置。這也表明，門下、禁衛諸職的趨濫現象之所以難以得到遏制，除人心難移之外，恩倖的大量湧入，也當是一個重要因素。〔註42〕

在對上述八種官職進行分析、統計後我們不難發現，儘管晉末劉宋的 70 餘年時間裏，「軍層」在政局中所佔比例呈明顯的下降趨勢，但直到宋末，它仍能在這些官職中佔有 40%以上的比例（地位特殊的「諸公」除外），依舊是政壇上一支不可忽視的政治力量。

第三節　劉裕軍功受益階層內部變動分析

下面我們結合「軍層」內部各階層的變動來分析在「軍層」整體實力下降的情況下，它們各自的興衰沉浮。

一、建義次門為主的義熙初年政局

軍功受益階層，本質上仍屬於政治集團，不可避免的因政見、傾向不同而產生各種矛盾。在連綿不斷的政治鬥爭中，高門逐漸憑藉各種手段加入到「軍

〔註42〕據附表四，恩倖多為「員外散騎侍郎」之職。

層」之中，直到取代京口次門成為「軍層」的主導力量。在門閥政治餘風未竟的情況下，誰贏得了更多高門的支持，就意味著在政局中比其他人具有更大的優勢，這主要是對次門而言。而高門，由於大多不具備與建義後的次門爭功的雄厚資本，要想維持自身地位於不墜，就必須重新獲得政治地位，暫時依附於崛起的次門。對權力、地位的追求使它們很快就努力向彼此靠攏，表達善意。

自劉裕等人京口建義之後，「軍層」的主要成員為京口建義的次門，他們牢牢把持著中央、地方政權。此一時期，高門很快就受到重用者，是王謐、謝混。

王謐是王導孫、王協子，他在桓玄篡晉過程中，為桓玄奉璽綬，本應伏誅，但由於他與劉裕的特殊關係，不但沒有被追究罪責，反而身居高位。〔註43〕而劉裕也正是在他的幫助下，得以順利搶得建義首功，為以後勢力的發展奠定了堅實基礎。

謝混父謝琰、祖謝安，一門兩封、家產豐饒，加之以才華橫溢，深為世人所傾倒。

> 混風格高峻，少所交納，唯與族子靈運、瞻、曜、弘微並以文義賞會。嘗共宴處，居在烏衣巷，故謂之烏衣之遊。混五言詩所云「昔為烏衣遊，戚戚皆親侄」者也。其外雖復高流時譽，莫敢造門。（《謝弘微列傳》5/58/1590～1591）

> 謝混風華為江左第一，嘗於晦俱在武帝前，帝目之曰：「一時頓有兩玉人耳。」（《南史・謝晦列傳》2/19/522）

> 劉裕左里之捷，生擒猛，送琰小子混，混剖肝生食之。（《晉書・謝安列傳附謝琰》7/79/2079）

張猛本是謝琰的帳下都督，謝琰討孫恩兵敗，為其所殺，並其二子謝峻、謝肇，時為隆安四年五月（400年）。劉裕左里之捷，是在時隔十年後的義熙六年十二月（410年）。其時劉裕已平定南燕，南燕皇帝慕容超斬於建康，劉裕憑藉大功已身為侍中、車騎將軍、開府儀同三司、都督二十州諸軍事、〔註44〕

〔註43〕初，高祖家貧，嘗負刁逵社錢三萬，經時無以還。逵執錄甚嚴，王謐造逵見之，密以錢代還，由是得釋。高祖名微位薄，盛流皆不與相知，唯謐交焉。桓玄將篡，謐手解安帝璽綬，為玄佐命功臣。及義旗建，眾並謂謐宜誅，唯高祖保持之。……謐懼，奔於曲阿。高祖箋白大將軍，深相保謐，迎還重定。（《武帝本紀上》1/10）

〔註44〕此據錢大昕《廿二史考異・宋書一・武帝紀上》（23/504）所作考證，嘉定錢

揚徐兗三州刺史、錄尚書事，謝混也由領軍遷尚書僕射，代新死的孟昶之職。
〔註 45〕雖然謝混沒有參與建義，但由於他並未替桓玄篡晉出力，因此得以在
建義之後得爲此類要職。不過，謝混與劉裕的關係卻並沒有因此而得以迅速
發展。魏晉南北朝時期的高門、文人所固有的自負心理，使得謝混始終看不
起無文的劉裕。〔註 46〕就在劉裕幫助不諳武事的謝混報父兄之仇的第二年，
劉裕因廣固、盧循功晉升爲太尉。

> 劉裕拜太尉，既拜，朝賢畢集，混後來，衣冠傾縱，有傲慢之容。
> 裕不平，乃謂曰：「謝僕射今日可謂傍若無人。」混對曰：「明公將
> 隆伊、周之禮，方使四海開衿，謝混何人，而敢獨異乎？」乃以手
> 披撥其衿領悉解散，裕大悅之。（《建康實錄・安皇帝》10/337）

可見，謝混並非處處與劉裕爲難，他時常也作出一些超逸常人之舉，這對於迫
切與高門交往、希望提高自身社會地位的劉裕來說，是可遇而不可求的。但由
於「軍層」中的另一領選劉毅有文學風采，「涉獵傳記，一談一詠，自許以爲雄
豪；以是搢紳白面之士輻湊歸之。」，〔註 47〕謝混與之關係密切，最終牽連及禍。

由於劉裕本質上是個實幹家，而高門有治世才幹者又寥寥可數，因此建
義初期劉裕軍府中的高門並不多。加之「軍次」的排擠，高門在「軍層」中
地位也相對較低。但是，高門在劉裕「軍層」中的比例隨著時間的推移而呈
不斷增大之勢，也是不可否認的現實。

陳郡謝氏其他受到重用的人士還有：

> 謝景仁。高祖甚感之，常謂景仁是太傅安孫。及平京邑，入鎮石頭，
> 景仁與百僚同見高祖，高祖目之曰：「此名公孫也。」謂景仁曰：「承
> 制府須記室參軍，今當相屈。」……爲高祖鎮軍司馬，領晉陵太守，

大昕全集本（二），江蘇古籍出版社。
〔註45〕按謝混雖在裕毅之間傾向於劉裕，但是，劉裕一直也沒有放棄爭取他的努力。
上述的稱讚二人、爲其報父兄之仇是典型例證。謝混得以代替孟昶擔任尚書
僕射一職，又是一有力佐證。被謝混所鄙夷的劉裕此時新立大功於廣固，而
其所欣賞的劉毅則由於不聽劉裕的勸告，爲盧循大敗於桑落洲，隻身而逃，
聲望銳減，政績上根本無法與劉裕相比。如果不是出於劉裕的提名或首肯，
謝混即使有才望，也很難得此高位。
〔註46〕敬宣寬厚善待士，多伎藝，弓馬音律，無事不善。時尚書僕射謝混自負才地，
少所交納，與敬宣相遇，便盡禮著歡。或問混曰：「卿未嘗輕交於人，而傾蓋
於萬壽，何也？」混曰：「人之相知，豈可以一塗限，孔文舉禮太史子義，夫
豈有非之者邪！」（《劉敬宣列傳》5/47/1414）
〔註47〕《資治通鑑・晉紀三十八》（8/116/3649）安帝義熙八年條。

復爲車騎司馬。(《謝景仁列傳》5/52/1493～1494)

謝述。高祖聞而嘉之(指謝述的仁孝),及臨豫州,諷中正以述爲主
簿,甚被知器。景仁愛其第三弟魁而憎述,嘗設饌請高祖,希命魁
豫坐,而高祖召述。述知非景仁夙意,又慮高祖命之,請急不從。
高祖馳遣呼述,須至乃歡。(《謝景仁列傳附謝述》5/52/1496)

謝方明。從兄景仁舉爲高祖中兵主簿。方明事思忠益,知無不爲。
高祖謂之曰:「愧未有瓜衍之賞,且當與卿共豫章國祿。」屢加賞
賜。……丹陽尹劉穆之權重當時,朝野輻輳,不與穆之相識者,唯
有混、方明、郗僧施、蔡廓四人而已,穆之甚以爲恨。方明、廓後
往造之,大悅,白高祖曰:「謝方明可謂名家駒。直置便自是臺鼎人,
無論復有才用。」頃之,轉從事中郎,仍爲左將軍道憐長史、高祖
命府内眾事,皆諮決之。(《謝方明列傳》5/53/1523)

謝晦。晦初爲孟昶建威府中兵參軍。昶死,高祖問劉穆之:「孟昶參
佐,誰堪入我府?」穆之舉晦,即命爲太尉參軍。高祖嘗訊囚,其
旦刑獄參軍有疾,簡晦代之,於車中一鑒訊牒,催促便下。相府多
事,獄繁殷積,晦隨問酬辯,曾無違謬。高祖奇之,即日署刑獄賊
曹,轉豫州治中從事。義熙八年,土斷僑流郡縣,使晦分判揚、豫
民户,以平允見稱。(《謝晦列傳》5/44/1347)

高門之所以在「軍層」中的比例越來越大,與劉裕及其繼承者的行政理念有
很大關係。京口建義之後的劉裕,也並非惟高門是用,通過對劉裕所拉攏高
門的統計、比較我們不難發現,劉裕多延攬有治世才幹,並且興趣、愛好與
自己相近的高門。前舉謝述爲一例。還有王弘。

弱冠,爲會稽王司馬道子驃騎參軍主簿。時農務頓息,末役繁興,
弘以爲宜建屯田……珣頗好積聚,財物佈在民間。珣薨,弘悉燔燒
券書,一不收責;餘舊業悉以委付諸弟。……時内外多難,在喪者
皆不終其哀,唯弘固執得免。桓玄克京邑。收道子付廷尉,臣吏畏
恐,莫敢瞻送。弘時尚在喪,獨於道側拜,攀車涕泣,論者稱焉。
高祖爲鎮軍,召補諮議參軍。……雖歷任藩輔,不營財利,薨亡之
後,家無餘業。(《王弘列傳》5/42/1311、1312、1322)

王弘子也較爲貧困,少子王僧達曾因家貧求郡未得,於是強奪其兄之送故。

可見，王弘之廉潔，確非虛語。劉裕之所以建義初期即將王弘召入軍府，正是看重了他的這一點。〔註48〕但由於京口建義眾人一直在朝局中佔據了重要角色，王弘的地位很難大幅提升。連自建義之初就爲劉裕賣命的劉穆之都無法得到中央要位，而僅能爲府佐之職，〔註49〕王弘一直很難得到顯職也就沒有什麼可以奇怪的了。

> 穆之之卒也，朝廷恇懼，欲發詔，以太尉左司馬徐羨之代之。中軍諮議參軍張邵曰：「今誠急病，任終在徐；然世子無專命，宜須諮之。」裕欲以王弘代穆之，從事中郎謝晦曰：「休元輕易，不若羨之。」乃以羨之爲吏部尚書、建威將軍、丹陽尹，代管留任。（《資治通鑒‧晉紀四十》義熙十三年十一月條 8/118/3713）

劉裕企圖以王弘代替本擬授予徐羨之的留守重任，但是遭到了身邊近臣謝晦的阻撓而未果，由此可見劉裕「軍層」內部關係之複雜。

二、劉裕北伐與「軍層」之變動

對高門的重用，是劉裕執政時期的一個重大政策轉變。不過，由於身居顯職的「軍層」，仍舊以次門武人爲主，而且他們手握實權，具有左右政局的強大實力，所以劉裕一直不得不遷就他們。隨著建義次門逐漸被劉裕消滅，高門可以選擇的餘地越來越小，不委身劉裕還需冒殺頭的危險，好在劉裕本人不斷有意識的拉攏高門，爲自己延譽，這使他們在「軍層」中的地位越來越高。

不過，雖早在義熙初年劉裕既已著手籠絡高門，其陣營中高門的大量增加，還是自義熙十二年北伐關洛後開始。這一點，我們可以從上節的統計數字中得到佐證。在八種官職的「軍高」一欄中，有 6 種官職的最高值均出現在 B 期，〔註50〕這絕非偶然，而是多種合力作用的結果。

〔註48〕劉裕的節儉，《宋書‧武帝本紀下》有許多記載。下面再舉一例：
　　　　高祖受命，無所改作，所居唯稱西殿，不製嘉名；太祖因之，亦有合殿之稱。及世祖承統，制度奢廣。（《良吏列傳‧序》8/92/2262）

〔註49〕不過，有趣的是，擔任府佐之職，由於近在帷幄，地位雖不高，但權力很重，而且能時刻洞悉府主心意，隨時調整策略，以迎闇府主。而一旦轉爲朝職，在地位提高的同時，關係卻也逐漸疏遠。劉穆之雖總留守，卻因王弘北來諷九錫而愧死一事，就表明長期居於京師的劉穆之已與累年在外征伐的劉裕及其僚佐之間產生了一些隔閡與利益衝突。傅亮或許正是預見到了這一點，才寧肯受窮而不願外出的。

〔註50〕檢之上節統計表，即「尚書省官員」、「門下省官員」、「禁衛武官」、「都督刺

1、劉裕征伐與高門的加入

按劉裕執政期間，曾數次征討，義熙十二年，在消滅了最後一個可對自己構成威脅的對手司馬休之後，劉裕決定北伐關洛。此時，朝中已無任何一支力量能與劉裕相抗衡，劉裕此舉，明顯有效法桓溫、撈取政治資本的打算。但很多朝臣沒有看出劉裕醉翁之意不在酒的用意，繼續反對。

> 高祖議欲北伐，朝士多諫，唯羨之默然。或問何獨不言，羨之曰：「吾位至二品，官爲二千石，志願久充。今二方已平，拓地萬里，唯有小羌未定，而公寢食不忘。意量乖殊，何可輕豫。」（《徐羨之列傳》5/43/1329～1330）

劉裕北伐關洛，其意義非同前幾次征伐，它的直接目的，表面上沒有什麼特殊之處，不過是劉裕企圖藉此提高自己的政治聲望，確立在「軍層」以至東晉朝廷中的權臣地位。然而劉裕群僚之中，只有徐羨之看出了劉裕的「意量乖殊」，知道其北伐乃如箭在弦，勢不可擋。而正是這次的北伐，劉裕不僅得到了宋王之封，更對「軍層」內部進行了調整，這主要體現在宋國諸臣的人員任命上（詳見下文）。因此，北伐關洛在「造宋」過程中的意義不可小視。

對劉裕的不顧民生凋敝、一再出征的做法，史家在《宋書》卷 45 這樣評論：

> 高祖崛起布衣，非藉民譽，義無曹公英傑之響，又闕晉氏輔魏之基，一旦驅烏合，不崇朝而制國命，功雖有餘，而德未足也。是故王謐以內懼流奔，王綏以外侮成釁，若非樹奇功於難立，震大威於四海，則不能承配天之業，一異同之心。義熙以後，大功仍建，自桓溫旗旆所臨，莫不獻珍受朔。及金墉請吏，元勳將舉，九命之禮既行，代終之符已及，方復觀兵函、渭，用師天險，獨克之舉，振古難稱。若使閉門反政，置兵散地，後敗責其前功，一眚虧其盛業，豈復得以黃屋朱戶，爲衰晉之貞臣乎？（5/45/1385～1386）

由此可見，沈約認爲，劉裕之所以兩度北伐強敵，是由於其掌權乃「非藉民譽」而借助於「霸德」所致，所謂「功雖有餘，而德未足」，征伐不過是提高聲望與維持對軍隊的控制權的手段。也就是說，正是借助於對外的頻繁征討，劉裕才以自己超凡的軍事才幹，屢立大功，超過以文義爲高門所賞的劉毅等人，最終代晉。這是問題的一個方面，此外，劉裕由於軍旅事殷，而且身兼數職，對府僚的需求極爲迫切，這無疑爲眾多不能披堅執銳、親冒矢石的高

史」、「郡國守相」、「其他官職」等。

門提供了撈取進身資本的大好時機。伴隨著次門漸次凋零，權力不斷集中於劉裕一人之手，高門在「軍層」中的比重逐漸增大，他們之間的聯繫越來越廣泛，交往也更加密切。高門的加入，改變了「軍層」自建義以來一直以次門武人爲主的格局。

先看在劉宋政治上佔有重要地位的王弘、王曇首兄弟。

> 高祖爲鎮軍，召補諮議參軍。以功封華容縣五等侯。遷琅邪王大司馬從事中郎。出爲寧遠將軍、琅邪内史，尚書吏部郎中，豫章相。盧循寇南康諸郡，弘奔尋陽。高祖復命爲中軍諮議參軍，遷大司馬右長史，轉吳國内史。義熙十一年，徵爲太尉長史，轉左長史。從北征，前鋒已平洛陽，而未遣九錫，弘銜使還京師，諷旨朝廷。……高祖還彭城，弘領彭城太守。（《王弘列傳》5/42/1312）

與徐傅謝檀諸人相比，王弘與劉裕的相識雖早，然而關係發展緩慢，但在劉裕北伐關洛初見成效，王弘南諷九錫之後，其間雖有長期追隨劉裕的謝晦阻撓，王弘在晉末政治中的地位卻急劇上升。

> 宋國初建，遷尚書僕射領選，太守如故。（5/42/1312）

> 十四年，遷監江州豫州之西陽新蔡二郡諸軍事、撫軍將軍、江州刺史。（5/42/1313）

> 永初元年，加散騎常侍。以佐命功，封華容縣公，食邑二千户。三年，入朝，進號衛將軍、開府儀同三司。（《王弘列傳》5/42/1313）

其弟王曇首，與劉裕的交往也是始自北伐關洛之時。

> （王曇首）與從弟球俱詣高祖，時謝晦在坐，高祖曰：「此君並膏粱盛德，乃能屈志戎旅。」曇首答曰：「既從神武之師，自使懦夫有立志。」晦曰：「仁者果有勇。」高祖悦。行至彭城，高祖大會戲馬臺，豫坐者皆賦詩，曇首文先成，高祖覽讀，因問弘曰：「卿弟何如卿？」弘答曰：「若但如民，門户何寄。」高祖大笑。（《王曇首列傳》6/63/1678）

劉裕的戲馬臺大會，從征之人皆與會。但是，我們從現有材料中所能看到的，卻只有謝晦、謝靈運與王弘、王曇首數高門而已。〔註51〕這很明顯是「軍高」在「軍層」中的地位越來越突出的一個信號。

正是劉裕急於以高門來提高自己以及諸子弟位望的急迫心情，使得這一

〔註51〕除有關史書記載外，還可參見《初學記》、《藝文類聚》、《太平御覽》等類書的相關記載。

時期，大量高門由他府湧入了劉裕及其子弟諸府。

> （王華）少有志行，以父存亡不測，布衣蔬食不交遊，如此十餘年，
> 爲時人所稱美。高祖欲收其才用，乃發廄喪問，使華制服。服闋，
> 高祖北伐長安，領鎮西將軍、北徐州刺史，辟華爲州主簿。(《王華
> 列傳》6/63/1675～1676)

> 太祖爲冠軍、徐州刺史，留鎮彭城，以曇首爲府功曹。太祖鎮江陵，
> 自功曹爲長史，隨府轉鎮西長史。高祖甚知之，謂太祖曰：「王曇首，
> 沉毅有器度，宰相才也。汝每事咨之。」(《王曇首列傳》6/63/1679)

> （謝弘微）性嚴正，舉止必循禮度，事繼親之黨，恭謹過常。伯叔
> 二母，歸宗兩姑，晨夕瞻奉，儘其誠敬。內或傳語通訊，輒正其衣
> 冠。婢僕之前，不妄言笑，由是尊卑小大，敬之若神。太祖鎮江陵，
> 宋初封宜都王，以琅邪王球爲友，弘微爲文學。(《謝弘微列傳》
> 5/58/1592)

> 球少與惠齊名。美容止。(《王球列傳》5/58/1594)

> 少有局力，不尚浮華。博涉史傳，諳前世舊典，弱年便有宰世情，
> 常自比管夷吾、諸葛亮，不爲文章，不喜談議。本州辟主簿，不就。
> 除著作佐郎，又不拜。高祖以爲太尉行參軍，賞遇甚厚。高祖領鎮
> 西將軍、荊州刺史，以湛爲功曹，仍補治中別駕從事史，復爲太尉
> 參軍，世子征虜西中郎主簿。(《劉湛列傳》6/67/1753、1772)

大量高門加入「軍層」，不僅改變了自京口建義以來的「軍層」格局，而且對
晉末政治的走向、劉宋皇權政治的形成都產生了深遠影響，這一點我們後面
還有進一步論述，此不贅。

2、宋國官職反映下的「軍層」變動

　　較劉宋成立稍早幾年的宋國官職，是劉裕行政理念的現實體現，〔註52〕
可看爲劉宋政權的藍本。由此可以進一步剖析劉裕用人取捨及其顧命大臣確
定的歷史軌迹，甚至可以追尋這些人在晉末劉宋政局中的地位、作用等。

　　據《宋書‧武帝本紀中》，義熙十二年八月，劉裕北征。十月，抵達洛陽，

〔註52〕劉裕非常重視宋國官員的選任：
　宋國初建，當置郎中令，高祖難其人，謂傅亮曰：「今用郎中令，不可令減袁曜卿也。」
　　　既而曰：「吾得其人矣。」乃以惠居之。(《王惠列傳》5/58/1589)

天子下詔「進位相國，總百揆，揚州牧，封十郡爲宋公，備九錫之禮，加璽綬、遠遊冠，位在諸侯王上，加相國綠綟綬。」（2/38）同時「宋國置丞相以下，一遵舊儀。……置宋國侍中、黃門侍郎、尚書左丞、相，隨大使奉迎。」十四年正月，劉裕在劉穆之死後不久，即迅速回師彭城，六月，始受相國宋公九錫之命。「詔崇豫章公太夫人爲宋公太妃，世子爲中軍將軍，副貳相國府。以太尉軍諮祭酒孔季恭爲宋國尚書令，青州刺史檀祗爲領軍將軍，相國左長史王弘爲尚書僕射。其餘百官悉依天朝之制。又詔宋國所封十郡之外，悉得除用。」（2/44）可見，儘管早在義熙十二年晉室即封劉裕以爵位，但是劉裕眞正得到此職是在將近兩年之後了。宋國其他官職的設置也應大致同時。我們將搜集到的有關宋國官員的材料列爲下表：[註53]

宋國官員表

姓　名	早先官職	宋國官職	宋朝官職
孔靖	相國軍諮祭酒〔註54〕	尚書令，加散騎常侍，讓不受，拜侍中、特進、左光祿大夫	加開府儀同三司，辭讓不受
王弘	相國左長史，領彭城太守〔註55〕	尚書僕射領選，太守如故	監江州豫州二郡諸軍事、撫軍將軍、江州刺史。
傅亮	太尉從事中郎，掌記室	侍中，領世子中庶子。徙中書令，領中庶子如故。	遷太子詹事，中書令如故。
檀道濟	征虜將軍〔註56〕	侍中，領世子中庶子，兗州大中正。	護軍，加散騎常侍，領石頭戍事。
謝晦	太尉從事中郎	右衛將軍，加侍中	中領軍，侍中。
孔琳之	侍中	侍中	御史中丞
劉粹	相國右司馬	侍中	左衛將軍
蔡廓	相國從事中郎領記室	侍中、御史中丞	司徒義眞左長史

〔註53〕材料取自《宋書》各本傳。
〔註54〕《武帝本紀中》所載詔書爲太尉軍諮祭酒，此從本傳。
〔註55〕案此時，劉穆之已死，劉裕回到彭城，此官職已使王弘超過了頂替劉穆之留守的徐羨之。徐本以太尉左司馬副貳劉穆之，而劉裕想以爲自己諷九錫的王弘代掌留守重任，並不準備用北征前擬定的徐羨之。其間雖有謝晦的阻撓，但劉裕給王弘以宋國尚書僕射、領選的高位顯職，既使王弘心理得到平衡，又可藉以表達對那些不明自己急於代晉的迫切心理之府僚、朝臣的不滿。
〔註56〕案本傳有「西中郎司馬、持節　南蠻校尉」一職，但是由於劉義符並沒有出鎭江陵，檀道濟此職也當未曾就任。

檀祗	督江北淮南軍郡事、右將軍、青州刺史、廣陵相。	領軍將軍，加散騎常侍。	
謝瞻	中書侍郎	中書、黃門侍郎	豫章太守
謝靈運	黃門侍郎	黃門侍郎	散騎常侍，轉太子左衛率
段宏	義眞諮議參軍	黃門郎，領太子右衛率〔註57〕	
殷景仁	太尉行參軍	秘書郎，世子中軍參軍、主簿	太子中庶子
謝述	世子征虜主簿	尚書祠部郎	太子中舍人
謝方明	劉道憐驃騎長史、南郡相	尚書吏部郎	侍中
江夷	寧遠將軍、琅邪內史、本州大中正。	五兵尚書	侍中
王鎮之	相國諮議參軍領錄事	祠部尚書	輔國將軍琅邪太守
王敬弘	侍中	度支尚書、太常	宣訓衛尉散騎常侍
王智	義眞安西將軍司馬、天水太守	五兵尚書	
何承天	西中郎中軍參軍，錢唐令。	尚書祠部郎	南臺治書侍御史
劉懷慎	中領軍、征虜將軍，衛輦轂。	五兵尚書，仍督江北淮南諸軍、前將軍、南青州刺史。復徵爲度支尚書，加散騎常侍。	進號平北將軍。
王准之	太尉參軍，尚書左丞，本郡大中正。	御史中丞	黃門侍郎
王惠	世子中軍長史	郎中令	尚書、吳興太守
王球	豫章公世子中軍	世子中舍人	太子中舍人
鄭鮮之	太尉右長史	奉常	太常
顏延之	世子中軍行參軍	博士	太子舍人

　　我們可以看到，在上述曾擔任宋國官職的 25 人中，跟隨劉裕京口建從義的諸多次門，只檀祗、檀道濟兩姻親與劉懷慎、劉粹、傅亮、何承天、顏延之 7 人而已，「軍高」在劉裕的宋國中竟達到 17 人，〔註58〕佔據了絕對的優

〔註57〕案「太子右衛率」當爲「世子右衛率」。
〔註58〕即王弘、謝晦、孔靖、謝述、謝方明、江夷、蔡廓、王准之、殷景仁、王鎮之、謝瞻、孔琳之、王惠、王球、王敬弘、謝靈運、王智。琅邪王氏 7 人，

勢。「南高」有孔靖、孔琳之二人，張邵、沈林子等曾爲劉裕盡力頗多的南人則不見蹤影。

其實，宋國官職中各階層的分佈狀況，在我們對附表進行統計的時候，已經得到了驗證。八種官職中，除「諸公」、「中書省」兩種官職外，「尚書省」、「門下省」、「禁衛」、「都督刺史」、「郡國守相」以及「其他官職」這六種官職中，「軍高」的峰值，均出現在 B 段，而在此一時期中佔有重要地位的宋國官職，無疑是「軍層」發展的一個縮影。

三、劉宋皇室婚媾與「軍層」變動

在晉末劉宋政局中，我們可以看到一個較爲清晰的演變軌迹。

如前所述，正是在「軍高」的大力支持下，武人出身的彭城劉氏才得以戰勝諸多對手，推翻司馬氏而代之。投桃報李，「軍層」，特別是「軍高」也在劉宋獲得了一席之地。但是，他們的關係如果僅僅如此的話，高門的家族地位，在風雲變幻、次門迭起的晉末南朝，仍舊很難維持。面臨皇權政治崛起的大背景，缺乏皇權的必要支持，離開皇權的蔭蔽，已呈衰敗之相的高門很容易被充滿朝氣的次門所取代。

宗室由於與皇室的特殊關係，劉宋初期曾擁有從「軍層」那裡奪來的「諸公」等高官顯位，盛極一時。然而隨著政局變遷，宗室權力的極度膨脹，必然要危及皇權，引起皇權的猜忌。於是自元嘉後期，劉義康被廢殺後，劉宋諸帝開始對宗室採取明升暗降的策略，逐步將宗室之職權重新返還給「軍層」，同時還扶植一批恩倖，以防止「軍層」權力過大。與晉末宋初不同的是，在「軍層」中佔有主要地位的階層，已經由「軍次」、「軍高」，變成「軍外次」、「軍外高」了，這些新興的階層取代了「軍次」、「軍高」在「軍層」中的重要位置。他們由於同時具有「軍層」、外戚多重有利身份，倍受皇帝青睞。

這樣，與高門的不斷聯姻，使得單純的「軍高」身份者逐漸減少，「軍外高」最終成爲「軍層」在劉宋政治中的主要力量。

我們以材料較爲豐富、完整的劉裕及劉義融諸子女的婚媾爲例，加以分析，以期發現劉宋皇室之婚媾與「軍層」興衰的關係。劉裕諸子女的婚姻反映的是彭城劉氏由次門武人向權臣、皇室的轉變過程，其時間基本在 A、B 兩

陳郡謝氏 5 人，占近 3/4。

期，只有年幼的劉義康、劉義宣、劉義季三人的婚姻屬於 C 期。而劉義融爲
劉裕異母弟劉道憐三子，其年齡與劉義隆相差不大，〔註 59〕子女的年齡也應
很相近，大致反映的是 C、D、E 三期的婚媾。由於到了宋中期，其皇室婚媾
已趨向定型，沒有大的變化，爲節省篇幅計，對於宋後期（孝武、明帝時期）
的婚媾，我們將不再考察。〔註60〕

劉裕子女婚姻表

姻親\劉裕子女	姓名	地望	家世	備注
長子少帝劉義符	司馬氏	河內溫	晉恭帝女。	《后妃列傳》4/41/1283
次子廬陵王劉義眞	謝氏	陳郡陽夏	謝景仁女。	《謝景仁列傳》5/52/1496
三子文帝劉義隆	袁氏	陳郡陽夏	袁湛庶女。	《后妃列傳》41/1284《袁湛列傳》5/52/1497
四子彭城王劉義康	謝氏	陳郡陽夏	謝晦女。	《謝晦列傳》5/44/1349
	孟氏	平昌安丘	孟顗女。	《何尚之列傳》6/66/1737
五子江夏王劉義恭	王氏	琅邪臨沂	僧虔同堂姊	《南齊書·王僧虔列傳》2/33/593
六子南譙王劉義宣	檀氏	高平金鄉	檀珪同堂姑〔註61〕	

〔註59〕 劉義融的具體生卒年不詳，但是，由《宋書·謝晦列傳》可知，元嘉二年，
謝晦二女嫁與彭城王劉義康、新野侯劉義賓。按劉義融爲劉道憐三子，劉義
賓爲六子。劉義康是劉義隆次弟，死於元嘉二十八年（451 年），時年 43，則
應生於晉義熙八年（408 年），結婚時爲 17 歲。劉義賓既能以王子侯的身份同與
劉義康娶謝晦女，則其年齡相差不會太多。另外，據陶宗儀《古刻叢抄·宋
故散騎常侍護軍將軍臨澧侯劉使君墓誌》所載，劉義融第二子臨澧侯劉襲死
於宋明帝泰始六年（公元 470 年），時 38 歲，則其生於元嘉九年（432 年），
與宋文帝四子劉鑠年齡大致相當。因此，我們從材料極爲完備的劉義融子女
的婚媾中，就可管中窺豹，略見劉宋中晚期宗室乃至皇室婚媾的大致情況。

〔註60〕 可參見拙文《劉宋皇室之婚媾》，《江蘇社會科學》2001.2.125～132.

〔註61〕 按史書對高平檀氏的記載，可疑之處甚多。從《南齊書·文學列傳·檀超》
與《南齊書·王僧虔列傳》來看，檀氏兄弟所言，應是實情。其中，檀超是
針對蕭惠開以貴戚凌人而發的牢騷，不可能拿眾所周知的假話自取其辱。而
檀珪是不滿於吏部尚書王僧虔對自己的任命，上書要求以外戚身份得到更高
的官職。東晉南朝的高門，大多諳熟譜學，身爲吏部尚書的王僧虔更不例外。
即使求官心切，檀珪也不敢欺瞞有司，自斷前程。此外，陶宗儀《古刻叢抄·
宋故散騎常侍護軍將軍臨澧侯劉使君墓誌》載裕弟道憐妻檀氏父暢字道淵，
又可與檀道濟等人之名相印證。（《宋書·武帝本紀上》校勘記【五】言檀韶、
檀祗、檀隆與檀道濟並爲兄弟，於檀憑之爲子侄。但並無強證。由墓誌與檀

七子衡陽王劉義季				
長女會稽公主興弟	徐逵之	東海郯	徐羨之兄子	《徐湛之列傳》7/71/1843
次女吳興長公主榮男	王偃	琅邪臨沂	父王胡，母晉孝武帝女。	《后妃列傳》4/41/1289
三女義興公主惠媛				
四女宣城公主	周嶠	汝南安成	二女適建平王宏、盧江王禕	《周朗列傳》7/82/2089
五女新安公主	王景淵	太原王氏	離絕。	《王景文列傳》8/85/2178
五女吳郡公主〔註62〕 七女始安公主	褚湛之	河南陽翟		《褚叔度列傳》5/52/1505
六女豫章長公主欣男〔註63〕	徐喬	東海郯	徐羨之子	《后妃列傳》4/41/1293
	何瑀	盧江潛	何融子。	

注：該表中的劉裕子女以性別分開排序，史載劉義符「武帝長子也。母曰張夫人。晉
　　義熙二年，生於京口。武帝晚無男，及帝生，甚悅。」（《少帝本紀》4/63）劉義
　　真、劉義隆於義熙三年，年齡均相差不大。但劉義符生時，劉裕已 40 餘歲，
　　其至少有數女。史載劉裕六女欣男爲長公主，這應當是針對劉義隆而言，可見

珪、檀超言似可認爲，檀憑之、檀嶷之、檀道淵與檀道濟並爲兄弟。但從《檀
韶列傳》來看，檀韶、檀祗、檀道濟又爲兄弟。王錫子王僧亮與王僧達、王
僧虔爲叔任。）高平諸檀在晉末劉宋歷史上，合門建義，同爲徐克僑民、熟
知掌故、「博見古今」（《太平御覽》3/558/2523）的《宋書》修撰者何承天不
可能不熟知其家族始末。但《宋書》之中，諸檀家世卻極爲簡略，無父祖名
位，與其他人相比，大不相同，確實可疑。高平檀氏家世之所以在《晉書》、
《宋書》、《南史》等相關史籍中記載較爲簡略，應當與檀道濟的被誅，史書
不得不有所隱諱有關。關於高平檀氏與劉宋的關係，下文還有考證。

〔註62〕按吳郡公主與新安公主當爲一人，說見下注。褚湛之「尚高祖第七女始安哀
　　　　公主，拜駙馬都尉、著作郎。哀公主薨，復尚高祖第五女吳郡宣公主。諸尚
　　　　公主者，並用世胄，不必皆有才能。」（《褚叔度列傳》5/52/1505）「高祖第五
　　　　女新安公主先適太原王景深，離絕，當以適景文，固辭以疾，故不成婚。」（《王
　　　　景文列傳》8/85/2178）

〔註63〕按《宋書‧徐羨之列傳》六女爲富陽公主，《后妃列傳》載豫章公主先適徐喬、
　　　　後嫁盧江何瑀，據《建康實錄》徐喬即徐喬之（卷 12《宋中‧太祖文皇帝》。
　　　　張忱石點校，中華書局 1986 年，第 412 頁。），則豫章公主與富陽公主也應
　　　　爲一人。宋時諸王、公主封地改易之事極爲常見，劉裕六子義宣曾三改封號，
　　　　見《宋書》卷 68 本傳。然錢大昕《廿二史考異》卷 24「褚叔度傳」條考褚叔
　　　　度孫褚曖尚宋文帝六女，認爲「琅邪、臨川俱稱‘第六女’，恐有一誤。」（第
　　　　537 頁）但同書同卷「王景文傳」條又將對這種情況解釋爲進封。（第 543 頁）
　　　　則博洽如錢竹汀者，亦難免有疏漏、矛盾之處。

義隆至少有六姊，她們年齡當然比劉義隆大，結婚當亦較其為早。

可見，伴隨著彭城劉氏的崛起，與其聯姻的高門也逐漸增多，不過由於高門根深蒂固的成見，它們之間的聯姻仍有一些阻力，使得次門仍在其婚姻對象中佔有一定的比例。但是，隨著時間的推移，劉氏的婚媾對象不斷發生著變化。

大約在元嘉中期以後，皇室婚媾進入了後一階段。其主要表現是婚媾對象幾乎全為高門，而很少有次門。皇權的穩固，不僅使諸王、公主皆得與高門婚姻，就是王、侯的子女亦得遍娶高門。可以上文所提、資料相對完整的桂陽侯義融子女為例：〔註64〕

婚姻對象 義融子女	姓　名	地　望	家　　世
長子覬字茂道	何氏憲英	廬江灊	父何愉之，愉之兄何尚之
次子襲字茂德	江氏景婋	濟陽考城	父淳，祖夷
三子彪字茂蔚	褚氏成班	河南陽翟	父方回，祖叔度
四子實字茂軌	王氏淑婉	琅邪臨沂	父津，祖虞
五子季字茂通	袁氏（闕）	陳郡陽夏	父淑，祖豹
長女茂徽	殷臧憲郎	陳郡長平	父元素，祖曠
	王閔之希損	琅邪臨沂	父升之，祖敬宏（弘）
次女茂華	何求子有	廬江灊	父鑌，祖尚之
三女茂姬	孟詡元亮	平昌安邱	父離，祖昶
四女茂姜	蕭惠徽	蘭陵蕭氏	父思話，祖源之
五女茂容	蕭瞻叔文	蘭陵蕭氏	父斌，祖摹之，摹之兄源之
	蔡康之景仁	濟陽圉	父熙，祖廓
六女茂嫄	江遜	濟陽考城	父湛，祖夷
	王法興	琅邪臨沂	父翼之，祖楨之

在這 14 例侯門子女的婚姻中，我們已很難看到次門的身影。晉末的次門平昌安邱孟氏、蘭陵蕭氏等家族，由於與皇室的特殊關係，再加上幾代人為高官，

〔註64〕 據陶宗儀《古刻叢抄·宋故散騎常侍護軍將軍臨灃侯劉使君墓誌》。葉奕苞《金石錄補》卷 7《宋臨灃侯劉使君碑陰》略有不同：「長子覬」作「長子顥」，「殷臧憲郎」作「殷臧憲即」，「蕭瞻」作「蕭膽」，「摹之」作「謨之」。

此時已經成了高門中的新出門戶，不可再以次門視之了。〔註65〕

在從崛起到劉宋建國後的數十年時間裏，次門出身的彭城劉氏終於完成了其婚媾對象由次門向高門的轉變。

儘管與劉宋聯姻即是外戚，但反映在高門與次門不同的社會階層身上，其色彩、影響卻有著顯著的不同。與高門相比，能夠和宗室聯姻，對於家世門第乏善可陳的次門來說，更為重要。如果將以下幾個次門的發展歷程對比一下，我們就能發現婚媾所扮演的角色是何等的重要。

蘭陵蕭氏。外戚蕭思話雖然曾於元嘉七年北伐戰敗，被「徵下廷尉，仍係尚方」，似乎受到法律嚴懲，但不久宋文帝就「自徒中起思話督梁南秦二州諸軍事、橫野將軍、梁南秦二州刺史。」可見這並不影響其官運的亨通。

> 思話宗戚令望，蚤見任待，凡歷州十二，杖節監都督九焉。（《蕭思
> 話列傳》7/78/2012、2016）〔註66〕

下邳趙氏。趙氏雖然在劉宋地位不如蕭氏持久，但是，其血緣要較蕭氏為近。趙倫之是劉裕生母的內侄，其父子曾在晉末宋初顯赫一時。

> （趙倫之）性野拙，人情世務，多所不解。久居方伯，頗覺富盛，
> 入為護軍，資力不稱，以為見貶。光祿大夫范泰好戲謂曰：「司徒公
> 缺，必用汝老奴。我不言汝資地所任，要是外戚高秩次第所至耳。」
> 倫之大喜，每載酒肴詣泰。……（趙倫之子趙伯符）為寧遠將軍，
> 總領義徒，以居宮城北，每有火起及賊盜，輒身貫甲冑，助郡縣赴

〔註65〕祝總斌說，見白壽彝總主編《中國通史‧第五卷‧中古時代‧三國兩晉南北朝時期（上）》，587頁。不過，由於本書所採用的是以追根溯源的考證方法探究劉裕「軍層」的發展演變歷程，因此我們在附表以及相關統計中，仍以「軍外次」目之，而並不將其歸入「軍外高」，東海徐氏等族亦然。

〔註66〕對蘭陵蕭氏的發展歷程，唐長孺先生曾認為：

宋初，道成族人因外戚起家，道成一房始得以軍功顯達，列於士族。（《魏晉南北朝史論拾遺》第253頁「素族」條，中華書局1983年。

在南朝，出於寒微，以軍功顯達的人很多，但能列於士族的已不多，被稱為高門、甲族的只蕭氏一家而已。（〈士族的形成和升降〉，《魏晉南北朝史論拾遺》，中華書局1983年，62頁。

唐先生將蕭道成的崛起歸結為外戚的作用，應該說有些勉強。據《蕭思話列傳》，蕭承之、蕭順之與蕭思話是宗人的關係，族屬甚遠。其能得到蕭思話乃至宋文帝的賞識，主要還是依靠武功，與蕭思話的同宗關係，並沒有給他帶來多大政治利益，這一點我們從蕭道成、蕭衍等支的發展歷程中均可看出。

> 討，武帝甚嘉之。……元嘉十八年，徵爲領軍將軍。先是，外監不
> 隸領軍，宜相統攝者，自有別詔，至此始統領焉。(《趙倫之列傳》
> 5/46/1389～1390)

如果說在晉末宋初，正是姻親關係使得彭城劉氏得到高門、次門在內的廣大
階層支持，從而順利代晉、穩固統治的話，那麼，在宋中期以後的歷次內爭
中，其姻親家族的作用則複雜了許多。劉宋前期，外戚儘管在政局中所佔比
例不大，但是一般均爲實權之職，而劉宋後期，外戚在整個政局中的比例雖
然表面上看來很大，但是，他們鑒於劉宋內爭頻繁、皇室屠戮之慘，盡量遠
離權寵，甚至有的高門以拒絕與皇室聯姻維持自己家族的久長。

> 吾素門平進，與主上甚疏，未容有患。……大明初，詔興宗女與南
> 平王敬猷婚，興宗以姊生平之懷，屢經陳啓，答曰：「卿諸人欲各行
> 己意，則國家何由得婚？且姊言豈是不可違之處邪？」舊意既乖，
> 象亦他娶。其後象家好不終，顗又禍敗，象等淪廢當時，孤微理盡。
> 敬猷遇害，興宗女無子嫠居，名門高胄，多欲結姻，明帝亦敕適謝
> 氏，興宗並不許，以女適象。(《蔡廓列傳附子興宗》5/57/1579、1584)
>
> (明帝)有疾，而諸弟並已見殺，唯桂陽王休範人才本劣，不見疑，
> 出爲江州刺史。慮一旦晏駕，皇后臨朝，則景文自然成宰相，門族
> 強盛，藉元舅之重，歲暮不爲純臣。泰豫元年春，上疾篤，乃遣使
> 送藥賜景文死，手詔曰：「與卿周旋，欲全卿門戶，故有此處分。」
> (《王景文列傳》8/85/2184)

我們可以看到，由於特定的歷史原因，劉宋皇室的姻親對象不論選擇高門還是
次門，均很少能跳出「軍層」的範圍。而寒門與劉宋結姻大多是以色貌而入選，
並沒有複雜的政治、社會背景。由於其家族沒有形成一定的黨援，因此很容易
在女寵失寵後即迅速衰落。宋孝武帝路太后就是很好的例證。路氏由於子劉駿
爲帝，不僅「頗豫政事」，子弟得爲侍中、黃門侍郎、左衛將軍等顯職，而且還
要劉駿加罪於一流高門、劉宋功臣王弘之子，同時又是外戚的王僧達。雖然在
孝武帝的勸阻下，其要求未果，但仍可見其權勢確非小可。不過，宋明帝上臺
後，殺路休之等，顯赫一時的路氏從此銷聲匿迹，無聞於世。

第三章　劉裕軍功受益階層與晉宋政治

　　劉裕軍功受益階層作爲晉末劉宋一支極爲重要的政治、社會力量，在這75 年時間裏，我們幾乎從任何一個事件中，都能找到他們的身影。下面就從政治史的角度、方法加以勾稽。

第一節　「軍層」與劉裕之關係

　　關於晉末宋初軍事集團與政治的關係，前人論述已多，我們這裡以個案的形式，對劉裕軍事集團內部的關係進行一個較爲深入的剖析。

　　劉裕與劉敬宣。現在我們所能見到的關於劉敬宣的記載，主要是《晉書·劉牢之列傳》中的附傳與《宋書·劉敬宣列傳》。

　　晉末宋初，人物繁多，且涉及兩朝，但是我們從現有的《宋書》、《晉書》中，卻看不到有多少重複的列傳。僅有劉敬宣一人，不僅《宋書》有單獨列傳，還被唐修《晉書》附於其父劉牢之傳末，只是非常簡略，幾乎沒有增添任何材料，既無多大價值，又有冗贅之感。案古人修史，最重史法。〔註1〕唐人修史之時，不可能不參考沈約《宋書》等前人成果，而沈約所制定的標準，也確實在《晉書》中得到體現。沈約修《宋書》的義例，其自序爲：

　　　始自義熙肇號，終於昇明三年。桓玄、譙縱、盧循、馬（司馬休之）、
　　　魯（魯宗之）之徒，身爲晉賊，非關後代。吳隱、謝混、郗僧施，
　　　義止前朝，不宜濫入宋典。劉毅、何無忌、魏詠之、檀憑之、孟昶、

〔註1〕　關於此點，唐人劉知幾的《史通》與清人章學誠《文史通義》均有論述，可
　　　　　以參看。

諸萬長民，志在興復，情非造宋，今並刊除，歸之晉籍。(《宋書‧
自序》80/100/2468)

關於劉宋一朝史書的義例，早在徐爰修史之時，就有爭聲，我們置之不論。
而沈約在整理、編輯劉宋史料的過程中，對「興復」、「造宋」功臣的區分標
準，卻值得注意。案沈約其實並沒有嚴格遵守自己的標準，如魯宗之，雖然
沒有專門立傳，但其孫魯爽的傳中，已對其一生進行了簡要概括，因此《晉
書》並無其傳。其他諸人，大多被列入《晉書》，如吳隱之在《良吏列傳》
(8/90/2340)，郗僧施在《郗鑒列傳》(6/67/1805)，劉毅等5人共在一傳等。
孟昶一人雖未有傳，但是《列女列傳》(8/96/2518)中有其妻周氏之傳，極為
精採傳神，可補此憾。因此，我們可以認為，房玄齡等人修《晉書》之時，
在晉末史料的剪裁、取捨上，並沒有另立體例，而是更著重於為沈約《宋書》
拾遺補缺。如果本人的推測成立的話，《晉書》為何將《宋書》中記載已極為
詳實的劉敬宣又在此加以簡要提及呢？

我認為這應歸於他們與沈約，對劉敬宣在晉宋之際的歷史作用及政治歸
屬問題，有著根本不同甚至截然相反的看法。即，房玄齡等史家並不同意沈
約關於劉敬宣是「造宋」之臣的觀點，所以才重新將其作為「興復」之臣列
入《晉書》，附於劉牢之名下。

沈約之所以將劉敬宣歸入「造宋」之臣的行列，大概是受了以下幾條材
料的影響：

自表解職(劉裕所任命的江州刺史)。於是散徹，賜給宅宇，月給錢
三十萬。高祖數引與遊宴，恩款周洽，所賜錢帛車馬及器服玩好，
莫與比焉。(《劉敬宣列傳》5/47/1412)

劉敬宣女嫁，高祖賜錢三百萬，雜綵千匹，時人並以為厚賜。(《毛
修之列傳》5/48/1429)

(劉毅欲以劉敬宣為府佐)敬宣懼禍及，以告高祖。高祖笑曰：「但
令老兄平安，必無過慮。」出為使持節、督北青州軍郡事、征虜將
軍、北青州刺史，領清河太守，尋領冀州刺史。(《劉敬宣列傳》1415)

(劉敬宣)遣使呈長民書，高祖謂王誕曰：「阿壽故為不負我也。」
(《劉敬宣列傳》1415)

先來分析前兩條。劉裕本人雖極為節儉，但他並不吝嗇，這也正是他為何能

拉攏眾人的原因之一。

> 寧州嘗獻虎魄枕，光色甚麗。時將北征，以虎魄治金創，上大悅，
> 命搗碎分付諸將。(《武帝本紀下》3/60)

所以從賞賜財物的多少來分析劉裕與其他「軍層」的關係，很難得到真實的面貌。

再看第三條。案北青州治東陽，距建康懸遠，為邊郡，地位顯然遠不如豫州、江州、雍州等重要。劉敬宣出刺北青州，雖然官職、權位不低，但在劉毅、劉裕二人爭衡之時，顯然並不具有舉足輕重的作用，根本無法與建義初期所任的江州相比。

第四條。劉裕西征劉毅，諸葛長民留守，長民寫信邀劉敬宣共反，說明至少在長民看來，劉敬宣是有可能與自己共同反對劉裕的。劉敬宣雖然沒有同意，但劉裕與王誕的對話，也隱隱透露出他頗為懷疑劉敬宣的味道。

此外，義熙初年劉裕以劉敬宣為江州刺史、帥兵伐蜀之事，其幕後隱藏著的是劉裕、劉毅之間的權力之爭，劉敬宣不過是當時極為適合劉裕需要的一個棋子而已。劉裕既可以利用劉敬宣的才幹，為自己收攬民心，又可以借其與劉毅有宿憾這一點，來抑制劉毅，可謂一舉多得。〔註2〕而劉敬宣能與劉裕關係密切，宿敵劉毅的存在，也是一個重要的外因。劉毅死後，劉敬宣沒有了心腹大患，與劉裕的關係極有可能隨之疏遠。而事實也正是如此。此後，劉裕雖有義熙十一年西討司馬休之等大事，卻再也沒有重用劉敬宣，最終劉敬宣死於廣固。這難道都是出於偶然？

劉敬宣的為人與劉毅死後，統治階層內部關係的改變，是導致劉敬宣再也不得劉裕重用的根本原因。對於劉敬宣的為人，在他小的時候，曾有人這樣評論：

> (桓序) 謂牢之曰：「卿此兒既為家之孝子，必為國之忠臣。」(《劉
> 敬宣列傳》5/47/1408)

案魏晉南北朝時期，是個極為重視人物品評的時代，凡是對人品頭論足、而又非常貼切恰當、含義雋永的話語，無不詳加記載，以助談資。茲舉一環境極為相似之例，作為佐證。郗超曾對傅瑗評價他的二子傅迪、傅亮：

> 超謂瑗曰：「卿小兒 (傅亮) 才名位宦，當遠逾於兄。然保家傳祚，
> 終在大者 (傅迪)。」(《傅亮列傳》5/43/1336)

〔註2〕 李文才《義熙伐蜀與晉末宋初政局》，《河北學刊》2001.1.103～107。

結果，傅亮雖在晉末宋初顯赫一時，膺顧命重託，卻也最終因此而遭誅死之禍。由此可見，《宋書》所引桓序之言，絕非無的之語。而所謂「國之忠臣」，很顯然是指晉室忠臣，而非若干年後才嶄露頭角、興起代晉的劉宋。劉敬宣到底有哪些值得稱道的作為呢？對於京口次門的擁晉心理，我們已在前面作過論證。不過，在另外一些材料的佐證下，我們得出了下述結論。

我認為，劉敬宣與司馬休之的特殊關係是導致劉裕逐漸對劉敬宣失去信任的主要原因。

義熙八年底，劉裕除掉了宿敵劉毅，以晉宗室司馬休之為荊州刺史，鎮江陵。此時，大概劉裕還是以尊君為號召的，〔註3〕因此除了分荊州十郡為自己所督外，並沒有採取其他的防範措施。然而，隨著朱齡石伐蜀的勝利，劉裕的聲望日益高漲，權力的膨脹使得他與晉室的矛盾、猜忌逐漸加深，劉裕開始挑選心腹，以備司馬休之。

> 八年，遷江州刺史，尋督江州豫州之西陽新蔡汝南潁川司州之恒農揚州之松滋六郡諸軍事、南中郎將，刺史如故。時荊州刺史司馬休之居上流，有異志，故授懷玉此任以防之。（《孟懷玉列傳》5/47/1407）

案孟懷玉是劉裕的老部下，早在隆安年間，就隨劉裕東征孫恩。建義之後，也一直是在劉裕的手下任職，甚得劉裕親信。孟懷玉一人能得縣侯、縣男兩封，除了功勳卓著以外，與劉裕的特殊關係，也應是重要因素。劉裕付其以江州重地，更是信任的表現。為何劉裕不以曾任江州刺史、對江州情況更為熟悉的劉敬宣擔此重任呢？案諸史實，我們不難發現，劉敬宣與司馬休之之間，曾因共同反桓復晉而有過較為密切的關係。

> （劉牢之死）敬宣奔喪，哭畢，即渡江就司馬休之、高雅之等，俱奔洛陽，往來長安，各以子弟為質，求救於姚興。（《劉敬宣列傳》5/47/1411）

> 劉敬宣、高雅之結青州大姓及鮮卑豪帥謀殺南燕主備德，推司馬休

〔註3〕 劉裕在征討劉毅、司馬休之等人時，大多仍是使用曹操的「挾天子以令諸侯」的手段。因此他也能獲得很多擁護晉室者的幫助，如雍州刺史魯宗之曾因討劉毅而封為南陽郡公，食邑二千五百戶。（《魯爽列傳》）魯宗之曾經四下江陵，第一次元興三年是回應劉裕等人的建義之舉，討伐桓氏。第二次是在義熙六年，協助劉道規戍守江陵，擊退桓謙等人。第三次是義熙八年，聽從劉裕指揮，討伐劉毅。第四次是義熙十一年擁護司馬休之，反對劉裕。從魯宗之一貫擁晉的立場就可看出，劉裕是從何時開始圖謀篡晉、準備造宋的。

之爲主。(《資治通鑒・晉紀三十五》安帝元興三年條 8/113/3567)

看來，正是劉敬宣與晉宗室的這種特殊關係，使得劉裕無法再像義熙初年那樣信任他，所以才在京口建義諸人逐漸凋零、良臣缺乏的時刻以其爲青冀刺史而未再變動。劉敬宣死於邊陲的命運可以說早已注定。

劉裕對劉敬宣的疏遠，還可以從封爵的角度加以分析。案晉末建義以來，共有三次大規模分封，即京口建從義的反桓復晉功封、征伐廣固盧循功封以及平定劉毅司馬休之北伐關洛的功封。得到功封的人，以京口次門爲主。這些司馬晉封爵獲得者，由於與劉裕的關係，其爵位大多得到劉宋政權的承認，直到蕭齊代宋，才被廢除。《宋書》大多以「齊受禪，國除」記之。但是，《劉敬宣列傳》中，卻有這樣一條記錄：

子祖嗣。宋受禪，國除。(5/47/1416)

這是《宋書》中僅有的一條「宋受禪，國除」的記載，而此時距劉敬宣之死不過 5 年。我們再對比一下前述被沈約列爲晉室忠臣的何無忌、孟昶之後在劉宋的優越地位，應該不難看出劉裕與劉敬宣到底是何種關係。

劉裕與王鎮惡。王鎮惡乃苻堅重臣王猛之孫，淝水戰後南渡，屬晚渡荒傖。劉裕北伐廣固，始入裕府。在其後伐盧循、討劉毅等戰役中功勳卓著，贏得劉裕信任。北伐關中，大破姚秦，被劉裕譽爲馮異，後與劉穆之同受佐命追封、配食廟庭之殊榮。但是，劉裕南還前的種種舉措，表明對他仍有猜忌與不信任。

是時關中豐全，倉庫殷積，鎮惡極意收斂，子女玉帛，不可勝計。高祖以其功大，不問也。進號征虜將軍。時有白高祖以鎮惡既克長安，藏姚泓偽輦，爲有異志。高祖密遣人覘輦所在，泓輦飾以金銀，鎮惡悉剝取，而棄輦於垣側。高祖聞之，乃安。(《王鎮惡列傳》) 5/45/1370)

可見劉裕雖表面上待王鎮惡甚厚，但是，卻也一直因王鎮惡爲人貪婪而放心不下，唯恐其造反。

裕將還，田子及傅弘之屢言於裕曰：「鎮惡家在關中，不可保信。」裕曰：「今留卿文武將士精兵萬人，彼若欲爲不善，正足自滅耳。勿復多言。」裕私謂田子曰：「鍾會不得遂其亂者，以有衛瓘故也。語曰：『猛獸不如群狐』，卿等十餘人，何懼王鎮惡！」(《資治通鑒・晉紀四十》安帝義熙十三年條 8/118/3713-3714)

史學家司馬光在評價此事時，認爲：

> 裕既委鎮惡以關中，而復與田子有後言，是鬥之使爲亂也。（《資治
> 通鑑》8/118/3714）

司馬光此言，是對既有歷史事實而發的感慨，屬於馬後炮。[註4] 其實，劉裕
倉促南還，以幼子劉義眞留守，自然不想有何差錯。他之所以對沈田子如此
私語，主要是既想委任王鎮惡，儘其才幹，卻又擔心他爲亂，於是企圖在二
人之間玩弄平衡、使其互相制約的矛盾心情。

劉裕與其「軍層」，特別是「軍次」之間之所以會有如此之多的矛盾，與
他們所處的時代以及劉裕的行政理念有關。

晉末宋初，承東晉以來的餘弊，政在公門，執政高門以玄言放達爲高，
喪失了漢儒的積極入世精神。南朝末年的姚察曾作出這樣的總結：

> 魏正始及晉之中朝，時俗尚於玄虛，貴爲放誕，尚書丞郎以上，簿
> 領文案，不復經懷，皆成於令史。逮乎江左，此道彌扇……望白署
> 空，是稱清貴；恪勤匪懈，終滯鄙俗。是使朝經廢於上，職事墮於
> 下。小人道長，抑此之由。（《梁書・何敬容列傳》2/37/534）

而劉裕恰恰是個由貧苦次門出身，胸懷大志、力圖矯正時弊的人。在他掌權
之初，就曾多次頒佈政令，除了減輕百姓負擔、緩和社會矛盾外，還對當時
雜亂的政局大加整治。

> 先是朝廷承晉氏亂政，百司縱弛，桓玄雖欲釐整，而眾莫從之。高
> 祖以身範物，先以威禁內外，百官皆肅然奉職。二三日間，風俗頓
> 改。（《武帝本紀上》1/9）

諸葛長民驕縱貪侈，所爲多不法，爲百姓患，常懼太尉裕按之。[註5]

> 長民驕縱貪侈，不恤政事，多聚珍寶美色，營建第宅，不知紀極，
> 所在殘虐，爲百姓所苦。自以多行無禮，恒懼國憲。（《晉書・諸葛
> 長民列傳》7/85/2212）

所以，當重臣謝晦因過失而被免職時，史書中這樣評價劉裕：

> 謝晦坐璽封違謬，遂免侍中，斯有以見高祖之識治，宰臣之稱職也。
> 夫挈戮所施，事行重疊，左黜或用，義止輕懲。輕懲，物之所輕；
> 重疊，人之所重。故斧鉞希行於世，徽簡日用於朝，雖貴臣細故，

[註4] 司馬光只看到了劉裕「軍層」內部「堅凝實難」的道理，這只是結果，其深
　　　層次的原因並沒有探究。王鎮惡與其他諸將之間的不合，既有荒傖與南人的
　　　矛盾，又有從義舊將與後進新人的權寵之爭。待後論。
[註5] 《資治通鑒・晉紀三十八》安帝義熙八年條（8/116/3655）

不以任隆弛法，至乎下肅上尊，用此道也。（《謝晦列傳》5/44/1362）
應該說，這是比較公允的。

第二節　劉穆之之死與霸府重建

關於劉裕與劉穆之的關係，人們大多以《宋書·劉穆之列傳》中的記載，認為劉穆之是劉裕的主謀、心腹和造宋的功臣，那麼事實是否完全如此呢？

先從他們二人的政治交往來看。

一般所引用的關於劉裕、劉穆之關係的史料，無非是以下幾條：

從平京邑，高祖始至，諸大處分，皆倉卒立定，並穆之所建也。遂委以腹心之任，動止咨焉。穆之亦竭節盡誠，無所遺隱。（《劉穆之列傳》5/42/1304）

高祖舉止施為，穆之皆下節度。（同上，5/42/1305）

（劉穆之死）高祖在長安，聞問驚慟，哀惋者數日。本欲頓駕關中，經略趙、魏。穆之既卒，京邑任虛，乃馳還彭城，以司馬徐羨之代管留任，而朝廷大事常決穆之者，並悉北諮。（同上，5/42/1306）

此外，還有劉裕在劉穆之死後為其請封與劉宋建立後的追封為郡公，以及宋文帝以其配食劉裕廟庭等幾個事例。

第一條記錄。這條記錄非但不能說明劉穆之在劉裕僚佐中的地位，反倒是體現了《宋書》修史者的史識及對材料編排失當之處。

核《宋書》原文，此條材料，上承穆之始入劉裕幕府，下接劉毅等人不欲以劉裕入輔建康之事。當時軍旅之際，事務繁多，劉裕等次門武人對行政管理不在行，委之旁人，是很自然的。從劉裕與劉穆之的對話也體現了這點。

高祖（劉裕）謂之曰：「我始舉大義，方造艱難，須一軍吏甚急，卿謂誰堪其選？」穆之曰：「貴府始建，軍吏實須其才，倉卒之際，當略無見逾者。」（同上，5/42/1303）

其後，與劉裕關係極佳的高門王謐死，中央支柱的喪失，對他的政治生涯極為不利。劉毅等人企圖藉此削奪劉裕的權力，但鑒於劉裕已有的威望，不敢獨自行事，而派人諮詢劉裕的意見。皮沈並沒有直接面見劉裕，而將此事事先透露給了劉穆之，穆之才得以有充足的時間為劉裕獻策，使其順利入主京師，劉毅等人政治上仍不得不處於劉裕的下風。這是劉裕霸業發展道路上極為重要的一

個事件。皮沈身爲尚書右丞，當然不會不知道內幕，而劉毅既委他以如此重任，無疑是劉毅的親信。但他卻把如此機密透露給劉穆之，這表明在當時，至少劉毅等人還沒有認爲劉穆之是劉裕的心腹。我們還能從本卷中找到相關旁證。

> 從征廣固，還拒盧循，常居幕中畫策，決斷眾事。劉毅等疾穆之見
> 親，每從容言其權重，高祖愈信仗之。（《劉穆之列傳》5/42/1305）

可見，至少到了義熙六年，劉裕與劉穆之的關係還在劉毅等外力的作用下不斷向深層次發展。所謂義熙二年關係已經十分親密一說，顯然是修史者史料剪裁失當或有意爲之所致。

第二條。這條材料，雖然從某種角度看，似可說明劉裕、穆之的親密關係，但是，從人性自私、爭上，尤其是劉裕逐漸崛起爲權臣這一點來看，穆之此種作爲，恰犯專制集權下臣主關係的大忌。爲了更好的理解這一點，我們先來看一下劉裕的爲人。

義熙五年，劉裕不顧大多數人的反對，在孟昶、謝裕、虞丘進等少數人的支持下，北伐廣固。南燕慕容超懼劉裕之強，派使者到姚秦求救。姚秦沒有發兵，而是派使者到劉裕軍中威脅劉裕。劉裕並沒有與穆之商量，以極爲強硬的態度回覆了姚秦使者。穆之事後知道此事，責備劉裕。劉裕頗不以爲然：

> 此是兵機，非卿所解，故不語耳。（《武帝本紀上》1/17）

再看一例。義熙八年，劉裕鑒於劉毅早晚將起兵反對自己，於是搶先下手，殺死劉毅從弟劉藩等人，準備西討。

> （劉裕）與劉穆之謀討劉毅，而智在焉。它日，穆之白高祖曰：「伐
> 國，重事也，公云何乃使王智知？」高祖笑曰：「此人高簡，豈聞此
> 輩論議。」（《王景文列傳》8/85/2177）

可見，劉裕決非是一個甘於被人左右之人，而劉穆之的凡事「皆下節度」、剛愎自用的專斷作風，必將引起地位日漸崇高的劉裕不滿，所以他才不斷的通過諸如此類的暗示，來表明自己的獨立處事能力。可惜劉穆之由於對自己與劉裕關係極爲自負，一直都未能察覺到劉裕這種「陽收其身，而實疏之」（《韓非子‧說難》）的意圖所在。直到王弘銜劉裕之旨北來諷九錫時，劉穆之終於明白了在劉裕心目中所處的實際地位，以及作爲晉臣已經被急於代晉的故主劉裕所拋棄的尷尬現實。因此才會有「劉穆之掌留任，而旨反從北來，穆之愧懼，發病遂卒」的這樣一個結局。〔註6〕

〔註6〕 案此條史料不見於《宋書‧劉穆之列傳》，而是出於《宋書‧王弘列傳》

　　爲了驗證這點，還可再看一下劉裕對其他損害到自己威望的「軍層」又是什麼態度。

> 高祖少事戎旅，不經涉學，及爲宰相，頗慕風流，時或言論，人皆依違之，不敢難也。鮮之難必切至，未嘗寬假，要須高祖辭窮理屈，然後置之。高祖或有時慚恧，變色動容。（《鄭鮮之列傳》6/64/1696）

由此可以看出，劉裕，特別是一個權力欲正在迅速膨脹的劉裕，不可能總是寬宏大度，因此劉穆之的一些做法，劉裕如果感到不滿，是很自然的。

　　劉裕與劉穆之在其他方面也存在矛盾。史言，劉穆之善於舉薦人才。

> 凡所薦達，不進不止，常云：「我雖不及荀令君之舉善，然不舉不善。」（《劉穆之列傳》5/42/1305）

從現有記載來看，劉穆之也確實爲劉裕選拔了不少人才，如謝晦等。那麼是否一直如此呢？我們看以下事例。謝方明極有干用，爲劉裕所欣賞。

> 從兄景仁舉爲宋武中軍主簿。[註7]方明知無不爲，帝謂曰：「愧未有瓜衍之賞，且當與卿共豫章國祿。」屢加賞賜。……丹陽尹劉穆之權重當時，朝野輻湊，其不至者唯混、方明、郗僧施、蔡廓四人而已。穆之甚恨。及混等誅後，方明、廓來往造穆之，穆之大悅，白武帝曰：「謝方明可謂名家駒，及蔡廓直置並臺鼎人，無論復有才用。」頃之，轉從事中郎，仍爲左將軍道憐長史、武帝令府中眾事皆諮決之。（《南史·謝方明列傳》2/19/536）

義熙十二年，劉裕北伐，以劉穆之監留府事。

> 劉穆之遣使陳事，晦往往措異同，穆之怒曰：「公復有還時不？」高祖欲以爲從事中郎，以訪穆之，堅執不與。終穆之世不遷。穆之喪問至，高祖哭之甚慟。晦時正直，喜甚，自入閣內參審穆之死問。

（5/42/1312），關於劉穆之之死，其本傳極爲簡略，僅「十三年，疾篤，詔遣正直黃門郎問疾。十一月卒」（5/42/1306）10 餘字，絲毫看不出劉穆之的死因。倒是《王弘列傳》給我們提供了這條寶貴史料，劉穆之與劉裕在義熙末年的關係得以清晰。所謂「愧」者，愧於自己爲劉裕府佐 10 餘年，卻不理解府主之意，終被他人所離間，自感無能、落伍。「懼」，則是自己名義上是劉裕佐命功臣，而實已疏。然而又不被心目中的晉室所接納，這種無所歸依的失落感使得他在劉宋建立前夕命運無託，不知所從，終於悒鬱而死。追隨劉裕 10 餘年，爲其參謀帷幄的府佐最終落了個如此下場。

[註7]　《宋書·謝方明列傳》（5/53/1523）爲「中兵主簿」，恐誤，見其校勘記【二一】。

其日教出，轉晦從事中郎。(《謝晦列傳》5/44/1348)

謝方明、謝晦雖加入劉裕集團稍晚，但均竭力爲劉裕效命，很受裕信用。然而謝方明由於對獨掌大權的次門劉穆之不滿，位不過主簿。主動干謁劉穆之後，地位就驟升至從事中郎，又轉爲劉道憐長史，總其府事。謝晦則是因劉穆之的壓制，直至其死後，劉裕才迅速提拔其任總府事。可見劉穆之用人的隨意性很大，具有極強的專斷作風。他後期的用人，並非惟才是舉，而主要看他們是否順從自己，至於府主劉裕究竟需要何種人才，他並不關心。所謂的善於舉才，最多只適用於劉穆之身份較低之時，例如他從孟昶府推薦謝晦到劉裕門下時爲義熙六年。但隨著二人權力、地位的不斷提高，劉裕、劉穆之之間也發生了微妙的變化，而這正是我們治史者所應當注意的。

劉穆之與劉裕之間，個人性格的衝突也不可忽視。

（劉穆之）性奢豪，食必方丈，旦輒爲十人饌。穆之既好賓客，未嘗獨餐，每至食時，客止十人以還者，帳下依常下食，以此爲常。嘗白高祖曰：「穆之家本貧賤，贍生多闕。自叨忝以來，雖每存約損，而朝夕所須，微爲過豐。自此以外，一毫不以負公。」(《劉穆之列傳》5/42/1306)

眾所周知，劉裕爲人是出名的節儉，以至於被其孫子孝武帝劉駿譏爲連田舍翁都不如，而即位之前的劉裕，其儉吝也是出名的。他掌權之後，曾多次頒佈有關條令，崇儉抑奢。〔註8〕不過，劉裕的一些做法也難免有些矯枉過正，當司馬休之上表時，就將此拿來作爲罪狀：

陛下四時膳御，觸事縣空，宮省供奉，十不一在。皇后寢疾之際，湯藥不周，手與家書，多所求告。(《武帝本紀中》2/31)

竟然節儉到了連皇后吃藥都成問題的地步，因此司馬休之罵他「人臣之禮頓缺」，觸犯封建禮教的大防。然而此後的劉裕仍舊沒有理睬這些，繼續推行節儉政策，絲毫沒有放鬆。可見劉裕對他這種極爲奢侈的浪費行爲，肯定已經流露出了不滿，所以劉穆之才主動向劉裕坦白說「自此以外，一毫不以負公」，而這恰恰就是他的「負公」之舉。

〔註8〕 可參見王仲犖《魏晉南北朝史》上冊；許輝《劉裕與「元嘉之治」》(《南京師院學報》1981.385～89；杜漢鼎、徐勇《「定亂代興」的宋武帝劉裕》，《歷史教學》1985.11.35～37；孔祥君《論元嘉政局》，《江漢論壇》，1994.8.11～15等有關成果。

第三條。與代替其掌留守之任的徐羨之相比，劉穆之真的具有超過他的很多特權嗎？未必盡然。

> （謝晦）從征關、洛，內外要任悉委之。劉穆之遣使陳事，晦往往措異同。（《謝晦列傳》5/44/1348）

從上文我們可以得到什麼有價值的信息呢？就現有材料來說，有兩種關於劉裕北伐時權力分配的不同記載。《謝晦列傳》所說者為其一，表明隨劉裕出征的幕府人士，總管內外眾事。其二則是：

> 以世子為中軍將軍，監太尉留府事。尚書右僕射劉穆之為左僕射，領監軍、中軍二府軍司，入居東府，總攝內外。（《宋書·武帝本紀中》2/36）

兩個權力中樞，均總內外之事，但究竟哪個權力更大，不言自明。〔註9〕劉穆之僅僅作為留府的首腦，暫時處理眾多不便於向遠在河洛的劉裕請示的小問題。其他許多事務，並不像引文所說的那樣，穆之具有如此大的處置權，否則謝晦哪能有機會「往往措異同」？這說明穆之是經常將問題「北諮」的。而從史書的相關記載中，除了北伐的事迹外，義熙十二年到劉穆之死的一年多時間裏，東晉境內並沒有多少大的事件發生。因此，史書所說的「朝廷大事常決穆之者」，其關於「大事」的標準難免誇大其詞，有為劉穆之溢美之嫌。

要想深入探討這一問題，還需對「留府」的權力展開分析。

劉裕生逢季世，戰亂頻仍，曾多次出征，戎馬一生。然而，頻繁的征戰，使他很少有時間在京師處理日常事務，大多轉由留府處理。因此，從這裡可以窺出劉裕與「軍層」內部其他人的關係。據《宋書·武帝本紀》，劉裕義熙年間五次出征的留守情況如下：

義熙五年三月，劉裕抗表北討南燕，以丹陽尹孟昶監中軍留府事。
義熙六年十月，劉裕南伐盧循。以後將軍劉毅監太尉留守府，後事皆委焉。
義熙八年九月，劉裕討毅，率諸軍西征。兗州刺史道憐鎮丹徒，豫州刺史諸葛長民監太尉留府事，加太尉司馬、丹陽尹劉穆之建威將軍，配以實力。
十一年正月，劉裕率眾軍西討司馬休之，以中軍將軍道憐監留府事。
十二年八月丁巳，劉裕率大眾發京師，北伐關洛。劉穆之為左僕射，領監軍、中軍二府軍司，入居東府，總攝內外。

〔註9〕 關於此點，還可參看下文對「留府」權力的分析。

上述 5 次留府，前 3 次均是由京口建義諸人、即「軍層」上層人士擔任，但自第 3 次起，劉穆之開始參與留守之事。劉穆之權力的頂峰，就是最後一次的留府之任。我們就以此來分析劉穆之是否真的能「總攝內外」。

對於義熙十二年的北伐，《宋書・武帝本紀中》記載較為簡略，茲錄《資治通鑒・晉紀三十九》於下：

> 以世子義符為中軍將軍，監太尉留府事。劉穆之為左僕射，領監軍、中軍二府軍司，入居東府，總攝內外；以太尉左司馬東海徐羨之為穆之之副；左將軍朱齡石守衛殿省，徐州刺史劉懷慎守衛京師，揚州別駕從事史張裕任留州事。（8/117/3688）

我們可以看到，表面上看劉穆之「總攝內外」，但是顯然他並沒有多大的權力。正如上文所分析，其一，劉穆之要不時的「北諮」。其二，劉裕不僅以他的雙重親家徐羨之為其副手，〔註 10〕 在總體行政決策上加以牽制；又以自己的親信朱齡石、劉懷慎控制京師的守衛，使他們不敢輕舉妄動；另一心腹張裕則管理揚州的行政事務，〔註 11〕 劉穆之的職權範圍大概也僅限於中軍、監軍二府日常事務而已。

既然上述均不可作為劉裕信任劉穆之的佐證，那麼，穆之死後，劉裕迅速南還，並且劉穆之多次得到追贈、配食劉裕廟庭又作何解？

其一，穆之雖與劉裕關係漸疏，為其他造宋功臣所阻隔，但只要劉裕不稱帝，穆之仍別無選擇，只能擁護他。劉穆之多次為劉裕出謀劃策，使得他即使反對劉裕，也很難得到晉室的信任。另外，從本書其他章節中，我們也可看出，劉裕實在是沒有幾個心腹，如果僅僅因此就將一些人排擠出造宋功臣的行列，那麼劉裕的造宋更難得到他人的支持。正是出於上述考慮，所以儘管逐漸疏遠劉穆之，但與他人相比，表面上關係仍較為親近。

其二，劉穆之死後所獲得的一切榮譽，都是劉宋統治者出於穩定自身統治的需要，劉穆之及其後代其實很少受益。劉裕本出身貧賤，為高門所輕，不被時賢推重。如此一個人，竟然當上皇帝，奄有天下，如果不從功臣中挑選一些作為自己應天順民的標榜，以證得天下之艱難、合理，豈不更為天下

〔註10〕 《宋書・徐羨之列傳》，徐羨之子徐喬之尚劉裕六女，兄子徐逵之尚劉裕長女。

〔註11〕 張茂度（張裕）也曾被劉裕委以留守之任。
高祖西伐劉毅，茂度居守，留州事悉委之。……高祖北伐關洛，復任留州事。（《張茂度列傳》5/53/1509～1510）

人，特別是高門所恥笑！另外，劉裕本極爲苛察，如果爲其犬馬一生的劉穆之尚且不得重封，那麼劉宋的朝堂上恐怕也沒有幾人了。這對於統治一直並不穩固的劉宋來說，豈非作繭自縛？

其三，劉穆之子孫在劉宋一朝的境遇，很清楚的說明了我們上述的推測。

	二　世	三　世	四　世
劉穆之	長子慮之嗣，仕至員外散騎常侍卒。（三品）	子邕嗣。	子肜嗣。大明四年，奪爵土，弟彪紹封。齊受禪，降爲縣侯。
	中子式之。從征關、洛有功，封德陽縣五等侯。左衛將軍。（四品）	長子敳，世祖初，黃門侍郎（五品） 敳弟衍，大明末，黃門郎，出爲豫章內史。（五品） 衍弟瑀，吏部尚書（三品）	衍子卷，南徐州別駕。卷弟藏，尚書左丞。（六品）
	少子貞之。中書、黃門侍郎，寧朔將軍、江夏內史。（四品）	子袞，始興相。（五品）	本表據《宋書・劉穆之列傳》製成。

從上表，我們可以很直觀的看出：

1、劉穆之後代在劉宋任官不顯。穆之子儘管嗣郡公之爵，但官職卻僅至員外散騎常侍，這是國公例除的起家官，王弘子王錫就以宰相子起家員外散騎，而劉穆之子仕至此官，可見其待遇不高。

2、其衰落速度也較快。穆之三子，一個三品，兩個四品。五孫，一個三品，三個五品。到了宋末，其四個曾孫，最高官職已僅爲六品。劉瑀，作爲穆之諸孫中唯一一個位至三品之人，原本與一些「軍層」關係極佳。但是，隨著這些宋初地位本不及己人士的高升，他們關係逐漸惡化。

> 侍中何偃嘗案云：「參伍時望。」瑀大怒曰：「我於時望何參伍之有！」遂與偃絕。及爲吏部尚書，意彌憤憤。族叔秀之爲丹陽尹，瑀又與親故書曰：「吾家黑面阿秀，遂居劉安眾處，[註12] 朝廷不爲多士。」（《劉穆之列傳》5/42/1310）

一向被劉宋統治者標榜爲造宋首功之臣的劉穆之，但其子孫卻無一任高職。劉瑀之所以妒忌高門，甚至自己的族叔，顯然是作爲爲劉裕造宋、代晉出力

[註12]「劉安眾」即劉湛，史載劉湛「出繼伯父淡，襲封安眾縣五等男。」（《劉湛列傳》6/69/1815）

甚多的軍功受益階層，對劉宋這種明升暗降、忘恩負義行爲的發泄。

正是基於上述的諸多因素，筆者認爲，劉穆之在義熙後期，特別是劉裕北伐關洛之後，很難說是劉裕的心腹之人了。

《宋書》爲什麼會有如此多的記載互相牴牾之處？今本《宋書》，乃沈約所撰：

> 齊永明末，沈約所撰《宋書》既行，子野更刪撰爲《宋略》二十卷。
>
> 其敘事評論多善，約見而歎曰：「吾弗逮也。」（《梁書·裴子野列傳》）

沈約自歎《宋書》不及裴子野《宋略》，但由於裴子野書早已亡佚，我們無法進行比勘、對照。但是，從傳世的沈約《宋書》中，我們就可以發現其中的不少疏漏之處，本書於相關之處已作說明，此不贅。

據《宋書·自序》，其元嘉以前的有關紀傳，主要採自何承天《宋書》舊本。〔註13〕何承天係東海何氏，與劉穆之關係較好，女妻劉穆之從兄子劉秀之。劉裕西討劉毅時，劉穆之協助諸葛長民留守，何曾向穆之建議劉裕應注意提防諸葛長民的反叛，何本人因此很受劉裕信用。基於上述的大量間接事實，我認爲，《宋書》對劉穆之的敘述，確有言過其實之處，而這極有可能是其姻親何承天有意曲筆、爲其隱諱溢美的結果。

第三節　劉裕的顧命大臣與「軍層」

劉裕晚年身體不好，經常發病，但太子劉義符又非守成之主，劉裕曾想以次子劉義眞代之而遭到謝晦的否決。其後，劉裕再未提及此事，仍舊以劉義符爲繼承人。鑒於諸子年幼，必定需要輔佐之人，劉裕在擬定顧命大臣後，臨死時又叮囑幼子要警惕這些屬尊權重的「軍層」威脅皇權，並爲其詳細分析了實權派「軍層」的底細，以便其從容應付不虞之事。案顧命大臣究竟由幾人組成，史書中有不同的記載。

> 謝晦久病，連灸，不堪見客。佩之等疑其託疾有異圖……欲令亮作詔誅之。亮答以爲：「己等三人，同受顧命，豈可相殘戮……」佩之等乃止。（《徐羨之列傳附徐佩之》5/43/1335）

徐佩之乃徐羨之兄子，他慫恿傅亮殺死謝晦，因此傅亮才有「己等三人，同受顧命，豈可相殘戮！」之語，意在提醒徐佩之，徐傅謝三人利益相關，一

〔註13〕參見趙翼《廿二史箚記·宋書多徐爰舊本》（9/179）。

損俱損，一榮俱榮，不可草率行事，輕啓內釁，爲他人所乘。此外，以徐傅謝三人爲輔政大臣的，還有《宋書‧少帝本紀》（4/63）。但今本沈約《宋書‧少帝本紀》早已亡佚，此爲後人所增，缺略過甚，而且又與其他紀傳多有牴牾之處。這一點前人辨之甚明，無須多論。〔註14〕因此，筆者認爲，此記載與其他紀傳相比，不大可信。

> （徐羨之）與中書令傅亮、領軍將軍謝晦、鎮北將軍檀道濟同被顧
> 命。（《徐羨之列傳》5/43/1331）

應該說，這條以四人豫顧命的說法最接近事實。這句話屬於陳述語句，並沒有什麼感情色彩。而且，劉裕在臨死前，爲太子一一分析大臣的特點，也是只提及這四人。

另外，《謝晦列傳》（5/44/1350）所錄謝晦上表中，也是以徐傅謝檀四人爲顧命大臣。我由此推斷，劉裕的顧命大臣，應該是由徐傅謝檀四人組成，至於王弘參與機要之事，是因爲他身爲高門，位居方鎮，兄弟黨羽甚盛，具備對徐傅謝檀發難的實力，所以不得不延攬的緣故。此外，他們在共同參與廢黜少帝劉義符後，政治地位、利害關係也較爲接近，使得後人容易將其混淆。

我們此處僅分析與劉裕關係特殊的徐羨之，由此探求劉裕與顧命大臣的關係。

> 十二年，武帝北伐，邵請見，曰：「人生危脆，必當遠慮。穆之若邂
> 逅不幸，誰可代之？尊業如此，苟有不諱，事將如何？」帝曰：「此
> 自委穆之及卿耳。」……及穆之卒，朝廷恇懼，便欲發詔以司馬徐
> 羨之代之，邵對曰：「今誠急病，任終在徐，且世子無專命，宜須北
> 咨。」信反，方使世子出命曰：「朝廷及大府事，悉咨徐司馬，其餘
> 啓還。」武帝重其臨事不撓，有大臣體。（《張邵列傳》5/46/1394）

> 穆之前軍府文武二萬人，以三千配羨之建威府，餘悉配世子中軍府。
> （《劉穆之列傳》5/42/1306）

此時，他們兩人已是雙重親家，但劉裕對徐仍表現出不信任。在張邵的再三追問下，仍不肯說以徐羨之爲留府事，可見他確實不是劉裕心目中的合適人選。劉穆之死後，朝內一片大亂，有人認爲應該按照劉裕的事先部署，立即下詔以徐羨之代替劉穆之的地位，但張邵堅持認爲不能拿劉裕一年多以前的

〔註14〕參見《少帝本紀》校勘記。另外，該本紀中所敘述的劉義眞、劉義符遭廢殺的年月，皆與其他紀傳不同。

話作爲依據，留守人選的最終確定，還需要重新請示遠在關中的劉裕。事實是，劉裕在經過一年多之後，確實改變了出征前的想法，準備放棄以徐羨之留守的原定計劃，委以旁人。這一點，並不見於今本《宋書》，司馬光的《資治通鑑》，提供給了我們這條寶貴的史料。

> 穆之之卒也，朝廷惶懼，欲發詔，以太尉左司馬徐羨之代之。中軍諮議參軍張邵曰：「今誠急病，任終在徐；然世子無專命，宜須諮之。」裕欲以王弘代穆之。從事中郎謝晦曰：「休元輕易，不若羨之。」乃以羨之爲吏部尚書、建威將軍、丹陽尹，代管留任。（《資治通鑑‧晉紀四十》義熙十三年十一月條。8/118/3713）

張邵力排眾議，徐羨之差點因此而失勢，張邵卻得到劉裕賞識。所以說劉裕對徐羨之不信任，並非虛語。這還可以從官制的變動中看出。

錄尚書事一職，從 418 年 6 月劉裕稱相國即廢，直到劉裕死前數月的 426 年 1 月，一直沒有設立。顯然，這是爲了防備其權力過大、對幼主不利的考慮。而且，沒有錄尚書事，也便於維持朝局的勢力均衡，避免過度集中於一些老謀深算的「軍層」手中。不過，凡事不可一概而論，如果幼主即位、政局不穩，則需要有一個既爲朝廷盡力，而又大受信用，實權在握的人物來安撫人心。劉裕直到死前才任命徐羨之爲錄尚書事，可見此職確實重要。這從反面證明，劉裕自己在位期間沒有設此職，正是出於對這批「軍層」不信任的表現。臨死前，鑒於形勢嚴峻，才不得不任命徐羨之爲錄尚書事，輔佐劉義符。

與劉裕有著雙重姻親關係的徐羨之爲何總得不到劉裕的信任呢？其一，專制主義中央集權的特性，決定了皇帝對任何有可能威脅到其統治的權重者均懷有疑慮、猜忌的心理。其二，則是劉裕對徐羨之的爲人處事放心不下。劉裕出身貧寒，少經磨難，對飛揚跋扈的當權者有股本能的反感。所以上臺伊始就大整吏治。而徐羨之是一個容易恃權驕縱之人，如劉宋初建孔琳之就曾彈劾徐羨之放縱他手下人胡作非爲，而徐羨之非但不主動承認錯誤，引咎謝罪，卻暗地裏派人籠絡孔琳之，企圖進行幕後交易。

> 羨之任居朝端，不欲以犯憲示物。時羨之領揚州刺史，琳之弟璩之爲治中，羨之使璩之解釋琳之，停寢其事。琳之不許。璩之固陳，琳之謂曰：「我觸忤宰相，正當罪止一身爾，汝必不應從坐，何須勤勤邪！」自是百僚震肅，莫敢犯禁。（《孔琳之列傳》5/56/1564）

可見，當政的徐羨之根本沒有將這件事放在眼裏，如果不是孔琳之本人不畏

強禦、敢於牴觸他與其兄長聯合求情的話，就不會有彈劾事件的發生。「高祖甚嘉之，行經蘭臺，親加臨幸。」劉裕對孔琳之的格外褒獎，也說明他對徐羨之目無法紀的行為很不以為然。果然，劉裕死後僅僅一年，宋少帝劉義符就遭廢黜、殺身之禍。

　　下面我們先來看一下永初三年四月劉裕死後，顧命大臣們究竟有哪些舉措。

　　首先，安插親信，樹置黨羽，廢殺少帝。

　　永初三年四月，劉裕死，少帝劉義符繼位。六月，素無才能、貪鄙愛財的劉道憐也去世，一年之內，劉宋喪失了兩個領頭人，而他們最大的二子，也不過 18 歲，剛剛開始掌權。這些初出茅廬的少年，在久經世故的顧命大臣眼裏，顯然算不了什麼。更何況就連劉裕自己也知道劉義符劉義眞兄弟很難擔當開國未久、百廢待興之重任，臨死前曾準備另立明主。〔註15〕所以，在遵從先帝遺旨的名義下，徐傅立即調整政局，他們所進行的如此大的一番人事調整，有劉裕的遺意，但更多的則是為了自身的政治利益而違反劉裕遺旨、擅自為之。

> 事將發，道濟入宿領軍府。中書舍人邢安泰、潘盛為內應……景平初，（徐佩之）以羨之秉權，頗豫政事。與王韶之、程道惠、中書舍人邢安泰、潘盛相結黨與。（《徐羨之列傳》5/43/1331、1335）

在廢黜劉氏兄弟之後，徐傅謝又準備殺死他們，以絕後患。這引起許多「軍層」的反對。

> （蔡廓謂傅亮）：「營陽在吳，宜厚加供奉。營陽不幸，卿諸人有弒主之名，欲立於世，將可得邪。」亮已與羨之議害少帝，乃馳信止之，信至，已不及。羨之大怒曰：「與人共計議，云何裁轉背，便賣惡於人。」（《蔡廓列傳》5/57/1572）

〔註15〕《資治通鑒・宋紀一》「武帝永初三年條」載劉裕曾聽從謝晦之諫，有廢立之意。

> 皇太子多狎群小，謝晦言於上曰：「陛下春秋既高，宜思存萬世，神器至重，不可使負荷非才。」上曰：「廬陵何如？」晦曰：「臣請觀焉。」出造廬陵王義眞，義眞盛欲與談，晦不甚答。還曰：「德輕於才，非人主也。」（8/119/3743）

此外，宋文帝討伐謝晦時，謝晦上表為廢殺劉義符、劉義眞兄弟之舉辯護時說：

> 廬陵為性輕險，悌順不足，武皇臨崩，亦有口詔，比雖發自營陽，實非國禍。（《謝晦列傳》5/44/1357）

> 盧陵王義眞、少帝見害，泰謂所親曰：「吾觀古今多矣，未有受遺顧
> 託，而嗣君見殺，賢王嬰戮者也。」（《范泰列傳》6/60/1620）

其次，排斥異己，獨斷專權。

徐傅謝檀諸人有的雖從義較早、與參機密，但他們極爲迅速的陞遷，難
免引起其他「軍層」的忌妒。國家大事完全由這幾個文士來主持，很難讓他
們心悅誠服。徐傅謝掌權後不久，朝野內外就出現了不少反對的聲音。最著
名的當屬蔡廓不拜吏部之事，見蔡廓本傳：

> （蔡廓）遷司徒左長史，出爲豫章太守，徵爲吏部尚書。廓因北地
> 傅隆問亮：「選事若悉以見付，不論；不然，不能拜也。」亮以語錄
> 尚書徐羨之，羨之曰：「黃門郎以下，悉以委蔡，吾徒不復厝懷；自
> 此以上，故宜共參同異。」廓曰：「我不能爲徐干木署紙尾也。」遂
> 不拜。干木，羨之小字也。選案黃紙，錄尚書與吏部尚書連名，故
> 廓云「署紙尾」也。羨之亦以廓正直，不欲使居權要。徙爲祠部尚
> 書。（5/57/1572）

史載蔡廓「年位並輕，而爲時流所推重」，劉裕認爲其「可平世三公。」〔註16〕
可見是個聲譽甚高之人，大概徐傅謝也正是看重他名望重而資歷輕的特點，
認爲既容易操縱，又可受到延攬賢才的美譽，不料卻碰了釘子。正如上述，
所謂「選錄同體」，就是指錄尚書事與吏部尚書共同掌有人事任免大權。而且，
錄尚書事由於大多以高官兼領，位居宰相之職，因此權力更大。所以徐羨之
有「黃門郎以下，悉以委蔡，吾徒不復厝懷；自此以上，故宜共參同異」之
語。可見蔡廓的要求確實有些過分，強人所難。對於蔡廓不爲吏部之事，《宋
書》給予這樣的評論：

> 及其固辭銓衡，恥爲志屈，豈不知選錄同體，義無偏斷乎。良以主
> 暗時難，不欲居通塞之任也。（5/57/1585）

可見史臣也認爲蔡廓不爲吏部，很大程度上爲了避免與顧命大臣共擔廢殺之
罪責。蔡廓求專斷領選而不果，改用之人爲王惠。王惠雖然應召，但他的所
爲也同樣表示了與徐傅的不合作態度。史載：

> 少帝即位，以蔡廓爲吏部尚書，不肯拜，乃以惠代焉。惠被召即拜，
> 未嘗接客，人有與書求官者，得輒聚置閣上，及去職，印封如初時。
> 談者以廓之不拜，惠之即拜，雖事異而意同也。（《王惠列傳》

〔註16〕《蔡廓列傳》1573）

5/58/1590）

因各種矛盾而遭到顧命大臣排擠的「軍層」，還有以文學著稱的顏延之、謝靈運。

> 尚書令傅亮自以文義之美，一時莫及，延之負其才辭，不爲之下，亮甚疾焉。盧陵王義眞頗好辭義，待接甚厚，徐羨之等疑延之爲同異，意甚不悦。少帝即位，以爲正員郎，兼中書，尋徙員外常侍，出爲始安太守。（《顏延之列傳》7/73/1892）

> 盧陵王義眞少好文籍，與靈運情款異常。少帝即位，權在大臣，靈運構扇異同，非毀執政，司徒徐羨之等患之，出爲永嘉太守。（《謝靈運列傳》6/67/1753）

再次，打破劉裕遺詔。

我們要知道，老謀深算的劉裕，早在死前，就唯恐這批居功自傲的舊臣怠慢皇權。因此才下發遺詔，力圖維持顧命大臣與劉宋皇室之間的政治平衡。

> （劉裕）爲手詔曰：「朝廷不須復有別府，宰相帶揚州，可置甲士千人。若大臣中任要，宜有爪牙以備不祥人者，可以臺見隊給之。有征討悉配以臺見軍隊，行還復舊。後世若有幼主，朝事一委宰相，母后不煩臨朝。仗既不許入臺殿門，要重人可詳給班劍。」（《武帝本紀下》3/59）

不過由於劉道憐不久即死，劉宋宗室力量寡弱，雖有劉義隆、劉義康等爲方鎮，但他們年幼，無法在面臨重大問題時，作出準確判斷。這從劉義隆面對傅亮等人迎取即位一事上猶豫不決就可看出。加之受到重用的外戚或無能或年幼，使得劉道憐死後，沒有任何力量能阻止顧命大臣爲所欲爲，連檀道濟也無法說服徐傅謝的廢殺圖謀。

於是，徐傅謝等人的謀爲自全之計大大突破了劉裕遺詔限制。景平二年，他們廢掉宋少帝劉義符後，沒有採納程道惠的建議，立表面上看利於控制的年僅 12 歲的劉裕五子義恭爲帝，而以之代劉義眞鎮南豫州，以次第立劉裕三子，西鎮江陵、擁兵上流、府佐精幹的宜都王劉義隆爲帝。同時，他們以謝晦代劉義隆爲荊州刺史，企圖控制強藩，

> 少帝既廢，司空徐羨之錄詔命，以晦行都督荊湘雍益寧南北秦七州諸軍事、撫軍將軍、領護南蠻校尉、荊州刺史，欲令居外爲援，慮太祖至或別用人，故遽有此授。精兵舊將，悉以配之，器仗軍資甚盛。（《謝晦列傳》5/44/1348）

初，晦與徐羨之、傅亮謀爲自全之計，晦據上流，而檀道濟鎮廣陵，各有強兵，以制持朝廷；羨之、亮於中秉權，可得持久。(《謝晦列傳》1358)

就在劉裕臨死前，爲了使號稱「分陝」的荊州不對京師造成威脅，曾做過一些規定：

高祖以荊州上流形勝，地廣兵強，遺詔諸子次第居之。(《武二王列傳·南郡王義宣》6/68/1798)

憑劉裕的威望以及處理刁逵、王綏、劉毅、司馬休之等人的堅決，其遺詔也應有相當的約束力，決不是可以輕易被等閒視之的，《宋書·劉延孫列傳》記載了這樣一件事：

先是高祖遺詔，京口要地，去都邑密邇，自非宗室近戚，不得居之。延孫與帝室雖同是彭城人，別屬呂縣。劉氏居彭城縣者，又分爲三里，帝室居綏輿里，左將軍劉懷肅居安上里，豫州刺史劉懷武居叢亭里，及呂縣凡四劉。雖同出楚元王，由來不序昭穆。延孫於帝室本非同宗，不應有此授。時司空竟陵王誕爲徐州，上深相畏忌，不欲使居京口，遷之於廣陵。廣陵與京口對岸，欲使腹心爲徐州，據京口以防誕，故以南徐授延孫，而與之合族，使諸王序親。(7/78/2020)

時爲宋孝武帝大明元年，公元 457 年，距劉裕之死已 30 餘年。此時，劉裕的孫子仍不敢輕易違反其遺詔，而劉駿本人又並非是一個多麼尊重劉裕的人。[註17] 可見徐傅等顧命大臣確實沒有將劉裕放在眼裏，而劉裕對他們的不信任也絕非狐疑多慮之舉。果然，顧命大臣很快便打破了劉裕的遺命。另外，此前，南徐南兗二州刺史劉道憐死後，他們立即以護軍將軍檀道濟出爲南兗州刺史，在已牢牢掌握朝政的情況下，更力圖穩固方鎮。因爲參與廢殺劉義符兄弟的五人中，除了王弘於永初元年被劉裕任命爲江州刺史之外，[註18] 甚至

[註17] 《宋書·武帝本紀下》：孝武大明中，壞上（劉裕）所居陰室，於其處起玉燭殿，與群臣觀之。床頭有土鄣，壁上掛葛燈籠、麻繩拂。侍中袁顗盛稱上儉素之德。孝武不答，獨曰：「田舍公得此，以爲過矣。」(3/60)

[註18] 劉裕本來十分青睞王弘，想以其代替劉穆之，委以臺輔之任，在遭到謝晦的反對後，以爲宋國尚書僕射，領選，位居宋國要職。孔靖雖然曾被任命爲尚書令，但他固辭不就，未見他人爲此職者。此時，王弘在劉裕心目中的地位，已經超過早期的心腹傅亮、謝晦以及建從義諸人，成爲宋國的實權人物。劉宋建立後的佐命功封，王弘又以僅次於徐羨之的次席而得縣公之封，種種迹

連建義的檀道濟也從未擔任過方鎮之職。〔註19〕而當時位居方鎮的張邵、王

象均表明，劉裕確實想、而且也一直在試圖重用王弘，但均未獲得成功。王弘雖以諷九錫之功位爲宋國諸臣之首，但卻終究以撫軍將軍出鎮江州，未能得與顧命，當是由於徐傅謝等人特別是謝晦排擠的緣故。其旁證如下：

上（劉裕）疾甚，召太子誡之曰：「檀道濟雖有干略，而無遠志，非如兄韶有難御之氣也。徐羨之、傅亮當無異圖。謝晦數從征伐，頗識機變，若有同異，必此人也。小卻，可以會稽、江州處之。」（《武帝本紀下》3/59）

世人多援引此句以證劉裕的先見之明與檀道濟的無辜、謝晦的機變。不難看出，徐傅謝檀諸人中，劉裕最不信任者，當爲謝晦。然而，在這四人中，又是謝晦在義熙中期劉裕西征司馬休之、北伐關洛等重大事件中爲劉裕出力甚多。劉穆之死，劉裕立即提拔謝晦，使其更好爲自己出力，應該說此時還是比較信任他的。爲何在數年之後，反而卻又惟獨對其放心不下呢？我認爲，最主要的原因就在於，劉穆之死後，謝晦雖官位不斷提升，但是隨著多次參與最高決策，他與劉裕意見相左之處不可避免的也越來越多。前述的阻止劉裕以王弘代劉穆之留守之任即是一例。王弘在劉宋建立後，雖得高爵，但卻被處以江州之任，顯非劉裕本意。這應是謝晦的主張，而劉裕叮囑太子謝晦多有「同異」，當是出於謝晦曾屢次阻止他自由行事的眞實感觸。還有一證。

至江陵，深結侍中王華，冀以免禍。（《謝晦列傳》5/44/1349）

照常理推測，謝晦應當多所結納宋文帝近臣才是，但他卻沒有求救於更爲劉義隆所信用的王弘、王曇首兄弟。可見謝晦與他們的矛盾確非一般，很難調和，故此只得拉攏曾遭自己錯封的王華。無獨有偶，傅亮在遭到劉義隆對廢殺兄長的置疑後，深恐不測，於是

布腹心於到彥之、王華等，深自結納。（《傅亮列傳》5/43/1337）

有不祥預感的傅亮、謝晦，不約而同的將免禍的希望寄託在到彥之、王華的身上，而均沒有選擇王弘、王曇首兄弟，這只能說明王弘、王曇首兄弟與他們的關係並不好，使得他們無法求助。

〔註19〕道濟能被執掌中樞的徐傅謝拉攏參與廢立，除了他以外戚、建義武人的身份參與顧命外，恐怕還有他因。檀道濟曾歷任劉義符府佐（兩度爲西中郎司馬、征虜司馬，宋國建，爲世子中庶子。），應該說如果劉義符即位他最有可能飛黃騰達。而一旦故主遭到廢黜，即使不受牽連，也勢必會影響到仕途。劉裕大概是出於爲太子計的緣故，在即位之後，即以檀道濟爲護軍將軍，直至永初三年三月，檀以鎮北將軍、南兗州刺史出鎮廣陵。三月，刁彌與刁雍企圖攻佔廣陵、京口這兩個劉裕賴以起家、造宋的大本營，威脅劉宋穩定。劉裕以檀出鎮，乃是出於不得已。而且，直到劉裕死，護軍將軍一直未授予他人，很可能是劉裕還想利用檀道濟「先朝舊將，威服殿省」。（《徐羨之列傳》5/43/1331）五月，劉裕死，六月，劉道憐死。傅亮以中書監領護軍將軍（此據萬表）。休戚與共的主僚關係、使得徐傅謝等人投鼠忌器，不得不與檀道濟謀議廢立之事。檀道濟果然並不同意。

徐羨之將廢廬陵王義眞，以告道濟，道濟意不同，屢陳不可，不見納。羨之等謀欲廢立，諷道濟入朝：既至，以謀告之。（《檀道濟列傳》5/43/1343）

史雖未明載檀道濟反對廢劉義符，但從其在劉義眞問題上的堅定態度來看，應也大致相同。即使檀道濟在劉義符廢立問題上沒有表現出異議，那也應

仲德等人的資歷都要高於徐傅謝三人，他們的驟升，主要是靠為劉裕代晉而前後奔走的「造宋」之功。這種做法使得那些憑藉武功而進、陞遷緩慢的「軍層」元老很容易對這批後來居上的文士產生不滿。他們只有掌握一定的方鎮勢力，才可能維持在建康的利益。不過此舉也很容易被人利用，結果劉義隆成功將其分化、瓦解，輕鬆解決了貌似強大的顧命集團，皇權得以重振。

這幾個顧命大臣，在劉裕「軍層」中，資歷、門第、位望均無超人之處，只是在義熙末年特別是宋國立後為造宋出力較多，才得顧命重任，劉裕生前，眾人當然不敢有什麼異議，但劉裕一死，其所設想的政治格局便受到了那些倍覺冷落的眾「軍層」的置疑與挑戰。此時，昔日不可一世的顧命大臣終於知道了位在人下時的人情冷暖、世態炎涼。

> （傅亮）見世路屯險，著論名曰《演慎》……少帝失德，內懷憂懼，作《感物賦》以寄意焉。（《傅亮列傳》5/43/1338～1339）

> 悲人道兮，悲人道之實難。哀人道之多險，傷人道之寡安。懿華宗之冠冑，固清流而遠源。樹文德於庭戶，立操學於衡門。應積善之餘祐，當履福之所延。何小子之凶放，實招禍而作愆。值革變之大運，遭一顧於聖皇。參謀猷於創物，贊帝制於宏綱。出治戎于禁衛，入關言於帷房。分河山之珪組，繼文武之龜章。稟顧命於西殿，受遺寄於御床。（《謝晦列傳》5/44/1359）

> 世基，絢之子也，有才氣。臨死為連句詩曰：「偉哉橫海鱗，壯矣垂天翼。一旦失風水，翻為螻蟻食。」晦續之曰：「功遂侔昔人，保退無智力。既涉太行險，斯路信難陟。」（《謝晦列傳》5/44/1361）

這些詩文，正是宋初政局風雲變幻的真實寫照。

第四節　元嘉政治法制化與「軍層」

自晉末以來，政綱弛紊，政治秩序一片混亂。劉裕曾在晉末宋初進行了多次改革，力圖矯正時弊、撥亂反正。但是，劉裕在位時間甚短，他的執政理念並不是由他或他的顧命大臣完成的，而是由並不受寵的三子劉義隆來實現。

首先，選拔、任用「軍層」中較為年輕、有治世才幹者。

該是因為曾遭碰壁，知其不可而不為的緣故。而檀道濟在顧命大臣中所處的尷尬無權地位，正是由於喪失了控制京師的能力，雖身為武將，仍只得任人擺佈。

　　我們從兩個身處異域的軍人對劉宋政局內部新陳代謝的對話，可以窺見」
軍層」內部各種勢力在晉末劉宋前期政治中的不同命運。

> （朱修之）沒虜，亦爲燾所寵。（毛）修之相得甚歡。修之問南國當
> 權者爲誰？朱修之答云：「殷景仁。」修之笑曰：「吾昔在南，殷尚
> 幼少，我得歸靠之日，便應巾韝到門邪！」……（毛修之子）元矯
> 歷宛陵、江乘、溧陽令。〔註20〕

按毛修之隨劉裕北伐關洛，義熙十四年沒虜，其時殷景仁正爲宋國秘書郎；
朱修之滑臺失陷是在元嘉八年二月，朱修之爲毛修之所述的當權者也當在此
時或稍前。朱修之此句何意？由萬斯同《宋將相大臣年表》可知，其時劉義
康爲司徒、錄尚書事、侍中，領南徐。雖然還不是揚州刺史，但權勢絕非庶
姓可比。一再謙讓的王弘，仍以衛將軍領揚州刺史，位望極高。朱修之所言
的「南國當權者」殷景仁，卻不過是位爲三品的領軍將軍而已。〔註21〕其語

〔註20〕　《毛修之列傳》5/48/1429～1430。明人王夫之《讀通鑑論》曾對劉裕顧命有
如下論斷：

> 迨乎機變之術已窮，庸沓之人已老，然後華、曇首、殷景仁、謝弘微脫
> 穎以見。使宋之初有此數子者侍於密勿之地，晦等之惡何足以逞，而武帝亦
> 惡役役於此數人而任之乎？（2/15/417「營陽王」

　　心學大師王船山在讀《通鑑》時，與顧炎武、錢大昕、趙翼等考據家相
比，更多的從人性方面來評價史實。他認爲，如果劉裕不以缺乏機變、人才
平庸的徐傅謝等人爲顧命大臣，而代之以年富力強的「五臣」的話，那麼營
陽王劉義符就不會遭到廢殺之禍，劉裕也就沒有必要在臨死前千叮嚀萬囑咐
劉義符了。其實，王夫之所言，不過是一廂情願的假設而已。晉末宋初，儘
管政局基本爲劉裕「軍層」所控制，但是其內部矛盾錯綜複雜。毛修之對殷
景仁掌權的看法，就表明在「軍層」內部，資歷、閥閱還是很重要的。王夫
之並沒有看到這一點，所以才發出上述感慨。其實，我們不難推知，如果劉
裕眞的以年輩更輕的「五臣」爲顧命大臣的話，天下豈不大亂？開國之主劉
裕，又怎會不明白此事之利害？如果「五臣」沒有劉義隆這個皇帝作爲依靠，
又如何能與顧命大臣相抗衡？相比之下，倒是《宋書》的評論更符合事實：

> 元嘉初，誅滅宰相，蓋王華、孔甯子之力也。彼群公義雖往結，恩實今
> 疏，而任即囊權，意非昔主，居上六之窮爻，當來寵之要轍，顛覆所基，非
> 待他釁，況於廢殺之重，其隙易乘乎！夫殺人而取其璧，不知在己興累；傾
> 物而移其寵，不忌自我難持。若二子永年，亦未知來禍所止也。（6/63/1687）

〔註21〕劉湛與殷景仁之間關係的破裂，就是由劉湛認爲自己的領軍將軍一職較殷景仁
爲低之故。

> 王華既亡，曇首又卒，領軍將軍殷景仁以時賢零落，白太祖徵湛。八年，
> 召爲太子詹事，加給事中、本州大中正，與景仁並被任遇。湛常云：「今世宰
> 相何難，此政可當我南陽郡漢世功曹耳。」明年，景仁轉尚書僕射，領選護
> 軍將軍，湛代爲領軍將軍。十二年，又領詹事。湛與景仁素款，又以其建議

當另有所指，即殷景仁雖位望甚淺，但陞遷迅速，與主動求退的王弘形成鮮明對比，是正在崛起的新興勢力的典型代表。在當時人看來，劉義康作爲天子次弟，掌權合情合理。〔註22〕而王弘又是追隨劉裕多年的老部下，聲望早著。殷景仁不論是資歷還是位望都無法與二人相比，他之所以能從當時眾多的「軍層」中脫穎而出，得到宋文帝的重用，很重要的一點應該就是他出色的行政才能。

　　建議宜令百官舉才，以所薦能否爲黜陟。(《殷景仁列傳》6/63/1681)

另一被劉裕重用以輔佐幼子的劉湛亦是治國幹才。

　　父柳亡於江州，州府送故甚豐，一無所受，時論稱之。(《劉湛列傳》
　　6/69/1815)

　　人物雅俗，舉動事宜，(劉義康)莫不咨訪之(劉湛)。故前後在藩，
　　多有善政，爲遠近所稱。(《武二王列傳‧彭城王義康》6/68/1790)

劉義恭出鎮江陵，劉湛爲上佐，但二人之間有矛盾。劉義隆寫信勸劉義恭：

　　汝弱年，新涉庶務，八州殷曠，專斷事重，疇諮委仗，不可不得其
　　人，量算二三，未獲便相順許。今答湛啓，權停彼葬。頃朝臣零落
　　相繫，寄懷轉寡，湛實國器，吾乃欲引其令還，直以西夏任重，要
　　且停此事耳。汝慶賞黜罰，豫關失得者，必宜悉相委寄。(《劉湛
　　傳》6/69/1816)

其次、打擊「軍層」中的倚恃軍功、違法亂紀者。

　　琅邪王弘是個極有政治才幹之人，曾奏彈王准之放縱謝靈運而不糾，「請免所居官，以侯還散輩中。」(《王弘列傳》)也正是看重他的才幹，劉裕早在劉穆之死後，便想以他代替劉穆之的留守重任，結果爲謝晦所阻撓而未果。元嘉初年，在幫助年輕的劉義隆消滅了徐傅謝等勢力強大的舊臣後，以首要功臣而位居司徒、錄尚書事、揚州刺史之重任。其治世之才也迅速得到發揮，在八座議事，提出一系列改革弊政的措施，並且著力打擊「軍層」中的不法者。

　　(劉式之)在任贓貨狼藉，揚州刺史王弘遣從事檢校。從事呼攝吏
　　民，欲加辯覆。式之召從事謂曰：「治所還白使君，劉式之於國家粗

　　　微之，甚相感說。及俱被時遇，猜隙漸生，以景仁專管內任，謂爲間己。(《劉
　　　湛列傳》6/69/1817)
〔註22〕《王弘列傳》成粲與王弘書、《武二王列傳‧彭城王義康》扶令育上表都明顯
　　　的表達了時人對宗室與政的看法。

> 有微分，偷數百萬錢何有，況不偷邪！吏民及文書不可得。」從事
> 還具白弘，弘曰：「劉式之辯如此奔！」亦由此得停。（《劉穆之列傳》
> 5/42/1309）

劉式之係劉穆之中子，曾隨劉裕北伐關洛，封爲德陽縣五等侯，具有雙重的
「軍層」身份。不過仍遭到王弘的檢校，儘管劉式之以強硬手段逃過此劫，
但這畢竟表明，爲了重建中央的絕對權威、推行新的行政理念，以皇帝爲首
的中樞機構已經開始著力改造舊的政治秩序，「軍層」的特權逐漸受到侵奪。

　　下面，我們從與劉裕父子關係密切的「軍南高」吳郡張氏在元嘉的沉浮
升降，來分析宋文帝推行法制化對「軍層」的影響。

　　由本書附表我們可以看出，吳姓士族，特別是張氏的發展，經歷了一些
曲折，這與宋文帝劉義隆的推行法制有很大關係。

　　吳郡張氏，既是南土中的一流高門，張裕（張茂度）、張邵兄弟又都是劉
裕的重要謀臣，爲其出力不少。劉裕建義之初，由於人微位淺，擁護他的高
門並不多。正是吳郡高門張氏的投靠，使得建義眾人的位望大增。

> 武帝討玄，邵白敞表獻誠款，帝大說，命署其門曰：「有犯張廷尉者，
> 以軍法論。」後以敞爲吳郡太守。王謐爲揚州，召邵爲主簿。劉毅
> 爲亞相，愛才好士，當世莫不輻湊，獨邵不往。或問之，邵曰：「主
> 公命世人傑，何煩多問。」劉穆之聞以白，帝益親之。（《張邵列傳》
> 5/46/1393）

其後，在許多重大問題上，張邵都爲劉裕出力不少，曾大受信任。

> 及誅劉藩，邵時在西州直廬，即夜誡眾曹曰：「大軍當大討，可各修
> 舟船倉庫，及曉取辦。」旦日，帝求諸簿署，應時即至，怪問其速，
> 諸曹答曰：「昨夜受張主簿處分。」帝曰：「張邵可謂同我憂慮矣。」……
> 穆之卒，朝廷恇懼，便欲發詔以司馬徐羨之代之，邵對曰：「今誠急
> 病，任終在徐，且世子無專命，宜須北咨。」信反，方使世子出命
> 曰：「朝廷及大府事，悉咨徐司馬，其餘啓還。」武帝重其臨事不撓，
> 有大臣體。（《張邵列傳》1394）

按宋文帝劉義隆與張邵淵源甚深，張邵曾是他西鎮荊州時的上佐。當時劉義
隆只有 10 幾歲，張邵總府事，大權在握。

> 文帝爲中郎將、荊州刺史，以邵爲司馬，領南郡相，眾事悉決於邵。
> （《張邵列傳》1394）

後因遭同僚王華彈劾而去職，爲分荊新置的湘州刺史。〔註 23〕《宋書‧武帝本紀下》繫此事於永初三年二月。

> 分荊州立湘州，以邵爲刺史。將署府，邵以爲長沙内地，非用武之國，置署妨人，乖爲政要。帝從之。謝晦反，遺書要邵，邵不發函，馳使呈帝。（《張邵列傳》1394～1395）

張邵對劉裕、劉義隆父子，可謂是忠心耿耿。也正是由於張氏的傑出功績，使其成爲吳姓中的一流高門，超過了東晉建國之初的顧、紀、周等望族。但隨著政局的不斷變化，「軍層」内部分裂，一向爲劉宋宗室所倚重的吳郡張氏與宋室也出現了裂痕。僑吳不婚的社會習俗，使得吳姓高門無法與劉宋聯姻，由於缺乏婚媾這一重要的社會聯繫紐帶，吳姓高門也就成了宋文帝加強皇權的犧牲品。張氏兄弟二人在元嘉中期均遭到打擊。

> （元嘉）三年，太祖討荊州刺史謝晦，詔益州遣軍襲江陵，晦已平而軍始至白帝。茂度與晦素善，議者疑其出軍遲留，時茂度弟邵爲湘州刺史，起兵應大駕，上以邵誠節，故不加罪，被代還京師。七年，起爲廷尉，加奉車都尉，領本州中正。入爲五兵尚書，徙太常。以腳疾出爲義興太守，加秩中二千石。上從容謂茂度曰：「勿復以西蜀介懷。」對曰：「臣若不遭陛下之明，墓木拱矣。」頃之，解職還家。（《張茂度列傳》5/53/1510）

> 雍州刺史張邵以贓貨下廷尉，將致大辟，述上表陳邵先朝舊勳，宜蒙優貸，太祖手詔酬納焉。……太祖後謂邵曰：「卿之獲免，謝述有力焉」。（《謝景仁列傳附謝述》5/52/1496）〔註 24〕

〔註 23〕 關於劉宋對強藩的分割，薛軍力著有《劉宋初期對強藩的分割》一文，載《天津師大學報（社科版）》1995 年 5 期，52～57 頁。文中對從晉末劉裕當政到宋孝武帝孝建元年期間，劉宋中央對荊州、南徐兗這一西一東兩個重要強藩的分割，剖析甚詳，可以參看。但對永初三年二月這次劉裕死前的分荊置湘卻一帶而過，未能給予詳細論述。此外，薛文將義熙至孝建的 40 餘年均目之爲「劉宋初期」，似乎未妥。

　　從下文來看，劉裕以張邵爲湘州刺史，並且還企圖置軍府，可見劉裕此時是想分割宗室強藩，而委心腹「軍層」以重任。因爲荊州雖爲三子劉義隆所鎮，但義隆年幼，極易爲府佐所控制，讓心腹「軍層」鎮守方鎮，同樣可以起到藩衛京師的作用。後來，謝晦邀張邵共同起兵，張邵不應，導致東軍迅速西上。

〔註 24〕 與《謝述列傳》相比，張邵本傳中卻將此事輕描淡寫的描述爲：

　　（張邵）坐在雍州營私蓄聚，贓貨二百四十五萬，下廷尉，免官，削爵土。（1395）

然而，張邵並非完全不稱職。史載：

> 至襄陽，築長圍，修立堤堰，開田數千頃，郡人賴之富贍。（《張邵
> 列傳》1395）

劉義隆爲何對一個並非一無是處的舊僚如此大動干戈，因記載過於簡略，我
們很難弄清其內幕，但可以肯定的是，如非謝述的犯顏直諫，張邵的下場決
不會像其本傳中記述的那樣輕鬆蒙混過關。〔註25〕

　　謝述爲什麼要救張邵，史書並沒有提供給我們相關記錄。我們只好尋找
一些旁證。

> （義熙）九年，世子（劉義符）始開征虜府，補邵錄事參軍，轉號
> 中軍，遷諮議參軍，領記室……分荊州立湘州，以邵爲刺史。（《張
> 邵列傳》1394）

> 世子征虜參軍，轉主簿，宋臺尚書祠部郎，世子中軍主簿，轉太子
> 中舍人，出補長沙內史。（《謝景仁列傳附謝述》1496）

謝述、張邵二人，曾同爲劉義符的征虜、中軍兩府僚佐，共事多年。謝述之
所以能在張邵面臨危難之時挺身相救，共事一主的同僚經歷應是其主要原

對張邵差點丟掉性命一事絕口不提。

〔註25〕張邵出獄後，謝述曾對其子謝綜言：

「主上矜邵夙誠，將加曲恕，吾所啓謬會，故特見酬納耳。若此疏（指
爲張邵請命之表）迹宣佈，則爲侵奪主恩，不可之大者也。」使綜對前焚之。
（《謝景仁列傳附謝述》1496）

好像宋文帝確實只是虛張聲勢一番，以收警世之效。實則不然。謝述爲
人謙虛自退，與人無爭。這可以從他與其兄謝景仁、故主劉義康的關係中
看出。

景仁愛其第三弟魁而憎述，嘗設饌請高祖，希命魁豫坐，而高祖召述。
述知非景仁夙意，又慮高祖命之，請急不從。高祖馳遣呼述，須至乃歡。及
景仁有疾，述盡心營視，湯藥飲食，必嘗而後進，不解帶、不盥櫛者累旬，
景仁深懷感愧。（同上1496）

十七年，劉湛誅，義康外鎮，將行，歎曰：「謝述唯勸吾退，劉湛唯勸吾
進，今述亡而湛存，吾所以得罪也。」太祖亦曰：「謝述若存，義康必不至此。」
（同上1497）

由謝述的爲人處世我們不難推知，謝述與其子謝綜的對話，與其說是爲
尊者諱，倒不如說是在諄諄告誡兒子要小心事君。所謂「侵奪主恩，不可之
大者也」即是道破天機之語。可惜謝綜沒有能理解父親的苦心，最終還是因
企圖謀害宋文帝、推劉義康爲帝而死。謝述父子，一因勸劉義康遠避權寵而
爲宋文帝所追憶，一因謀立劉義康爲帝而被宋文帝所誅，人世之無常，元嘉
政治之難測，軍功受益階層的政治取向及其相應命運，均可由此窺見一斑。

因。而宋文帝大概也看出不可對盤根錯節的「軍層」勢力操之過急，於是才以「手詔酬納」，以溫和的方式平息了這次衝突。

　　儘管張氏在元嘉中期遭到了皇權的壓制，但是，由於其家族雄厚的政治、社會資本，使得在不久以後仍能得以東山再起。而顧氏等其他吳姓士族，因無人參加劉裕「軍層」，所以勢力仍舊無法與遭受打擊的張氏相比。〔註26〕

　　再次，削弱權臣、宗室，依靠寵臣、外戚，獨尊皇權。

　　自徐傅謝檀等「軍層」、劉義康諸宗室遭誅廢以來，不論是功高一時的「軍高」、「軍外高」，還是宗室，都對權勢退避三舍。

　　史書對「有富貴之願」的王華、孔甯子下場的分析，已見前述。對宗室權力的削弱，可參見第二章第二節「尚書省官員」的分析，此不贅。下面我們看一下王弘、王曇首兄弟的主動求退。

> 晦平後，上欲封曇首等，會宴集，舉酒勸之，因拊御床曰：「此坐非卿兄弟，無復今日。」時封詔已成，出以示曇首……上不能奪，故封事遂寢。時兄弘錄尚書事，又為揚州刺史，曇首為上所親委，任兼兩宮。彭城王義康與弘並錄，意常怏怏，又欲得揚州，形於辭旨。以曇首居中，分其權任，愈不悅。曇首固乞吳郡……（王弘）久疾，屢遜位，不許。義康謂賓客曰：「王公久疾不起，神州詎合臥治。」曇首勸弘減府兵力之半以配義康，義康乃悅。（《王曇首列傳》6/63/1679～1680）

不論皇帝對臣下是多麼的不放心，他都不可能大權獨攬，總是要選擇一批人士為其服務的。元嘉中期以後，宋文帝劉義隆選用的大多是「軍層」，而且，外戚在其中的比重越來越大。

> 初，劉湛伏誅，殷景仁卒，太祖委任沈演之、庾炳之、范曄等，後又有江湛、何瑀之。曄誅，炳之免，演之、瑀之並卒，至是（元嘉二十八年）江湛為吏部尚書，與湛之並居權要，世謂之江、徐焉。（《徐湛之列傳》6/71/1847）

江湛、徐湛之二人均有「軍層」、外戚雙重身份，不過，徐湛之由於曾經在宋文帝與彭城王劉義康的黨爭中倒向劉義康，如非其母會稽長公主的拼死救

〔註26〕會稽孔氏在吳姓士族中與劉裕來往最早，但是由於他對造宋並不熱心，所以既不豫佐命功封，子孫的仕途也不及張氏。參看張承宗、孫中旺《會稽孔氏與晉宋政治》，《浙江學刊》2000.5.131～135.

助，早爲劉義隆所殺。所以，他這一地位的取得，也有些曲折。

> 轉尚書僕射，領護軍將軍。時尚書令何尚之以湛之國戚，任遇隆重，
> 欲以朝政推之。凡諸辭訴，一不料省。湛之亦以《職官記》及令文，
> 尚書令敷奏出內，事無不總，令缺則僕射總任。又以事歸尚之，互
> 相推委。御史中丞袁淑並奏免官，詔曰：「令僕治務所寄，不共求體
> 當，而互相推委，糾之是也。然故事殘舛，所以致茲疑執，特無所
> 問，時詳正之。」乃使湛之與尚之並受辭訴。尚之雖爲令，而朝事
> 悉歸湛之。（《徐湛之列傳》6/71/1847）

由上述事例可見，深諳元嘉政治底蘊的何尚之與屢次觸犯皇權的徐湛之在權
力面前的那份平常心態，恰恰是迫於皇權強大的不得已之舉。而劉義隆將徐、
何二人互相退避權寵的原因歸結爲「故事殘舛」，顯然是在爲視仕途如虎的臣
下尋找託詞。

隨著諸子的成年，劉義隆也開始任用兒子出鎮，頂替諸弟。

元嘉十六年，劉義隆分割強藩，重置湘州、南豫州二鎮，以年僅 11 歲的
次子劉濬與不足 10 歲的三子劉駿出鎮。元嘉末年，又以劉濬出鎮荊州。儘管
寵臣何尚之等人反對，以爲太子次弟不宜遠出，但宋文帝卻讓其西鎮，只是
因巫蠱事發才未能成行。〔註27〕

可見，劉義隆爲鞏固統治可謂煞費苦心，而與之伴隨的是大部分「軍層」
的地位在不斷下降。

第五節　孝武政治與「軍層」

元嘉三十年，宋文帝劉義隆爲太子劉劭所殺，以劉義隆第三子劉駿爲代
表的方鎮勢力，起兵討逆，劉駿即位後，逐漸削弱宗室，任用寒人，〔註28〕
他們與「軍層」之間的矛盾不可避免。這一時期，由於處於新舊勢力交替之
際，社會階層升降幅度較大，因此，各種矛盾迅速凸顯、激化。

「軍外高」是劉裕「軍層」中勢力最強，最受皇帝青睞的一支。元嘉末年，
皇室對宗室的猜忌加深，正是軍外高在鞏固皇權的過程中不斷作用的結果。

〔註27〕《二凶列傳》8/99/2436。
〔註28〕何德章《宋孝武帝上臺與南朝寒人之得勢》，《西南師範大學學報（哲學社會
　　　　科學版）》.1990.3.73～78.

> （王曇首子王僧綽）襲封豫章縣侯，尚太祖長女東陽獻公主。……
> 元嘉末，太祖頗以後事爲念，以其年少，方欲大相付託，朝政小大，
> 皆與參焉……二凶巫蠱事泄，上獨先召僧綽具言之。及將廢立，使
> 尋求前朝舊典。劭於東宮夜饗將士，僧綽密以啓聞，上又令撰漢魏
> 以來廢諸王故事。撰畢，送與江湛、徐湛之。湛之欲立隨王誕，江
> 湛欲立南平王鑠，太祖欲立建平王宏，議久不決。誕妃即湛之女，
> 鑠妃即湛妹。（《王僧綽列傳》6/71/1850～1851）

> （宋文帝）使湛之與尚之並受辭訴。尚之雖爲令，而朝事悉歸湛
> 之。……江湛爲吏部尚書，與湛之並居權要，世謂之江、徐焉。（《徐
> 湛之列傳》6/71/1847）

但是，劉駿上臺後，開始任用自己雍州府佐，以及其他協助自己上臺之人。
在元嘉世曾佔有重要地位的「軍外高」頓覺失勢，首先反抗。

> 僧達自負才地，謂當時莫及。上初踐阼，即居端右，一二年間，便
> 望宰相。（《王僧達列傳》）7/75/1952）

只要看一下王僧達的家資，就知道這並非是癡心妄想。

王僧達父王弘是孝武帝父宋文帝清除顧命、祖劉裕造宋的功臣，加之門第
高華，是所謂「亡父亡祖，司徒司空」（《南齊書・王融列傳》）的一流高門，從
某種意義上說，他的資歷並不亞於劉駿，確非一般。與琅邪王氏其他分支相比，
其從父兄弟王僧綽，29 歲爲侍中，不論從那種角度，兩人均無太大差異。

孝武帝繼位之初，王僧達被任命爲尚書僕射，但是局勢穩定之後，其地
位很快下降，以至於竟一歲五遷。王僧達對此極爲不滿。

> 上表陳謝云：「不能因依左右，傾意權貴。」（《王僧達列傳》7/75/1954）

王僧達所言的「左右」、「權貴」，也就是那批跟隨劉駿從江州起兵，又助其打
敗其他反對勢力的方鎮舊臣。王僧達的失勢，正是受孝武帝舊臣——以雍州
勢力爲主的當權者排擠的結果。從某種程度上說，王僧達正是謝靈運、劉湛
遭遇的翻版。

> 時王弘輔政，而王華、王曇首任事居中，湛自謂才能不後之，不願
> 外出；是行也，謂爲弘等所斥，意甚不平，常曰：「二主若非代邸之
> 舊，無以至此，可謂遭遇風雲。」（《劉湛列傳》6/69/1816）

謝靈運、劉湛、王僧達三人都因蔑視皇權被誅，又同屬於「軍層」中原本地
位較高者，但卻均失勢於新朝。這是由於他們並非是現任皇帝的從龍之臣，

而是由他府輾轉而來，從而受到代邸舊臣的排斥。但仔細探究，彼此又有很大的不同。我們僅從「軍層」的角度進行分析。

> 瓊之宅與太常王僧達並門。嘗盛車服衛從造僧達，僧達不爲之禮。瓊之以訴太后，太后大怒，告上曰：「我尚在，而人皆陵我家，死後乞食矣。」欲罪僧達。上曰：「瓊之年少，自不宜輕造詣。王僧達貴公子，豈可以此事加罪！」（《后妃列傳》4/41/1287）

此例是個經常爲人所引用的極佳個案。王鏗《論南朝宋齊時期的「士庶天隔」》一文，[註29] 曾對這些史學界流傳已久的見解進行過詳盡分析，提出自己的獨到觀點。但他沒有注意到，士庶之隔的背後，還有更爲深層的因素在起著作用。按孝武帝劉駿母路淑媛，爲丹陽建康人，「以色貌選入後宮」，並沒有高貴的門第。路瓊之等人的高官顯位，是路淑媛干政的結果。

> 當軍功、門第、姻親均爲一時之秀的王僧達屢屢遭到諸如次門、武人甚至寒門的蔑視時，他戴面望天子之類的行爲也就不難理解了。
> （《南史·王弘列傳》2/21/574）

再看另一類的矛盾。

> 元兇弒立，以爲青州刺史。瑀聞問，即起義遣軍，並送資實於荊州。世祖即位，召爲御史中丞。還至江陵，值南郡王義宣爲逆，瑀陳其不可，言甚切至。義宣以爲丞相左司馬，俱至梁山。瑀猶乘其蜀中船舫，又有義宣故部曲潛於梁山洲外下投官軍。除司徒左長史。明年，遷御史中丞。瑀使氣尚人，爲憲司甚得志。彈王僧達云：「陰籍高華，人品冗末。」朝士莫不畏其筆端。尋轉右衛將軍。瑀願爲侍中，不得，謂所親曰：「人仕宦不出當入，不入當出，安能長居戶限上。」因求益州。世祖知其此意，許之。孝建三年，除輔國將軍、益州刺史。既行，甚不得意。（《劉穆之列傳附劉瑀》5/42/1310）

> 元兇弒立，以偃爲侍中，掌詔誥。時尚之爲司空、尚書令，偃居門下，父子並處權要，時爲寒心；而尚之及偃善攝機宜，曲得時譽。會世祖即位，任遇無改，除大司馬長史，還侍中，領太子中庶子。（《何偃列傳》6/59/1608）

〔註29〕《北京大學學報（哲學社會科學版）》，1993 年 2 期，54～59、69 頁。

劉瑀祖劉穆之、父劉式之均為劉裕出力，獲得封爵，而劉瑀本人也回應劉駿平叛，功績非凡。何偃不過一個趨炎附勢的小人，卻在劉駿即位不久就位在劉瑀之上了。可見政局變動之速，劉瑀的不滿也就可以理解了。

第六節　明帝政治與「軍層」

時至宋末，與劉宋聯姻的「軍次」內部發生了值得注意的一些變化，先看「軍外次」的代表高平檀氏。

在討論這一問題之前，我們還需對有關史實加以考辨。《宋書》關於高平檀氏的記載，不僅極為簡略，而且疑點甚多。

第一，韶、檀祗、檀道濟兄弟三人，雖均有傳，但是父祖名諱、位望卻無一記載，這一點與張暢等人一書二傳形成鮮明對比。〔註30〕以《宋書》史法，加之魏晉南北朝人重家世譜牒的傳統，不可能不知道高平檀氏的家世淵源。〔註31〕

第二，與劉裕有姻親的次門「軍層」，史書均記載極詳。如劉懷敬母為劉裕從母，劉遵母為劉道規從母，等等。而劉遵在《宋書》中也不過僅見於劉道規傳中而已，並無大的功績。而作為「合門從義」的高平檀氏，卻竟然父祖無聞於晉宋之世，有關聯姻也未予記入本傳，而是散見於其他紀傳。但正面的記載，並非出自《宋書》，而是見於《南齊書》：

> 元徽中，（王僧虔）遷吏部尚書。高平檀珪罷沅南令，僧虔以為征北板行參軍，訴僧虔求祿不得，與僧虔書曰：「五常之始，文武為先，文則經緯天地，武則撥亂定國。僕一門雖謝文通，乃泰武達，群從姑叔，三媲帝室，祖兄二世，糜軀奉國，而致子侄餓死草壤。去冬今春，頻荷二敕，既無中人，屢見蹉奪。經涉五朔，逾歷四晦，書牘十二，接觀六七，遂不荷潤，反更曝鰓。九流繩平，自不宜獨苦一物，蟬腹龜腸，為日已久。饑虎能嚇，人遽與肉；餓麟不噬，誰為落毛。去冬乞豫章丞，為馬超所爭；今春蒙敕南昌縣，為史僱所奪。二子勳陰人才，有何見勝。若以貧富相奪，則分受不如。身雖孤微，百世國士，姻媲位宦，亦未後物。尚書同堂姊為江夏王妃，

〔註30〕參見本章第四節注。
〔註31〕可參見第二章第三節。

檀珪同堂姑爲南譙王妃；尚書婦是江夏王女，檀珪祖姑嬪長沙景王；尚書伯爲江州，檀珪祖亦爲江州；尚書從兄出身爲後軍參軍，檀珪父釋褐亦爲中軍參軍。僕於尚書，人地本懸，至於婚宦，不肯殊絕。今通塞雖異，猶忝氣類，尚書何事乃爾見苦？泰始之初，八表同逆，一門二世，粉骨衛主，殊勳異績，已不能甄，常階舊途，復見侵抑。」（《南齊書·王僧虔列傳》2/33/593）

（檀超）解褐州西曹。嘗與別駕蕭惠開共事，不爲之下。謂惠開曰：「我與卿俱起一老姥，何足相誇？」蕭太后，惠開之祖姑；長沙王道憐妃，超祖姑也。〔註32〕（《南齊書·文學列傳·檀超》）

這個有趣的軍外次與軍外高爭勝事例提供給我們以下幾點啓示：

其一，檀珪的滿腹牢騷，使我們在饒有趣味的欣賞這一史料的同時，不

〔註32〕另可參見周一良《魏晉南北朝史箚記·〈南齊書〉札記》「檀珪家世」條（中華書局 1985 年，240 頁。）有關檀氏與劉宋聯姻還有一處史料，爲《宗室列傳·臨川烈武王道規》中的「長沙太妃檀氏」（5/51/1475），周著失考。
　　我認爲，檀氏兄弟所言，應是實情。其中，檀超是針對蕭惠開以貴戚凌人而發的牢騷，不可能拿眾所周知的假話自取其辱。而檀珪是不滿於吏部尚書王僧虔對自己的任命，上書要求以外戚身份得到更高的官職。
　　東晉南朝吏部尚書的選官、錄用權，儘管受到「選錄同體」的限制，但是，由於其位在職司，掌有最基本的用人權，因此而位居尚書之右，爲清望美職。由於它職能所在，爲吏部尚書者，其最基本的一個素質就是諳熟其時眾多的譜牒。
　　上（齊武帝）欲以高宗代晏領選，手敕問之。晏啓曰：「鸞清幹有餘，然不諳百氏，恐不可居此職。」上乃止。（《南齊書·王晏列傳》3/42/742）
　　（梁）高祖謂（徐）勉云：「江蒨資歷，應居選部。」勉對曰：「蒨有眼患，又不悉人物。」高祖乃止。（《梁書·江蒨列傳》2/21/334～335）
　　另外，東晉南朝的高門，也因爲從政的需要，大多諳熟譜學。而琅邪王氏，特別是王珣一支，是其中的佼佼者。
　　溫經略中夏，竟無寧歲，軍中機務並委珣焉。文武數萬人，悉識其面。（《晉書·王導列傳附王珣》6/65/1756）
　　宋齊二代，士庶不分，雜役減闕，職由於此。……太保王弘、領軍將軍劉湛並好其書，弘日對千客，不犯一人之諱。……齊衛將軍王儉復加去取，得繁省之衷。（《南史·王僧孺列傳》5/59/1462）
　　元嘉二十六年，徙尚書吏部郎，參掌大選。究識流品，諳悉人物，拔才舉能，咸得其分。（《王僧綽列傳》6/71/1850）
　　永明中，衛軍王儉抄次《百家譜》，與淵參懷撰定。（《南齊書·文學列傳·賈淵》3/52/907）
　　可見，鑒於王僧虔諳熟擅譜牒，即使求官心切，檀珪也不敢、不能欺瞞有司，自斷前程。

能不產生更爲深層次的思考。檀珪將自己家世與劉宋一流高門琅邪王僧虔的對比，﹝註33﹞我們看到，同爲「軍層」、外戚的高平檀氏與琅邪王氏，在劉宋前期的政局中，幾乎處於相同的位置。但是到了劉宋末期，短短數十年的時間，其地位已天地懸隔，檀珪竟然降到與名不見經傳的馬超、史偃爭官的地步。而馬超、史偃等人不見於其他史料，無論是門第還是軍功，都不可能高於檀氏。

　　其二，高平檀珪作爲「軍層」、外戚、次門的一個典型代表，其家族勢力之所以在宋末急劇衰落，主要原因應在於檀道濟被誅。

　　與此對比，一些家族，甚至「非軍層」的高門，由於與皇室的聯姻，地位卻大有提高。

　　　　瑀豪競於時，與平昌孟靈休、東海何勖等，並以興馬驕奢相尚。公
　　　　主與瑀情愛隆密，何氏外姻疏戚，莫不沾被恩紀。瑀歷位清顯，至
　　　　衛將軍。……（子何邁）尚太祖第十女新蔡公主諱英媚。邁少以貴
　　　　戚居顯官，好犬馬馳逐，多聚才力之士。有墅在江乘縣界，去京師
　　　　三十里。邁每遊履，輒結駟連騎，武士成群。（《后妃列傳·前廢帝
　　　　何皇后》4/41/1293）

────────────

﹝註33﹞案「軍層」在劉宋地位的高低，並不完全按照其在晉末反桓造宋中的功績大
　　　　小，更主要的是依靠各自在劉宋的政治地位所定，即所謂當世冠冕。朝代興
　　　　革，各有驅除，門閥大族也不例外。以往的很多針對門閥大族的研究，往往
　　　　是以凝固、靜止的眼光審視歷史，所得出的結論也就難免失實。如前人多引
　　　　《新唐書·儒學列傳中·柳沖》（18/199/5677～5678）柳沖名句以判定魏晉南
　　　　北朝300餘年間的士族高卑。唐長孺先生《士族的形成和升降》（《魏晉南北
　　　　朝史論拾遺》，中華書局1983年版，61頁）對此提出了異議，並加以闡釋，
　　　　使我們對魏晉南北朝士族的起伏升降有了一個更爲明確的認識。永嘉南渡之
　　　　後形成「王與馬，共天下」的格局，琅邪王氏得以上昇爲一流高門。但是，
　　　　其不同的分支，在不同的時期，所處的地位也不一樣。王導死後，由於皇權
　　　　的猜忌，該支勢力相對衰弱，而王導從父王正一支勢力代起，在東晉中期政
　　　　治中佔據了極爲重要的位置。東晉末年，由於與劉裕的特殊關係，使得王導
　　　　的後代得以重新振作，特別是王弘、王曇首兄弟，由於先後贏得劉裕、劉義
　　　　隆父子的信用，其支不僅在劉宋一朝獨領風騷，並且借助於皇權重振之機，
　　　　得以在頻繁的南朝更迭中仍能保持「簪纓不替」（《南史·王弘列傳》2/21/583）、
　　　　「箕裘不墜」（《南史·王曇首列傳》2/22/612），並將這種優勢維繫到了南朝
　　　　末年。反觀王導的嫡支，雖有封爵作爲護身符，但由於與劉裕「軍層」的關
　　　　係並不密切，不僅官位不顯，而且還在晉宋禪代中遭到降封的厄運，反而無
　　　　法與支庶王弘、王曇首相比。不過，限於史料的缺乏，我們對門第沉浮興衰
　　　　的判斷，不可能十分精確。

> 父曇首與王華並爲太祖所任，華子嗣人才既劣，位遇亦輕。僧綽嘗
> 謂中書侍郎蔡興宗曰：「弟名位應與新建齊，超至今日，蓋由姻戚所
> 致也。」新建者，嗣之封也。（《王僧綽列傳》6/71/1850）

按王僧綽此語，固然與其一向謙虛自退的爲人有關，但更是劉宋政治的一個
真實寫照。

　　與這些高門的優遇相比，檀珪顯然並沒有得到作爲劉宋外戚的任何好
處。南北朝時期，九品中正制仍是選官的主要途徑。家世、門第的顯赫與否，
基本上決定了入仕者的一生。高平檀氏本爲次門，其祖先的官位，據陶宗儀
《古刻叢抄》所載，曾爲郡守之職，與其門第相比，這並不差，非常符合當
時的社會狀況。以其門第而言，即使沒有外戚這一身份的蔭蔽，檀珪也照樣
能做到郡守之類的四五品官吏。檀珪儘管屢次訴求不已，才得到了安城郡丞
這樣一個偏遠地方的郡佐，應該說並沒有達到其預期目的。

　　「軍外次」在宋末的失勢，絕非僅高平檀氏一家。曾在晉末宋初顯赫一時
的下邳趙氏，在元嘉世獨領風騷的蘭陵蕭氏蕭思話一支，在宋末也均不得志。

> 復爲晉平王休祐驃騎長史，太守如故。六年，除少府，加給事中。
> 惠開素剛，至是益不得志，寺內所住齋前，有向種花草甚美，惠開
> 悉剗除，列種白楊樹。每謂人曰：「人生不得行胸懷，雖壽百歲，猶
> 爲夭也。」發病歐血，吐如肝肺者甚多。（《蕭惠開列傳》8/87/2203）

蕭惠開弟蕭惠基，也在宋齊禪代中背叛其賴以起家的劉宋皇室，成爲了蕭道
成代宋的功臣，可見伴隨著皇權的崛起，「軍層」的政治、社會地位，越來越
與其祖先的軍功無關，而是在更大程度上決定於皇權的主觀取捨。到了宋末，
劉裕軍功受益階層身上的軍功色彩已經很黯淡，最終與他們賴以發家的劉宋
一起爲歷史潮流所吞沒。不過二者之間不同的是，劉宋一去不復返，而他們
卻能改頭換面，另仕新朝。所以，如果我們放開眼光，從魏晉南北朝的歷史
來看劉裕軍功受益階層，就會發現，它雖在歷史上僅存在了 70 餘年，但其影
響卻絕不容忽視。但本書限於時間、能力，只對劉裕軍功受益階層在晉末劉
宋的發展、演變加以粗略研究，至於其他問題，只能有待於日後解決。

結　語

　　劉裕是魏晉南北朝史乃至中國古代史上一個極爲重要的歷史人物。從政治史的角度看，他是劉宋的開國皇帝，一掃東晉門閥政治格局，開創南朝皇權政治的新局面。從社會史的角度而言，協助劉裕反桓復晉、造宋代晉的軍功階層，大多數是次門，他們以軍功起家，依賴與劉宋的姻親關係，上昇爲高門，成爲其中的後進者，給門閥大族帶來了新鮮的血液，充實了它的階級基礎與社會基礎。劉裕的這兩大功績，都與因追隨他而獲益的軍功受益階層有著密不可分的關係。本書以此爲視角，提出劉裕軍功受益階層說。

　　本書通過分類型、分階段，從不同角度、運用各種方法展開研究，討論了劉裕軍功受益階層在晉末劉宋 70 餘年的發展過程，並分析了劉裕軍功受益階層由盛轉衰的原因，現將其歸納如下：

　　劉裕軍功受益階層是以京口次門爲主，在反桓復晉旗幟下組成的軍事集團。它產生於東晉門閥政治的大背景下，是諸多因素作用的結果。有一批以軍旅爲生的武人存在，和他們之間已有的良好鄉里關係，較爲接近的家世、出身，是劉裕軍功受益階層能夠形成，並得以生存、發展的社會基礎。東晉末年的紛繁政局，高門在爭權奪勢中的漸次凋謝，使得構成北府兵主力的京口次門地位逐漸提高，已呈代替高門之勢。而桓玄篡晉及其對次門武人的排擠、壓制，加速了這一過程，是劉裕軍功受益階層得以迅速形成的直接誘因。桓玄稱帝所帶來人心思晉之機，使得劉裕能趁亂起事，並拿桓玄所摒棄的晉室招牌作爲地位卑微的次門反對門閥政治的旗幟。高門的鄙薄武事，導致了他們在政治上的徹底失敗，無法與以京口次門爲代表的新興力量相抗衡。正是在上述諸多因素的綜合作用下，以劉裕爲首的京口次門勢力，一舉打破長期爲高門所盤踞的政治

舞臺，並由邊緣走到中心，開始與參國是。這是東晉後期乃至中國古代政治中極爲重要的一個事件，它標誌著新的政治格局即將形成。

晉末劉宋的 70 餘年時間裏，劉裕軍功受益階層經歷了產生、發展、高潮、衰落諸多過程，本書對劉裕「軍層」所發生的滄桑巨變採取了兩種角度的觀察方法。

首先，我們基於魏晉南北朝史料相對集中、容易搜集的優點，運用量化分析的方法，依照當時政治制度的特點，挑選出數個有代表性的官職，對相關史料進行分類、統計，從而得出較爲直觀的結論，即：在晉末劉宋的 75 年時間裏，劉裕軍功受益階層在政治中的地位、影響在晉宋之際盛極之後總體呈下降之勢，而處於其下風的宗室、「非軍層」等勢力則逐漸發展、壯大起來，成長爲新的政治力量。造成這種情況的原因在於，「軍層」內部權力之爭導致相互之間的不信任；權臣劉裕及其後繼者行政理念的改變；劉宋皇室婚媾在政治、社會生活中的影響波及劉裕軍功受益階層等等。

其次，在量化分析的基礎上，我們再以個案微觀分析、宏觀分析相結合的方法，從政治史、社會史的角度，對晉末劉宋政治、社會進行探討，以使量化分析的結果得到進一步的驗證。晉末宋初，劉裕軍功受益階層由於在反桓復晉、造宋代晉這兩大政治事件中的表現，從而使其具有獨霸政壇的地位，沒有任何一支政治勢力可以與之抗衡。剛剛完成由門閥政治向皇權政治轉化的皇權，也不得不依靠強大的「軍層」勢力穩固統治。這一點，我們既可從大量的材料統計中清晰的看出，又可通過對晉末宋初政治、社會的分析得出結論。但是，隨著政治、社會的變遷，劉裕軍功受益階層也在不斷發生著變化。劉裕死後，「軍層」中獲得劉裕信任、被委以重託的顧命大臣，廢黜了宋少帝劉義符，擁立劉裕第三子劉義隆爲帝。此時，「軍層」的地位達到了前所未有的程度，再次凌駕於皇權之上，並對剛剛從門閥政治陰影下走出的皇權構成了威脅。然而，「軍層」內部爭權奪勢的鬥爭，使得皇帝有機可乘，在其他不滿於顧命大臣專政的「軍層」幫助下，宋文帝劉義隆在上臺後不久，就成功的消滅了顧命集團，重新確立了皇帝的絕對權威。從此以後，劉裕軍功受益階層，不僅政治地位逐漸衰落，而且還受到皇權從多方面進行的壓制和打擊。特別是宗室勢力的崛起，迫使「軍層」交出已極爲有限的權力。不過，隨著皇權、宗室矛盾的增加，「軍層」中具有外戚身份者，由於與皇權的特殊關係，得到皇帝的信用，並作爲抑制宗室的武器。宋末，逐漸喪失了祖先武

勇之風的「軍層」，軍功色彩日益淡化，在蕭道成爲首的劉裕「軍晚次」、次門、寒門勢力崛起之時，不再具有獨立的政治地位、主張。劉裕軍功受益階層，除了已經消失無聞的一部分外，有的搖身一變成爲蕭齊代宋的功臣，有的則爲新政權所拋棄而退出歷史舞臺，這就是劉裕軍功受益階層的結局。

　　劉裕軍功受益階層，還對南朝政治、社會產生了深遠的影響，在齊梁佔有重要地位的許多家族，從皇族到高門大族，幾乎都與劉裕「軍層」有著千絲萬縷的聯繫。簡言之如下：

第一、對南朝政治的影響

　　南朝宋、齊、梁、陳四個朝代之中，前三個朝代的興起皆與劉裕軍功受益階層有著密不可分的聯繫。

　　劉宋建立者劉裕，本身即依靠反桓復晉、京口建義起家，成爲軍功受益階層的首領、核心。他在此基礎上，消除異己、培植親信，在造宋功臣的協助下，最終建宋代晉。江左百年的門閥政治宣告終結，皇權政治重新出現在中國歷史舞臺上。齊梁建立者蕭道成、蕭衍，與劉宋姻親蕭源之爲同宗，有的學者即將蘭陵蕭氏之所以能建立齊、梁兩個王朝的原因歸結於此。本書認爲，他們政治、社會地位在劉宋的上升，固然有作爲劉宋姻親宗人的裙帶因素，但這絕非主因，而他們在劉裕軍功受益階層中的地位，特別是宋末政治中的表現，才是導致其最終超過劉宋姻親蘭陵蕭思話一支的決定性因素。塞翁失馬，焉知非福。假如不是由於身份低微、處於下層的話，他們很難依靠武力在劉宋末年的紛亂政局中脫穎而出。下面我們就來分析一下同爲劉裕「軍層」的蘭陵蕭氏蕭源之、蕭承之、蕭順之三個分支的不同發展道路。〔註1〕

　　晉末劉裕建義之後，蕭源之由於與劉裕的特殊關係，迅速高升：

> 歷中書黃門郎，徐、兗二州刺史，冠軍將軍、南琅邪太守。（《蕭思話列傳》7/78/2011）

蘭陵蕭氏本非文學之族，蕭源之子蕭思話「年十許歲，未知書，以博誕遊邀爲事，好騎屋棟，打細腰鼓，侵暴鄰曲，莫不患毒之。」（《蕭思話列傳》），「便弓馬」、「能騎射」，未脫武人習氣。長大後，由於身份、環境的改變，「自此折節，數年中，遂有令譽。好書史，善彈琴」，「涉獵書傳，頗能隸書，解音

〔註1〕　蕭承之、蕭順之的血緣關係，可參見王仲犖《魏晉南北朝史》上冊，457頁。
　　　　蕭源之與他們的宗屬，史書中僅記爲「宗人」，其親疏未詳。

律」，〔註2〕（7/78/2011）開始步入文化士族。蕭思話這種少年習武，成年學文的轉變，恰好表明原本地位低微的「軍次」在成爲「軍外次」之後，其所表現出明顯的過渡色彩。

這還可以從他的仕途上看出。蕭思話任官30餘年，絕大部分是在宋文帝元嘉世，其時政局較爲平穩，在元嘉七年、二十七年的兩次北伐之間，有 20 年的和平時期。他雖也曾經多次擔任吏部尚書、中書令、侍中、散騎常侍等顯赫文職，但時間均很短。大部分時間，仍是擔任方鎭、禁衛之類的武將之任。〔註3〕這說明，他基本上仍屬於次門武人的範圍。不過，蕭思話一支，仍是蘭陵蕭氏中步入文化高門最早者。

（蕭介）博涉經史，兼善屬文。……性高簡，少交遊，惟與族兄琛、
從兄視素及洽、從弟淑等文酒賞會，時人以比謝氏烏衣之遊。〔註4〕
按蕭介是蕭思話之孫，可見到了齊梁之世，僅僅隔了一代人，蘭陵蕭氏政治上不僅已經由次門上昇到了高門的位置，甚至社會輿論也以其與一流高門、尤以文學著稱的陳郡謝氏相比了。蕭道成、蕭衍雖也以文學著稱，但卻沒有如此高的聲譽，而且其家族中也沒有形成蕭源之一支那樣的重文風氣。

與蘭陵蕭思話一支具有類似經歷者，還有東海徐氏、平昌孟氏等劉宋「軍外次」。

湛之善於尺牘，音辭流暢。貴戚豪家，產業甚厚。室宇園池，貴遊
莫及。伎樂之妙，冠絕一時。門生千餘人，皆三吳富人之子，姿質
端妍，衣服鮮麗。每出入行遊，塗巷盈滿，泥雨日，悉以後車載之。
太祖嫌其侈縱，每以爲言。時安成公何勗，无忌之子也，臨汝公孟
靈休，昶之子也，並各奢豪，與湛之共以肴膳、器服、車馬相尚。
京邑爲之語曰：「安成食，臨汝飾。」湛之二事之美，兼於何、孟。
勗官至侍中，追諡荒公。靈休善彈棋，官至秘書監。（《徐湛之列傳》

〔註2〕《宋書·蕭思話列傳》於一段之中，竟然有兩句話涉及同一問題，而且敘述手法、內容均大致相同，由此又可見沈約之粗略。

〔註3〕「思話宗戚令望，蚤見任待，凡歷州十二，杖節監都督九焉。」（《蕭思話列傳》7/78/2016）另可參見本書所附有關列表。

〔註4〕《梁書·蕭介列傳》（3/41/587～588）。「烏衣之遊」，語見《宋書·謝弘微列傳》：
（謝）混風格高峻，少所交納，唯與族子靈運、瞻、曜、弘微並以文義賞會。嘗共宴處，居在烏衣巷，故謂之烏衣之遊。（5/58/1590～1591
由此可見，所謂的「烏衣之遊」，並非是指純粹的遊山玩水，而是側重於詩賦吟詠的文學賞會，頗有蘭亭修禊的味道。

6/71/1844～1845）

　　才不過一代人的時光，這些曾經與劉裕京口建義、出生入死的次門武人後代，就已經完全喪失了父輩們的武勇之風，舞文弄墨、奢侈無度、縱情犬馬聲色了。由此可見，蕭思話的由武入文，絕非偶然，而是地位迅速上昇的「軍外次」在環境改變後的普遍反映。

　　蕭承之、蕭順之兩支雖也可借與蕭思話的宗人關係沾點光，但畢竟親屬較疏，在沒有合適的出頭機會情況下，不可能得到蕭思話那樣的顯位，只能擔任郡守之類的職任。長期處於方鎮、郡國守相之類的地方武職，使得他們較那些早早升入統治上層的「軍層」相比，腐化、墮落的要慢。也正因此，他們才能在戰亂頻仍的宋末以武功入仕，並改頭換面，崛起為新的政治力量。

　　蕭承之，據《南齊書‧高帝本紀上》載，從義熙中到元嘉二十四年卒的 30 年左右時間裏，曾四為郡守，這佔據了他一生中的絕大部分出仕時間。但由於「無殊勳」（校勘記【六】，1/25），其子蕭道成起家仍不顯，一直參與劉宋的討蠻及對拓跋魏的戰爭。不過，在其中積累的豐富作戰經驗，使得他能借劉宋的內爭脫穎而出。以「全國家者此公」的殊勳，與時望「軍外高」袁粲褚淵、宗室劉秉並稱為「四貴」。而變動極為劇烈的宋末社會，又使他獲得許多共同出生入死、意氣相投的武人（劉裕「軍晚次」、次門、寒門）擁戴，再加上已沒有強大皇權作為依靠的「軍外高」褚淵、王儉等人也見風使舵，主動拋棄了宋王朝，蕭道成才能順利建齊代宋，其支的政治地位開始大幅上昇。

　　蕭順之一支，與蕭承之俱以軍功仕進，由於參與蕭齊佐命，得歷侍中、領軍將軍等要職。其子蕭衍，以文學著名，為竟陵王蕭子良西邸八友之一。他的武功則往往為人忽略，其實蕭衍兄弟曾多次參與對北魏的戰爭與蕭齊的內釁。而且很顯然，他帝位的取得，完全是因為武功所致。誰的武功保持的最長，誰就有實力在動亂之世角逐權位，可能成為新的統治者。而文人化較早的家族，則不得不作壁上觀了。劉裕軍功受益階層中蘭陵蕭氏三支的不同命運，就說明了這一點。〔註5〕

第二、對南朝社會階層變遷產生的影響

　　帝王之興，各有其途。從王伊同先生的《五朝門第》所附《高門權門世

〔註5〕 還可參見相關論述：張琳《南朝時期僑居雍州的河東柳氏與京兆韋氏發展比較》，《武漢大學學報（人文社會科學版）》，2000.2.229～234.

系婚姻表》，我們可以看到，並非「軍層」的東晉高門，甚至是一流高門，在晉宋禪代之際，都難免遭到降封的厄運，而其子孫也大多不顯於世。一流高門王導、謝安之嫡系，在劉宋歷史上幾乎湮沒無聞。王導嫡支王恢，晉末僅爲游擊將軍，後代則無聞，王恢弟王偃，則由於尚宋武帝次女，其子孫竟得以三尚公主。謝安之嫡孫則不見於史書，劉裕雖以謝混兄謝澹繼安後，但在劉宋建立後即將其降封，同樣無聞於後。相反，積極爲劉裕「造宋」賣力、前後奔走的王弘、王曇首、謝景仁等非王謝嫡支之後，「莫不望塵請職，負羈先路」（5/52/1506），以劉裕軍功受益階層的身份，仍能躋身於南朝一流高門，從而鞏固了本支已漸趨衰落的優越地位。

同時，我們還要看到，劉裕軍功受益階層內部，也同樣經歷了起伏升降的過程。

晉末劉宋，劉裕「軍層」雖在政治、社會中的地位總體上不斷下降，但就「軍層」內部而言，其發展趨勢也各不相同。其中，「軍外高」、「軍外次」、「軍晚次」等幾個階層，在「軍層」中的地位一般呈不斷上昇的趨勢。「軍外高」、「軍外次」在「軍層」中比例的增加，除了身爲劉宋外戚，受其信用外，他們在宋末蕭道成崛起爲權臣、建齊代宋過程中的作用，也不可忽視。我們先看一下「軍外高」逐漸代替「軍高」、「軍次」成爲劉宋政權主要支柱的過程。

> 初，劉湛伏誅，殷景仁卒，太祖委任沈演之、庾炳之、范曄等，後又有江湛、何瑀之。曄誅，炳之免，演之、瑀之並卒，至是江湛爲吏部尚書，與湛之並居權要，世謂之江、徐焉。（《徐湛之列傳》6/71/1847）

與《宋書》相比，《通鑑》的記載更爲詳實、清晰。

> 尚帝女東陽獻公主。在吏部，諳悉人物，舉拔咸得其分。及爲侍中，年二十九，沉深有局度，不以才能高人。帝頗以後事爲念，以其年少，欲大相付託，朝政大小，皆與參焉。帝之始親政事也，委任王華、王曇首、殷景仁、謝弘微、劉湛，次則范曄、沈演之、庾炳之，最後江湛、徐湛之、何瑀之及僧綽，凡十二人。（《資治通鑑·宋紀八》元嘉二十八年條 9/126/3973）

司馬溫公的《通鑑》，一直爲學界所推崇，絕非偶然，這從上述兩條史料的對比中亦可看出。它將宋文帝先後親信的十二人分爲三組，前五人皆爲「軍高」，是元嘉初年劉義隆賴以驅除顧命大臣的「五臣」，中三人（「軍高」二，「軍南

次」一）則爲元嘉中期在劉義隆、劉義康的主相之爭前後曾爲劉義隆所親信者。而後四人（皆爲「軍層」、外戚）則爲元嘉末年爲宋文帝委任者。他們所處時代不同，功績亦各有千秋。

　　他們先後爲劉義隆所寵信正是「軍層」在元嘉世乃至劉宋一朝變遷的縮影。「五臣」屬於加入劉裕「軍層」較晚者，其爲劉裕所親信，更是始自劉裕北伐關洛之後。這一點，前面已有相關論述。宋文帝在偶然事件中成爲皇帝，這批資歷、位望均較低的「軍層」，趁機依附於皇權，元嘉初年的政局驟變，使他們贏得了宋文帝重用，以「五臣」高居其他「軍層」之上，使得佔「軍層」大多數，而且資歷較老的「軍次」失勢。元嘉後期爲宋文帝親信的四人，更是「軍外高」、「軍外次」的典型代表。他們大多依靠「軍層」身份使家族地位得以鞏固，再通過姻親關係將地位維持較長時期，成爲南朝門閥大族效法的模範。

第三、對社會風氣的影響

　　以軍功在動蕩之世取得政治、社會地位，保持家族地位不墜，成爲一條身份低微者企圖邁入上層社會的捷徑。

　　　榮祖少學騎馬及射，或謂之曰：「武事可畏，何不學書。」榮祖曰：
　　　「昔曹操、曹丕上馬橫槊，下馬談論，此於天下可不負飲食矣。君
　　　輩無自全之伎，何異犬羊乎！」（《南齊書・垣榮祖列傳》2/28/529）

垣榮祖出身垣氏，屬於劉裕「軍層」中的「軍晚次」，他正是看到了那些眾多由於喪失武幹而早早凋謝的「軍層」命運，才有如此感慨的。而「非軍層」的蕭齊功臣王敬則等人，更是對自身的發家歷程有極爲清醒的認識，所以才會對自己的武幹憐惜備至。

　　　世祖御座賦詩，敬則執紙曰：「臣幾落此奴度内。」世祖問：「此何
　　　言？」敬則曰：「臣若知書，不過作尚書都令史耳，那得今日？」（《南
　　　齊書・王敬則列傳》2/26/484-485）

　　　王敬則脫朝服袒，以絳糾髻，奮臂拍張，叫動左右。上（齊高帝）
　　　不悦曰：「豈宜三公如此。」答曰：「臣以拍張，故得三公，不可忘
　　　拍張。」（《南史・王曇首列傳附王儉》2/22/593-594）

當然也會有例外。

　　　欣泰少有志節，不以武業自居，好隸書，讀子史。年十餘，詣吏部

尚書褚淵，淵問之曰：「張郎弓馬多少。」欣泰答曰：「性怯畏馬，無力牽弓。」淵甚異之。……通涉雅俗，交結多是名素。下直輒遊園池，著鹿皮冠，衲衣錫杖，挾素琴。有以啓世祖者，世祖曰：「將家兒何敢作此舉止！」後從車駕出新林，敕欣泰甲仗廉察，欣泰停仗，於松樹下飲酒賦詩。制局監呂文度過見，啓世祖。世祖大怒，遣出外，數日，意稍釋，召還，謂之曰：「卿不樂為武職驅使，當處卿以清貫。」除正員郎。（《南齊書‧張欣泰列傳》3/51/881～882）

張欣泰為張興世子，張興世雖不屬於劉裕「軍層」，但他也是通過在孝武、明二帝時期的政治紛爭中，依靠武力，脫穎而出的社會中下層人士，是劉宋後期以軍功仕進的一個典型代表。儘管張欣泰有脫離武士行列之意，也沒有什麼軍事才幹，可是他幾乎一直擔任郡守、方鎮等地方官職，並多次出征，任「清貫」的時間極短。人們對一些地位一般的「次門」試圖上昇為文化高門的做法一般來說並不適應、認同。

綜觀劉宋一朝，「軍層」雖在政治上受到壓制，但其中地位較高者，很多能搖身一變，成為蕭齊功臣，使得家族利益在朝代更迭之際得到最大限度的保存，這是其政治、社會地位之所以能保持長久不墜的主因。賴以起家的劉宋亡後，他們仍可以在一脈相仍的南朝系統中佔據顯要地位。楊隋滅陳，統一王朝代替了劃江而治的東晉南朝政權，「金陵王氣黯然收」，北來的統治階層取代了衣冠士族的原來地位，環境陡然發生巨變。不論是在建康居住、生活了數百年的南渡冠冕大族，還是後進的武人、南人，在適合其生息、繁衍的南朝滅亡後，已不可能再如法炮製或投身軍旅、或賣主求榮等故伎，他們在隋唐大帝國中的地位，也隨著逐漸發黃的譜牒而被人漸漸遺忘了。

綜合上述，社會包容面極為廣泛的劉裕軍功受益階層，它在歷史上存在了不足百年，其產生、發展、演變的過程我們可以大致看清，但是本書對它的研究極為膚淺，尚不足以揭示其對南朝社會產生的影響及其歷史地位、意義所在，特別是從社會史方面的探討還遠遠不夠。這一切，都有待以後的更進一步研究。但可以肯定的是，劉裕「軍層」作為東晉南朝社會一個「具體而微」的縮影，具有極強的代表性，值得我們加以關注。

參考書目

（以書名拼音排序）

一、史料與古人著述

1. 《北堂書鈔》,〔隋〕虞世南撰,中國書店,1989 年據光緒十四年南海孔氏三十有三萬堂校注重刊。
2. 《初學記》,〔唐〕徐堅等撰,中華書局 1962 年版。
3. 《讀通鑒論》,〔明〕王夫之,中華書局,1975 年版（上中下三冊本）。
4. 《二十五史補編》,二十五史刊行委員會,中華書局,1955 年版（6 冊本）。
5. 《古刻叢抄》,〔元〕陶宗儀,知不足齋叢書本。
6. 《韓非子集釋》,陳奇猷校注,上海人民出版社,1974 年 7 月新 1 版（上下冊）。
7. 《後漢書》,〔宋〕范曄,中華書局點校本,1965 年 5 月第 1 版（12 冊本）。
8. 《建康實錄》,〔唐〕許嵩,中華書局點校本,1986 年第 1 版（上下冊）。
9. 《金石錄補》,〔清〕葉奕苞,行素草堂金石叢書本,光緒丁亥孟秋版。
10. 《晉書》,〔唐〕房玄齡等,中華書局點校本,1974 年 11 月第 1 版（10 冊本）。
11. 《九家舊晉書輯本》,〔清〕湯球,楊朝明校補,中州古籍出版社,1991 年 8 月版。
12. 《梁書》,〔唐〕姚思廉,中華書局點校本,1973 年 5 月第 1 版（3 冊本）。
13. 《六朝事迹編類》,〔宋〕張敦頤,張忱石點校,上海古籍出版社,1995 年版。
14. 《南朝宋·齊·梁·陳會要》,〔清〕朱銘盤撰,顧吉辰等點校,上海古籍出版社 1984 年、1986 年版。
15. 《南齊書》,〔梁〕蕭子顯,中華書局點校本,1974 年 2 月第 1 版（3 冊本）。

16. 《南史》，〔唐〕李延壽，中華書局點校本，1975 年 6 月第 1 版（6 冊本）。

17. 《廿二史考異》，〔清〕錢大昕撰，嘉定錢大昕全集本（二），江蘇古籍出版社。

18. 《廿二史劄記校證》，〔清〕趙翼，王樹民校證，中華書局 1984 年版（上下冊）。

19. 《全上古三代秦漢三國六朝文》，〔清〕嚴可均輯，中華書局，1958 年版。

20. 《日知錄》，〔清〕顧炎武著，周蘇平、陳國慶點注，甘肅民族出版社，1997 年 11 月版。

21. 《容齋隨筆》，〔宋〕洪邁，嶽麓書社，1994 年 10 月版。

22. 《三國志》，〔晉〕陳壽，陳乃乾校點，中華書局，1982 年第 2 版（5 冊本）。

23. 《史記》，〔漢〕司馬遷，中華書局點校本，1959 年 9 月第 1 版（10 冊本）。

24. 《史通》，〔唐〕劉知幾；《文史通義》，〔清〕章學誠。嶽麓書社，1993 年 10 月版。

25. 《世說新語箋疏》，〔南朝宋〕劉義慶著，〔南朝梁〕劉孝標注，余嘉錫箋疏，周祖謨等整理，上海古籍出版社，1993 年 12 月版。

26. 《水經注疏》，〔後魏〕酈道元注，〔清末〕楊守敬、熊會貞疏，段熙仲點校、陳橋驛復校，江蘇古籍出版社，1989 年版。

27. 《宋書》，〔梁〕沈約，中華書局點校本，1974 年 10 月第 1 版（8 冊本）。

28. 《太平御覽》，〔北宋〕李昉等撰，中華書局 1960 年據上海涵芬樓宋本影印本（四冊本）。

29. 《太平御覽》，〔北宋〕李昉等撰，中華書局據上海涵芬樓影印宋本複製重印本。

30. 《通典》，〔唐〕杜佑，中華書局 1988 年點校本（五冊本）。

31. 《魏書》，〔北齊〕魏收，中華書局點校本，1974 年 6 月第 1 版（8 冊本）。

32. 《文史通義》，〔清〕章學誠；《史通》，〔唐〕劉知幾。嶽麓書社，1993 年 10 月版。

33. 《文選》，〔梁〕蕭統撰，〔唐〕李善等注，上海古籍出版社，1993 年 8 月影印文淵閣四庫全書本（上下冊）。

34. 《新唐書》，〔宋〕歐陽修、宋祁，中華書局點校本，1975 年 2 月第 1 版（20 冊本）。

35. 《顏氏家訓集解》，王利器撰，中華書局，1993 年 12 月版。

36. 《藝文類聚》，〔唐〕歐陽詢等撰，汪紹楹校，上海古籍出版社 1965 年版。

37. 《資治通鑑》，〔北宋〕司馬光編著，中華書局點校本，1956 年 6 月第 1 版（20 冊本）。

二、今人論著

1. 《北大史學（3）》，北京大學歷史學系編，北京大學出版社，1996 年版。

2. 《察舉制度變遷史稿》，閻步克，遼寧大學出版社，1997 年 3 月第二版。

3. 《陳寅恪魏晉南北朝史講演錄》，萬繩楠整理，黃山書社，1987 年第 1 版。

4. 《東晉門閥政治》，田餘慶，北京大學出版社，1996 年第三版。

5. 《二十等爵制》，【日】西嶋定生著，武尚清譯，國際文化出版公司 1992 年 8 月版。

6. 《寒柳堂集》，陳寅恪，上海古籍出版社，1980 年 6 月版。

7. 《漢帝國的建立與劉邦集團──軍功受益階層研究》，李開元，生活‧讀書‧新知三聯書店 2000 年 3 月版。

8. 《漢唐外交制度史》，黎虎師，蘭州大學出版社，1998 年 4 月版。

9. 《漢唐職官制度研究》，陳仲安、王素，中華書局，1993 年版。

10. 《金明館叢稿初編》，陳寅恪，上海古籍出版社，1980 年版。

11. 《金明館叢稿二編》，陳寅恪，上海古籍出版社，1980 年版。

12. 《歷史與制度──漢代政治制度試釋》，廖伯源，香港教育圖書公司，1997 年版。

13. 《兩漢魏晉南北朝宰相制度研究》，祝總斌，中國社會科學出版社，1998 年 4 月第 2 版。《中國政治制度通史‧魏晉南北朝卷》，白鋼主編、黃惠賢著，人民出版社，1996 年版。

14. 《兩晉南朝的士族》，蘇紹興，臺灣聯經出版事業公司 1993 年版。

15. 《兩晉南朝政治史稿》，陳長琦，河南大學出版社，1992 年 1 月版。

16. 《流金集》，程應鏐，上海古籍出版社，1995 年 2 月第 1 版。

17. 《六朝的城市與社會》，劉淑芬，臺灣學生書局，1992 年版。

18. 《六朝經濟史》，許輝、蔣福亞主編，江蘇古籍出版社，1993 年版。

19. 《六朝史》，張承宗、田澤濱、何榮昌等主編，江蘇古籍出版社，1991 年版。

20. 《六朝史稿》，簡修煒、莊輝明、章義和著，華東師範大學出版社，1994 年版。

21. 《六朝史考實》，熊德基，中華書局，2000 年版。

22. 《六朝史論》，朱大渭，中華書局，1998 年版。

23. 《門閥士族與永明文學》，劉躍進，生活‧讀書‧新知三聯書店，1996 年 3 月版。

24. 《南朝五史人名索引》，張忱石，中華書局，1985 年 11 月版。

25. 《秦漢魏晉史探微》，田餘慶，中華書局，1993 年 11 月版。

26. 《日本學者研究中國史論著選譯‧第四卷‧六朝隋唐》，劉俊文主編，夏日新、韓升、黃正建等譯，中華書局，1992 年 7 月版。

27. 《日本中青年學者論中國史‧六朝隋唐卷》，劉俊文主編，上海古籍出版社，1995 年版。

28. 《三省制略論》，王素，齊魯書社，1986 年版。

29. 《士大夫政治演生史稿》，閻步克，北京大學出版社，1996 年 5 月版。

30. 《士與中國文化》，余英時，上海人民出版社 1987 年版。

31. 《隋唐制度淵源略論稿》，陳寅恪，上海古籍出版社，1982 年新 1 版。

32. 《唐代政治史述論稿》，陳寅恪撰，唐振常導讀，上海古籍出版社，1997 年 12 月版。

33. 《唐宋元明清中央與地方關係研究》，李治安主編，南開大學出版社，1996 年 1 月版。

34. 《陶淵明研究》，袁行霈，北京大學出版社，1997 年第 1 版。

35. 《魏晉南北朝經濟史》，高敏主編，上海人民出版社，1996 年（上下冊）。

36. 《魏晉南北朝史》，王仲犖，上海人民出版社，1979 年第 1 版（上下冊）。

37. 《魏晉南北朝史論》，黎虎師，學苑出版社，1999 年 7 月版。

38. 《魏晉南北朝史論叢》，唐長孺，生活‧讀書‧新知三聯書店，1958 年版。

39. 《魏晉南北朝史論叢續編》，唐長孺，生活‧讀書‧新知三聯書店，1959 年 5 月版。

40. 《魏晉南北朝史論集》，周一良，北京大學出版社，1997 年版。

41. 《魏晉南北朝史論拾遺》，唐長孺，中華書局，1983 年版。

42. 《魏晉南北朝史探索》，鄭欣，山東大學出版社，1989 年 8 月版。

43. 《魏晉南北朝史研究》，中國魏晉南北朝史學會編，湖北人民出版社，1996 年版。

44. 《魏晉南北朝史箚記》，周一良，中華書局，1985 年版。

45. 《魏晉南北朝隋唐史三論》，唐長孺，武漢大學出版社，1993 年 3 月版。

46. 《魏晉南北朝選官體制研究》，汪征魯，福建人民出版社，1995 年版。

47. 《魏晉南北朝政治制度研究》，陳琳國，臺灣文津出版社 1994 年版 。

48. 《魏晉南朝江東世家大族述論》，方北辰，臺灣文津出版社 1991 年版。

49. 《五朝門第》，王伊同，香港中文大學出版社，1975 年版（上下冊）。

50. 《中國地方行政制度史‧魏晉南北朝地方行政制度》，嚴耕望，（臺北）中央研究院歷史語言研究所專刊之四十五，1974 年再版。

51. 《中國古代都城制度史研究》，楊寬，上海古籍出版社，1993 年 12 月版。

52. 《中國歷史地圖集》第四冊，譚其驤主編，中華地圖學社，1975 年第一

版。

53. 《中國史研究的成果與展望》，東洋史學會編，中國社會科學出版社 1991 年版。

54. 《中國通史》第七冊，白壽彝總主編，上海人民出版社，1995 年版。

55. 《中國中古社會史論》，毛漢光，臺灣聯經出版事業公司，1988 年版。

56. 《中國中古政治史論》，毛漢光，臺灣聯經出版事業公司，1990 年版。

三、論文（從略）

附　錄

表一：諸　公

姓　名	身　份	官　職	任職時間		備　注
司馬遵	晉宗室	太保	405.3-408	A	死
劉毅	軍次	衛將軍、開府儀同三司。	409.1-410.5	A	貶職
王謐	軍高	侍中、領司徒	404.3-407.12	A	死
司馬德文	晉宗室	大司馬 大司馬領司徒	405.3-418.1 408.1-418.12	AB	
劉裕	軍次 〔註1〕	車騎將軍加開府儀同三司 太尉 相國	408.1-411.3 411.3-418.6 418-420	AB	
劉道憐	軍次	驃騎將軍、開府儀同三司 司空	415- 419.12-420	B	5/51/1462
傅亮	軍次	加左光祿、開府儀同三司	424.8-426.1	B	誅
王弘	軍高	衛將軍、開府儀同三司 車騎大將軍、開府儀同三司	422.1-425.8 425.8-426.1	B	

〔註1〕 劉裕的外戚身份，純粹是靠權勢強迫而來，非但不能給他帶來什麼好處，反而在他討伐司馬休之時，成爲休之所列的大罪狀。另外本書著重探討軍層在劉宋一朝的興衰演變，因此對與晉室有關的姻親不予計入。

孔季恭	軍南高	左光祿大夫加開府儀同三司	421-422 年死	B	1/56
徐羨之	軍外次	司空、錄尚書事 司徒	422.1-424.8 424.8-426.1	B	
劉道憐	宋宗室	太尉	420.-422.6	B	死
劉義眞	宋宗室	司徒 車騎、侍中、開府儀同三司	421.1-422.3 422.3-424.2	B	
劉義康	宋宗室	驃騎將軍、開府儀同三司 司徒 進位大將軍，領司徒。 以大將軍出鎮江州	425.8-432.6 429.1-439.1 439.1-440.10 440.10-445.12	BCD	426.1 改鎮荊州
王弘	軍高	司徒 衛將軍、開府儀同三司 太保	426.1-428.6 428.6-432.3 432.3-432.5	C	死
檀道濟	軍外次	征南大將軍、開府儀同三司 司空	426 432.3-436.3 誅	C	5/43/1343
劉義恭	宋宗室	征北將軍、開府儀同三司 司空領南兗州	432.6-439.1 439.1-440.10	C	5/81
王敬弘	軍高	左光祿大夫、開府儀同三司	439.1，不拜 446 年，不拜	CD	5/86
劉義恭	宋宗室	司徒、侍中領太子太傅 太尉，仍領司徒 貶驃騎將軍、開府儀同三司 大將軍	440.10-444.2 444.2-451.2 451.2-452.12 452.12-453.4	D	
劉義慶	宋宗室	衛將軍、開府儀同三司〔註2〕	441.5-	D	5/88
劉義季	宋宗室	征北大將軍、開府儀同三司	444.8-	D	5/92
劉濬	宋宗室	征北將軍、開府儀同三司	449.10-	D	5/98
劉義宣	宋宗室	征北將軍、開府儀同三司 司空 遷司徒、揚州刺史，未赴 丞相，鎮荊州	441.5- 448.6-453.1 453.1-453.5 453.5-454.2	DE	5/88

〔註2〕 衛將軍，萬表失考。

柳元景	次門〔註3〕	撫軍將軍進號撫軍大將軍開府儀同三司 驃騎將軍、開府儀同三司 左光祿大夫、開府儀同三司 驃騎大將軍、開府儀同三司	454.6-458.2，不受 461.4- 463.1-465.8	E	6/115
沈慶之	軍南次	鎮北大將軍開府儀同三司 左光祿大夫、開府儀同三司 車騎將軍、開府儀同三司	454.6- 455.2- 459.4-	E	6/115
臧質	軍外次	車騎將軍、開府儀同三司	453.4-454.2	E	
何尚之	軍外高	左光祿大夫，加開府儀同三司	458.6-460.7 薨	E	
劉義恭	宋宗室	遷太尉 拜太傅，領大司馬 太宰，領司徒。 462.5 解司徒 464.5 改領太尉	453.4-453.5 453.5-456.10 456.10-465.8	E	
劉誕	宋宗室	衛將軍、開府儀同三司 司空，鎮南徐州	453.4-453.6 455.10-459.4	E	
劉鑠	宋宗室	司空	453.5-453.7	E	鴆死
劉宏	宋宗室	衛將軍、開府儀同三司	458.2-458.3	E	死
劉褘	宋宗室	衛將軍、開府儀同三司 司空	461.8-463.10 463.10-465.12	E	6/128
劉昶	宋宗室	中軍將軍加開府儀同三司	463.10-	E	6/133
劉子尚	宋宗室	車騎將軍、開府儀同三司 司徒，兼尚書令	463.10-464.12 465.8-465.11	E	
劉子鸞	宋宗室	司徒，兼南徐州刺史	463.9-464.7	E	

〔註3〕　《宋書·柳元景列傳》載，柳元景曾祖柳卓南渡，並未提及河東柳氏爲晚渡次門。但是，韓樹峰博士在其《河東柳氏在南朝的獨特發展歷程》(《中國史研究》2000.1.45～58.)中經過詳細考證後認爲，柳氏應屬於胡亡氏亂之後的晚渡次門。依韓氏此説，則河東柳氏應爲「晚次」，不過，由於本表所涉及的人物及其相關統計甚煩，來不及一一加以改正，故仍沿用舊説。另外，本書是從軍層角度出發分析晉末劉宋政局，因此，河東柳氏不論是「晚次」還是「次門」，都沒有脱離「非軍層」這一範疇，屬於其內部問題。並不影響本書關於軍層的結論。特此説明。

劉休仁	宋宗室	驃騎將軍、開府儀同三司	465.11-465.12	E	
劉彧	宋宗室	衛將軍、開府儀同三司	465.9，尋下獄	E	
劉休祐	宋宗室	鎮軍大將軍、開府儀同三司	465.9-465.12	E	7/145
沈攸之	軍南次	征西大將軍、開府儀同三司 車騎大將軍、開府儀同三司	474.7- 477.7-	F	9/183
王僧朗	軍外高	左光祿大夫、開府儀同三司	466.1-466.2 卒	F	8/155
蔡興宗	軍外高	征西將軍、開府儀同三司	472 年，固辭	F	9/178
袁粲	軍外高	司徒	477.7-477.12	F	誅
褚淵	軍外高	衛將軍、開府儀同三司 司空	477.7-478.2 478.2-479.4	F	
王玄謨	軍晚次	車騎將軍、開府儀同三司 左光祿大夫、開府儀同三司	466.-468.2 466.9-466.11 467.5-467.7	F	8/158 卒
蕭道成	齊宗室	司空、錄尙書事 驃騎將軍、開府儀同三司 太尉 太傅，假黃鉞 相國	477.7-477.8 477.8-478.2 478.2-478.9 478.9-479.3 479.3-479.4	F	稱帝代宋
蕭賾	齊宗室	中軍大將軍、開府儀同三司	479.1-	F	10/199
劉子勳	宋宗室	車騎將軍、開府儀同三司	465.12，反	F	
劉禕	宋宗室	太尉 驃騎將軍、開府儀同三司	465.12-469.2 469.2-469.6	F	
劉休祐	宋宗室	驃騎將軍、開府儀同三司	465.12-471.2	F	誅
劉休仁	宋宗室	司徒	465.12-471.5	F	鴆死
劉休範	宋宗室	驃騎大將軍、開府儀同三司 司空 太尉	470 年，未拜 472.4-473.12 473.12-474.5	F	7/79/2045
劉休若	宋宗室	征西大將軍、開府儀同三司	471.2-	F	8/167
劉景素	宋宗室	鎮北將軍、南徐州刺史進號征北將軍、開府儀同三司	474.7-	F	9/183
劉準	宋宗室	車騎將軍、開府儀同三司	476.9-477.7	F	即位
劉秉	宋宗室	衛將軍、開府儀同三司	-477.7	F	10/194
劉燮	宋宗室	中軍將軍、開府儀同三司	478.2-	F	10/197

表二：尚書省官員

姓　名	身　份	官　　職	任職時間		備　注
孟昶	軍次	吏尚 左僕射	407-408 409-410.5	A	自殺
朱超石	軍次	尚書都官郎	412 年左右	A	5/48/1425
裴松之	軍次	尚書祠部郎	義熙初	A	6/64/1699
朱齡石	軍次	尚書都官郎	義熙初	A	5/48/1422
臧熹	軍次	尚書度支郎	義熙初	A	5/55/1544
劉穆之	軍次	尚書祠部郎	義熙初	A	5/42/1304
徐羨之	軍次	尚書左丞	義熙中	A	5/52/1500
王謐	軍高	錄尚書事	405-407.12	A	
袁湛	軍高	尚書吏部郎 左民尚書	405 年	A	5/52/1497
劉柳	軍高	右僕射	409-415.8〔註4〕	A	
何叔度	軍高	尚書	409 年	A	6/66/1733
謝混	軍高	左僕射	410-412.9	A	誅
謝景仁	軍高	吏尚	411-412	A	
王弘	軍高	尚書吏部郎中	義熙初	A	5/42/1312
范泰	軍高	度支尚書	義熙中	A	6/60/1616
褚秀之	軍高	尚書吏部郎	義熙中	A	5/52/1503
張茂度	軍南高	尚書度支郎 尚書吏部郎 五兵尚書 都官尚書	義熙初	A	5/53/1510
孔安國	南高	左僕射	406.10-408.4	A	卒
劉裕	軍次	錄尚書事	408.1-418.6	AB	

〔註4〕 萬表義熙十年（414 年）以劉柳、劉穆之並列爲右僕射，不知何據。按《資治通鑑》義熙十一年正月討司馬休之，以劉穆之兼右僕射，《宋書·劉穆之列傳》雖未載具體時間，但是從上下文義推測，應當和《通鑑》相同。可見在此前的義熙十年，劉穆之不應爲右僕射。

劉裕軍功及其受益層研究

徐豁	軍次	尚書倉部郎 尚書左丞	義熙初 晉末宋初	AB	8/92/2266
羊玄保	軍次	尚書庫部郎 尚書右左丞 尚書吏部郎 都官尚書	義熙初 424 年 元嘉初	AB	5/54/1534
荀伯子	軍高	尚書祠部郎 尚書左丞	義熙初 宋初	AB	6/60/1627
孔琳之	軍南高	尚書左丞 尚書吏部郎 祠部尚書	義熙初 -410 年 宋初	AB	5/56/1561
劉裕	軍外次	錄尚書事	408.1-418.6	AB	
王准之	軍高	尚書中兵郎 尚書左丞 都官尚書 吏部尚書	義熙初 426- 426-427	ABC	6/60/1624
王韶之	軍高	尚書祠部郎 祠部尚書	義熙中 433 年	AC	6/60/1625
劉穆之	軍次	吏尚 左僕射領選	412- 415.8-	B	
劉懷慎	軍次	五兵尚書	421	B	5/45/1375
傅亮	軍次	僕射 尚書令	421.1-422.6 422.6-	B	
阮長之	軍次	尚書殿中郎	宋初	B	8/92/2268
阮萬齡	軍次	左民尚書	宋初	B	8/93/2283
劉道濟	軍次	尚書起部郎	宋初	B	5/45/1380
顏延之	軍次	尚書儀曹郎	宋武帝世	B	7/73/1892
徐羨之	軍次	尚書祠部郎 吏尚	義熙初 417-420	B	5/43/1329
劉柳	軍高	尚書令	415.8-416.6	B	卒
謝景仁	軍高	右僕射、左僕射	415-416〔註5〕	B	卒

〔註5〕 萬表，謝景仁死於義熙十一年（415年），此據《宋書·謝景仁列傳》校勘記【六】。

—124—

江夷	軍高	度支尚書 吏部尚書	420 年	B	5/53/1525
王敬弘	軍高	吏尚	422	B	
江秉之	軍高	尚書都官郎	422 年	B	8/92/2269
劉湛	軍高	尚書吏部郎	423 年	B	6/69/1816
蔡廓	軍高	祠部尚書	423 年左右	B	5/57/1572
殷穆	軍高	五兵尚書	晉末、宋初	B	6/59/1597
王惠	軍高	尚書	義熙末	B	5/58/1590
庾登之	軍高	尚書左丞 尚書吏部郎	義熙末	B	5/53/1515
謝弘微	軍高	尚書吏部郎	元嘉初	B	5/58/1592
袁湛 〔註6〕	軍高	僕射	415-418.12	B	卒
陸仲元	軍南高	尚書吏部郎	宋初	B	5/53/1510
徐羨之	軍外次	僕射 尚書令 錄尚書事	418.12-421.1 421.1-422.1 422.1-426.1	B	
杜驥	軍晚次	尚書都官郎	宋初	B	6/65/1721
劉義慶	宋宗室	度支尚書	元嘉初	B	5/51/1475
傅隆	軍次	尚書祠部郎 尚書左丞 左民尚書	宋初 元嘉中	BC	5/55/1550
鄭鮮之	軍次	都官尚書 尚書右僕射	宋初 426-427 年卒	BC	6/64/1698
王惠	軍高	吏尚	422-426	BC	卒
范曄	軍高	尚書外兵郎 尚書吏部郎	宋初 元嘉中	BC	6/69/1819
庾炳之	軍高	尚書度支郎 尚書吏部郎 吏部尚書	424 年 440 年 448.6-449.3	BCD	5/53/1516

〔註6〕據《宋書・謝景仁列傳》，劉義眞妻謝景仁女，事在義熙十二年景仁卒前。而劉義隆與劉義眞同歲，按照劉裕以姻親自固的心理，其與袁湛庶女的婚姻當大體同時。

顧琛	南高	尚書庫部郎 五兵尚書 都官尚書	元嘉初 454 年 462 年	BE	7/81/2076
孔默之	次門	尚書右丞〔註7〕	元嘉初	C	5/42/1318
顏竣	軍次	尚書令	元嘉中	C	7/75/1959
劉延孫	軍次	尚書都官郎	元嘉中	C	7/78/2018
劉秀之	軍次	尚書中兵郎	元嘉中	C	7/81/2073
王弘	軍高	錄尚書事	426.1-429.1	C	
王敬弘	軍高	左僕射	426.2-427 428-429	C	
江夷	軍高	吏尚 右僕射	427-428 429.4-431.3	C	
殷景仁	軍高	僕射	432.7-440.11	C	卒
何尚之	軍高	尚書吏部郎 祠部尚書		C	6/66/1733
沈亮	軍南次	尚書都官郎	元嘉中	C	8/100/2451
陸子真	軍南高	尚書三公郎	426 年	C	6/64/1699
王練	軍外高	度支尚書	元嘉中-436〔註8〕	C	5/42/1323
江湛	軍外高	尚書吏部郎	元嘉中	C	6/71/1848
王仲德	軍晚次	尚書	-432 年	C	5/81
陸徽	南高	尚書都官郎	元嘉中	C	8/92/2267
劉義康	宋宗室	錄尚書事	429.1-440.10	C	
劉義慶	宋宗室	左僕射	429.4-432.6	C	
劉義融	宋宗室	五兵尚書	-440.10	C	5/51/1467
王球	軍高	吏尚 僕射	435-440.11 440.12-441.11	CD	卒
沈懷文	南次	尚書殿中郎 尚書吏部郎	元嘉中 458 年	CE	7/82/2102
何承天	軍次	尚書殿中郎兼左丞	元嘉中	D	6/64/1704
沈演之	軍南次	吏尚	448.6-449.3	D	卒

〔註7〕 6/64/1699 亦是，而 5/79 爲「尚書左丞」。
〔註8〕 萬表繫王練爲侍中於 436～437 年，據《宋書》，王練爲尚書在侍中前。

沈演之	軍南次	尚書吏部郎	元嘉中	D	6/63/1685
孔靈符	軍南高	尚書吏部郎	元嘉末	D	5/54/1532
孟顗	軍外次	僕射 左僕射	441-445.7 445.7-446.1	D	
蕭思話	軍外次	吏尚	449.-450.2	D	
徐湛之	軍外次	僕射	451.5-453.2	D	誅
臧凝之	軍外次	尚書右丞〔註9〕	元嘉末	D	5/55/1547
袁淑	軍外高	尚書吏部郎	449-	D	6/70/1835
王僧綽	軍外高	尚書吏部郎	449-451 年	D	6/71/1850
江湛	軍外高	吏尚	450.2-453.2	D	誅
褚湛之	軍外高	左民尚書	元嘉末	D	5/52/1506
袁顗	軍外高	尚書都官郎	元嘉末	D	7/84/2148
殷沖	軍外高	尚書吏部郎 度支尚書	元嘉中 -453 年	D	6/59/1598 9/99/2427
劉遵考	宋宗室	五兵尚書	444 年後	D	5/51/1481
顧覬之 〔註10〕	南高	尚書都官郎 尚書吏部郎 度支尚書 吏部尚書	元嘉世 457-458 年 458.6-461	D E	7/81/2079
江智淵	軍高	尚書庫部郎 尚書吏部郎	元嘉末 孝武世	DE	6/59/1609
張永	軍南高	尚書中兵郎 尚書刪定郎 尚書左丞 尚書吏部郎 度支尚書	 441 年 455 年 459 年	DE	5/53/1511
張暢	軍南高	尚書主客郎 度支左民郎 都官尚書	元嘉世 454 年	DE	6/59/1598

〔註 9〕　8/99/2428 爲「尚書左丞」。
〔註10〕　下文「顧凱之」當誤。

蕭惠開	軍外次	尚書水部郎 尚書吏部郎	元嘉末 大明中	DE	8/87/2199
沈曇慶	南次	尚書右丞 尚書吏部郎 祠部尚書	元嘉中 454 年 459 年	DE	5/54/1539
劉義恭	宋宗室	錄尚書事	440.10-454	D	E
何尚之	軍外高	吏尚 右僕射 左僕射 尚書令	440-444.2 445.7-448.9 448.9-451.5 452-455	DE	
張岱	軍南高	尚書水部郎 尚書吏部郎 度支尚書 吏部尚書	元嘉世 465 年 元徽世 477-478	DEF	齊 2/32/579 8/87/2204
柳元景	次門	尚書令	459.1-463.1 464.5-465.8	E	
顏師伯	次門	吏部尚書 右僕射	461-462 463.1-463.5 464-465	E	
朱修之	次門	左民尚書	孝武世	E	7/76/1970
徐爰	恩倖	尚書水部郎 尚書殿中郎 尚書右丞、左丞	孝建初 456 年	E	8/94/2307 7/75/1960
殷琰	高門	尚書左丞	孝武世	E	8/87/2204
劉秀之	軍次	右僕射	459.8-461.10	E	
顏竣	軍次	吏尚	454.1- 456-457.6	E	
羊希	軍次	尚書左丞	大明初	E	5/54/1536
到撝	軍次	長兼尚書左民郎	孝武世	E	齊 2/37/647
蕭巘	軍次	尚書左民郎	孝武世	E	齊 2/22/405
蔡超	軍高	尚書吏部郎	453 年	E	6/68/1799
謝莊	軍高	都官尚書	457 年	E	8/85/2172

王曇生	軍高	吏尚	462-463	E	
王瓚之	軍高	尚書〔註11〕	大明初	E	5/54/1533
荀萬秋	軍高	尚書左丞	孝武世	E	7/81/2078
王琨	軍高	尚書儀曹郎 尚書吏部郎 度支尚書	元嘉世 -456.8 465年	E	齊2/32/577 6/119
沈文秀	軍南次	尚書庫部郎	孝武世	E	8/88/2222
張暢	軍南高	吏尚 都官尚書	453.4-454.1 454	E	5/46/1399
孔覬	軍南高	尚書吏部郎	大明中	E	5/56/1565
孔淵之	軍南高	尚書比部郎	大明中	E	5/54/1534
張悅	軍南高	吏部郎	孝武世	E	6/59/1607
檀道鸞	軍外次	尚書金部郎 尚書左丞	462年	E	8/94/2309
王僧達	軍外高	右僕射	453.4-	E	
褚湛之	軍外高	右僕射 左僕射	453.6-454.5 458.2-460.5	E	
何偃	軍外高	吏尚	454- 457-458	E	
謝莊	軍外高	吏尚	454-456 458.6-463〔註12〕	E	
王僧朗	軍外高	右僕射	462.9-463.1	E	
袁粲	軍外高	吏尚	463-464	E	
袁顗	軍外高	吏尚	465.8	E	
王釗	軍外高	左民尚書	大明中	E	5/42/1323
褚淵	軍外高	吏部郎	孝武世	E	齊2/23/425
蔡興宗	軍外高	尚書吏部郎 左民尚書 吏尚	孝武世 463-465	E	5/57/1573

〔註11〕齊3/46/800爲「五兵尚書」。
〔註12〕萬表大明三年、四年、五年失載。

王玄謨	軍晚次	起部尚書	孝武世	E	7/76/1975
顧寶先	南高	尚書水部郎	大明中	E	7/81/2078
顧寶素	南高	尚書郎	孝武世	E	7/81/2077
劉宏	宋宗室	左僕射 尚書令	453.5-455.10 455.10-458.3	E	
劉恢	宋宗室	右僕射	453.7-454.2	E	誅
劉愷	宋宗室	五兵尚書	453－454 年誅	E	6/68/1808
劉延孫	宋宗室	右僕射 左僕射	454.5-455.4 461.10-462.6	E	卒
劉遵考	宋宗室	右僕射 左僕射	455.5-459.1 461.12-462.9 462.9-464.9	E	
劉彧	宋宗室	都官尚書	459-	E	
劉義恭	宋宗室	尚書令	463.12-464.5	E	
劉子尚	宋宗室	尚書令	465.8	E	
劉休祐	宋宗室	都官尚書	大明末	E	6/72/1879
劉瑽	宋宗室	尚書三公郎	大明中	E	7/81/2080
蕭惠基	軍外次	尚書水部郎 尚書左民郎 尚書吏部郎	孝武世 元徽中	EF	齊 3/46/810
王景文	軍外高	吏尚 右僕射 左僕射	464 465.8-467.5 470.6-472.2	EF	
劉善明	次門	尚書金部郎	-466.12	F	8/159
劉勔	次門	右僕射	472.4-474	F	
柳世隆	次門	右僕射	478.2-479.2	F	
劉悛	次門	尚書庫部郎	明帝世	F	齊 2/37/649
劉休	次門	尚書中兵郎	明帝世	F	齊 2/34/612
王湛	次門	尚書殿中郎 尚書左丞	明帝世	F	齊 2/34/616

劉瓛	次門	尚書祠部郎	宋末，不拜	F	齊 2/39/677
柳世隆	次門	尚書儀曹郎	泰始中	F	齊 2/24/446
王逡之	高門	尚書左丞	昇明末	F	齊 3/52/902
庾杲之	高門	尚書駕部郎	昇明中	F	齊 2/34/614
蕭赤頁	軍次	尚書庫部郎	466 年	F	齊 3/44
劉懷珍	軍次	都官尚書	478 年	F	齊 2/27/503
羊崇	軍次	尚書主客郎	明帝世	F	5/54/1538
劉靈哲	軍次	尚書直郎	宋末	F	齊 2/27/504
傅琰	軍次	尚書左民郎 尚書右丞	泰始初 元徽初	F	齊 3/53/914
殷孚	軍高	尚書吏部郎	宋末	F	6/59/1597
殷恒	軍高	度支尚書	泰始初	F	6/63/1684
謝超宗	軍高	尚書殿中郎 尚書左丞	泰始初	F	齊 2/36/636
江謐	軍高	尚書度支郎 尚書右丞 尚書比部郎 尚書左丞 尚書吏部郎	泰始初 元徽末 昇明末	F	齊 2/31/569 8/92/2270
王悅	軍　　高 〔註 13〕	吏部郎	泰始中	F	8/92/2272
張緒	軍南高	尚書倉部郎 吏部郎 祠部尚書	明帝世 元徽世	F	齊 2/33/600
張沖	軍南高	尚書駕部郎	明帝初	F	齊 3/49/853
張辯	軍南高	尚書吏部郎	明帝世	F	5/53/1515
陸慧曉	軍南高	尚書殿中郎	宋末	F	齊 3/46/805
張融	軍南高	尚書殿中郎 尚書儀曹郎	泰始初	F	齊 3/41/726

〔註13〕史未明載王悅父祖的軍功，但是，王悅父能就劉穆之求侍中，應該也是軍層。

臧潭之	軍外次	尚書吏部郎 左民尚書	明帝世 後廢帝世	F	5/55/1547
臧黂	軍外次	尚書主客郎	宋末	F	5/55/1547
檀超	軍外次	尚書度支郎 尚書殿中郎 尚書左丞	宋末	F	齊 3/52/891
褚淵	軍外高	吏尚 右僕射 尚書令	466.2-463 470 471.5-472.4 474.9-475.7	F	
蔡興宗	軍外高	右僕射	467-468.3	F	
袁粲	軍外高	僕射 尚書令	468.5-471.5 471.5-474.9 475.7-477.7	F	
王延之	軍外高	吏尚 右僕，478.2 遷左	472 477.12-479.1	F	
王僧虔	軍外高	吏尚 右僕 477.12 遷左 尚書令	475-476 476.10-478.2 478.2-479	F	
王奐	軍外高	吏尚	476-477.12	F	
何昌寓	軍外高	尚書儀曹郎	明帝世	F	齊 3/43/759
袁彖	軍外高	尚書殿中郎	宋末	F	齊 3/48/833
何恢	軍外高	都官尚書	宋末	F	4/41/1294
王奐	軍外高	祠部尚書	元徽中	F	齊 3/49/847
王儉	軍外高	吏部郎	元徽中	F	齊 2/23/434
王寬	軍晚次	都官尚書	477 年	F	10/195
垣崇祖	軍晚次	五兵尚書	宋末，不拜	F	齊 2/28/529
沈沖	南次	尚書殿中郎	明帝世	F	齊 2/34/614
丘靈鞠	南次	尚書三公郎	宋末	F	齊 3/52/890
沈憲	南次	尚書左丞	宋末	F	齊 3/53/920

丘仲起	南次	尚書儀曹郎	泰始中	F	齊 2/39/681
孔稚珪	南高	尚書殿中郎 尚書左丞	宋末	F	齊 3/48/835
陸澄	南高	尚書殿中郎 尚書左丞	泰始中	F	齊 2/39/681
虞玩之	南高	尚書起部郎 尚書右丞	泰始中 元徽中	F	齊 2/34/607
虞願	南高	尚書祠部郎	泰始中	F	齊 3/53/915
蕭道成	齊帝	左僕射 錄尚書事	476.6-477.7 477	F	
蕭頤	齊宗室	右僕射	479.1	F	
劉休仁	宋宗室	尚書令	465.12-471.5	F	鴆死
劉秉	宋宗室	吏尚 左僕射	468-469 472.11-476.6	F	
劉祇	宋宗室	都官尚書	明帝世	F	5/51/1465
劉遐	宋宗室	都官尚書	明帝世	F	5/51/1469
劉懷慰	次門	尚書駕部郎			齊 3/53/917
鄧琬	次門	尚書庫部郎	元嘉世		7/84/2129
鄭憕	軍次	尚書郎	元嘉世		6/64/1698
劉懷敬	軍次	尚書			5/47/1404
何翌之	軍高	都官尚書			6/66/1738
江概	軍高	吏部郎			6/59/1610
王曄	軍高	尚書駕部外兵郎			6/60/1626
王鴻	軍高	五兵尚書			6/63/1678
江徽	軍高	尚書都官郎	元嘉世		8/92/2270
王歆之	軍高	左民尚書	元嘉世		8/92/2270
荀赤松	軍高	尚書左丞	元嘉世		6/60/1629
王微	軍高	尚書吏部郎	元嘉世，固辭		6/62/1665
沈勃	軍南次	尚書殿中郎			6/63/1686
丘淵之	軍南次	都官尚書	元嘉世		7/81/2079

臧諶之	軍外次	尚書都官郎	元嘉世		5/55/1546
袁粲	軍外高	尚書吏部郎	元嘉世		8/89/2229
王升之	軍外高	都官尚書			6/66/1732
殷淡	軍外高	吏部郎			6/59/1598
沈榮之	南次	尚書庫部郎			7/74/1941
虞悰	南高	尚書儀曹郎			齊 2/37/654
皮沈		尚書右丞	407	A	5/43/1304
何邵之		尚書郎	義熙中	A	5/52/1500
任薈之		尚書正員郎	436	C	5/45/1385
顧仲文		尚書庫部郎	436	C	5/43/1344
徐森之		尚書金部郎	-437 年	C	5/85
何默子		尚書庫部郎	−440 年	C	6/68/1792
江奧		尚書左丞	元嘉初	C	5/42/1318
鄧胤之		吏部郎	元嘉中	C	7/84/2129
謝元		殿中郎	元嘉初	C	5/42/1319
謝元		尚書左丞	-444 年	D	6/64/1710
劉淵之		尚書水部郎	450 年	D	8/95/2352
劉伯龍		尚書左丞	-450 年	D	8/95/2351
孫沖之		尚書都官曹郎中	孝武世	E	7/74/1921
王耽之		尚書議曹郎	孝武世	E	5/57/1575
顧凱之 〔註 14〕	南高	尚書	大明初	E	5/54/1533
孫超之		尚書比部郎	466 年	F	7/84/2146
崔元孫		尚書度支郎	466 年	F	8/88/2223
庾珪之		尚書水部郎	明帝世	F	齊 2/34/617
榮彥遠		尚書右丞	明帝世	F	齊 2/34/612
孫緬		尚書左丞	宋末	F	齊 3/41/726
黃僧念		尚書左民郎	宋末	F	7/83/2125

〔註14〕當爲「顧覬之」之訛。

表三：中書省官員

姓　名	身　份	官　職	任職時間		備　注
孟懷玉	軍次	中書侍郎	408 年左右	A	
檀祗	軍次	中書侍郎	410 年	A	5/47/1416
羊徽	軍次	中書郎	412 年	A	6/62/1662
滕演	軍次	中書郎	義熙初	A	5/43/1336
謝混	軍高	中書令	404-406	A	
江夷	軍高	中書侍郎	410 年左右	A	5/53/1525
袁湛	軍高	中書令	414-415	A	
蔡廓	軍高	中書郎	義熙初	A	5/57/1570
謝瞻	軍高	中書侍郎	義熙中	A	5/56/1557
張茂度	軍南高	中書侍郎	414 年	A	5/53/1509
傅亮	軍次	中書郎 中書令 中書監	411-415 420-422.6 422.6-426.1	A B	5/43/1336
劉裕	軍次	中書監	411-419	A B	
阮長之	軍次	中書侍郎	宋初	B	8/92/2269
朱超石	軍次	中書侍郎	418 年	B	5/48/1425
顏延之	軍次	中書郎 中書侍郎	422 年 426 年	B	7/73/1892
謝晦	軍高	中書令	422.6-424.8	B	
何尚之	軍高	中書侍郎	-424 年	B	6/66/1733
殷景仁	軍高	中書侍郎	晉末	B	6/63/1681
謝靈運	軍高	中書侍郎	晉末	B	6/67/1743
王韶之	軍高	中書侍郎	義熙末	B	6/60/1625
謝述	軍外高	中書侍郎	425 年	B	5/52/1496
裴松之	軍次	中書侍郎	426 年後	C	6/64/1701
王球	軍高	中書令	432-435	C	
殷景仁	軍高	中書令	435.4-440.11	C	
荀昶	軍高	中書郎	元嘉初	C	6/60/1629
何偃	軍高	中書郎	元嘉中	C	6/59/1607
蕭思話	軍外次	中書侍郎	428 年	C	7/78/2011

袁淑	軍外高	中書侍郎	元嘉中	C	6/70/1835
劉義慶	宋宗室	中書令	431.8-432.6	C	
劉義宣	宋宗室	中書監	432.6-436.3	C	
蔡興宗	軍高	中書侍郎	元嘉末	D	5/57/1573
江智淵	軍高	中書侍郎	元嘉末	D	6/59/1609
徐湛之	軍外次	中書令	445-447.8	D	
蕭惠開	軍外次	中書侍郎	元嘉末	D	8/87/2199
何尚之	軍外高	中書令	444.2-445 459-460.7	D E	
劉宏	宋宗室	中書令 中書監	452.6-453.5 453.8-458.3	D E	
沈文季	軍南次	中書郎	465 年	E	7/77/2004
張悅	軍南高	中書郎	孝武世	E	6/59/1607
蕭思話	軍外次	中書令	453.5-454.3	E	
褚湛之	軍外高	中書令	454.5-	E	
王僧達	軍外高	中書令	458	E	
王僧虔	軍外高	中書郎	孝武世	E	齊 2/33/592
袁顗	軍外高	中書侍郎	孝武世	E	7/84/2149
褚淵	軍外高	中書郎	孝武世	E	齊 2/23/425
劉褘	宋宗室	中書令	458-459.3	E	
劉義恭	宋宗室	中書監	459.3-463.12 464.5-465.8	E	
劉昶	宋宗室	中書令	461-464.7	E	
劉祗	宋宗室	中書郎	大明中	E	5/51/1465
劉景素	宋宗室	中書侍郎	大明中，不拜	E	6/72/1861
劉秉	宋宗室	中書郎	孝武世	E	5/51/1468
王湛	次門	中書郎	明帝世	F	齊 2/34/616
蕭緬	次門	中書郎	宋末	F	齊 3/45/794
劉悛	次門	中書郎	元徽中	F	齊 2/37/650
殷瑗	高門	中書郎	465 年	F	8/87/2205
戴法興	恩倖	中書侍郎	466 年	F	8/94/2305
蕭嶷	軍次	中書郎	474 年	F	齊 2/22/405
到賁	軍次	中書郎	昇明初	F	齊 2/37/649

沈文和	軍南次	中書侍郎	477 年	F	7/74/1940
蕭惠基	軍外次	中書郎	明帝世	F	齊 3/46/810
檀超	軍外次	中書郎	宋末	F	齊 3/52/891
謝莊	軍外高	中書令	465.12-466	F	卒
蔡景玄	軍外高	中書郎	宋末	F	5/57/1585
袁粲	軍外高	中書令 中書監	466-467.5 469-470 474.9-475.7 477.7-478	F	
王景文	軍外高	中書令 中書監	470.6-471.6 471.6-472	F	
褚淵	軍外高	中書令 中書監	472.4-474.9 475.7-477.7 478.2-479	F	
王延之	軍外高	中書令	477.7-477.12	F	
褚炫	軍外高	中書侍郎	477 年	F	10/194
何戢	軍外高	中書令	478-479.3	F	
江斆	軍外高	中書郎	明帝世	F	齊 3/43/757
王蘊	軍外高	中書郎	明帝世	F	8/85/2184
何求	軍外高	中書郎	泰始中	F	齊 3/54/937
丘靈鞠	南次	中書郎	宋末	F	齊 3/52/890
虞願	南高	中書郎	明帝世	F	齊 3/53/916
孔稚珪	南高	中書郎	宋末	F	齊 3/48/835
陸澄	南高	中書郎	泰始中	F	齊 2/39/681
劉禕	宋宗室	中書監	465.12-469.2	F	
劉休範	宋宗室	中書監	469.12-470.6	F	
劉秉	宋宗室	中書令	476.6-477.7	F	
路茂之	外寒	中書侍郎	明帝初	F	4/41/1288
范述		中書郎	元嘉世		8/93/2285
顏師仲	次門	中書郎			7/77/1995
王敬弘	軍高	中書侍郎	義熙世		6/66/1730
王微	軍高	中書侍郎	元嘉世，固辭		6/62/1665
王錫	軍高	中書郎			5/42/1323
張緒	軍南高	中書郎			齊 2/33/600

張瑰	軍南高	中書郎			齊 2/24/453
殷淳	軍外高	中書侍郎	元嘉世		6/59/1597
殷沖	軍外高	中書郎	元嘉世		6/59/1598
王奐	軍外高	中書郎			齊 3/49/847
沈文叔	南次	中書郎			7/77/2004
孔覬	南高	中書侍郎	元嘉世		7/84/2154
劉凝	宋宗室	中書侍郎			6/61/1655

表四：門下省官員

姓　名	身份	官職	任職時間		備註
胡藩	軍次	員外散騎侍郎 散騎侍郎	404-411 年 411 年	A	5/49/1444
劉道憐	軍次	員外散騎侍郎 散騎常侍	404 年 414 年	A	5/51/1461
劉懷肅	軍次	通直郎	405	A	5/47/1404
劉義康	軍次	侍中	410-413 416-	A	6/68/1790
劉敬宣	軍次	散騎常侍	411 年	A	5/47/1414
滕演	軍次	黃門郎	412 年前	A	5/43/1337
毛修之	軍次	黃門侍郎	413 年	A	5/48/1428
劉簡之	軍次	通直散騎常侍	義熙初	A	5/49/1446
傅隆	軍次	員外散騎侍郎	義熙初	A	5/55/1550
徐廣	軍次	員外散騎常侍 散騎常侍	義熙初 410 年	A	5/55/1548
臧熹	軍次	員外散騎侍郎 散騎常侍	義熙初	A	7/74/1909
袁湛	軍高	侍中	409-411	A	
范泰	軍高	侍中	411-413	A	
褚秀之	軍高	侍中	412-	A	
王誕	軍高	員外散騎常侍	義熙初	A	5/52/1492

蔡廓	軍高	黃門郎	義熙初	A	5/57/1570
褚秀之	軍高	黃門侍郎	義熙中	A	5/52/1502
范泰	軍高	散騎常侍 黃門郎	義熙中	A	6/60/1616
孔靖	軍南高	侍中 散騎常侍	405-406 414 年	A	5/54/1532
謝弘微	軍高	員外散騎侍郎 通直郎 黃門侍郎	義熙初 晉末 424 年	A B	5/58/1591
荀伯子	軍高	員外散騎侍郎 散騎常侍	義熙初 宋初	AB	6/60/1627
王弘之	軍高	員外散騎常侍 通直散騎常侍	義熙初不就 427 年不就	AB	8/93/2282
王敬弘	軍高	黃門侍郎 侍中 散騎常侍	義熙中，不拜 415-417 421-422 420-426 年	A B	6/66/1730
傅亮	軍次	員外散騎侍郎 散騎侍郎 黃門侍郎 散騎常侍	405 411 424	AB	5/43/1336
鄭鮮之	軍次	員外散騎侍郎 散騎常侍	義熙初 宋初	AB	6/64/1695
宗炳	次門	通直散騎侍郎	425 年不就	B	8/93/2277
孔默之	次門	散騎常侍	元嘉初	B	8/92/2270
王歆之	次門	散騎常侍	元嘉初	B	8/92/2270
孔淳之	次門	散騎侍郎	元嘉初不就	B	8/93/2284
宗彧之	次門	員外散騎侍郎	元嘉初不就	B	8/93/2291
臧熹	軍次	侍中	418-419	B	
向靖	軍次	散騎常侍	420	B	5/45/1374
劉懷慎	軍次	散騎常侍	420	B	5/45/1375

阮萬齡	軍次	侍中	421-422	B	
顏延之	軍次	員外散騎常侍	422 年	B	7/73/1892
羊玄保	軍次	黃門侍郎 散騎常侍	424 年 454 年	B	5/54/1535
阮長之	軍次	員外散騎侍郎	宋初	B	8/92/2268
周淳	軍次	侍中	宋初	B	7/82/2089
劉式之	軍次	黃門侍郎	元嘉初	B	5/42/1309
王韶之	軍高	通直郎 黃門侍郎 侍中	415 年 419 年 422-423	B	6/60/1625
謝晦	軍高	侍中 散騎常侍	420-421 421、424 年	B	5/44/1348
謝方明	軍高	侍中	420-422.6	B	
江秉之	軍高	員外散騎侍郎	420 年	B	8/92/2269
殷穆	軍高	散騎常侍	420 年	B	6/59/1597
王准之	軍高	黃門侍郎	420 年	B	6/60/1624
王琇	軍高	侍中	423-424	B	
謝靈運	軍高	員外散騎侍郎 黃門侍郎 散騎常侍	晉末 宋初	B	6/67/1743
王茂之	軍高	員外散騎常侍	宋初	B	5/52/1504
王寂之	軍高	員外散騎侍郎	宋武帝世	B	6/60/1626
江夷	軍高	散騎常侍	元嘉初	B	5/53/1526
張茂度	軍南高	散騎常侍		B	5/53/1510
孔琳之	軍南高	侍中	417-418	B	
孔甯子	軍南高	黃門侍郎	424-425 年	B	6/63/1676
檀道濟	軍外次	散騎常侍	420	B	5/43/1342
臧質	軍外次	員外散騎侍郎	420 年	B	7/74/1910
徐羨之	軍外次	散騎常侍	424	B	5/43/1329
褚淡之	軍外高	侍中	420-421	B	

褚叔度	軍外高	散騎常侍	420 年	B	5/52/1505
謝曒	軍外高	黃門郎	-426 年誅	B	5/56/1559
杜弘文	軍晚次	員外散騎侍郎	宋初	B	8/92/2265
杜驥	軍晚次	員外散騎侍郎	宋初	B	6/65/1721
戴顒	南次	通直散騎侍郎 散騎常侍	425 年不就 438 年不就	B	8/93/2277
劉義慶	宋宗室	侍中 散騎常侍	420-424 424 年	B	5/51/1475
劉義欣	宋宗室	散騎常侍	424 年	B	5/51/1464
張敷	軍南高	員外散騎侍郎 正員郎 黃門侍郎	元嘉初 元嘉中	B C	6/62/1663
徐湛之	軍外次	員外散騎侍郎 黃門侍郎 散騎常侍 侍中	425 年，不就 元嘉中	B C	
王弘	軍高	散騎常侍 侍中	420- 426-	BC	5/42/1313
殷景仁	軍高	黃門侍郎 侍中	422 年 424-429.3	BC	6/63/1681
王華	軍高	侍中	424.8-427.5	B	C　卒
王曇首	軍高	侍中	424.8-430	B	C　卒
劉義宗	宋宗室	黃門侍郎 散騎常侍	宋初	BC	5/51/1468
何尚之	軍高	黃門侍郎 散騎常侍	元嘉初 445 年	BD	6/66/1733
申恬	軍晚次	員外散騎侍郎 通直散騎常侍	元嘉初 450 年	BD	6/65/1723
朱修之	次門	黃門侍郎	432 年	C	7/76/1970
何勗	軍次	侍中	434-435	C	
蕭承之	軍次	員外郎	元嘉中	C	齊 1/3

阮萬齡	軍次	散騎常侍	元嘉中	C	8/93/2283
王准之	軍高	侍中	425-426	C	
范泰	軍高	侍中	426-428.8	C	卒
劉湛	軍高	侍中 散騎常侍	428-429 -440	C	6/69/1818
謝弘微	軍高	侍中	429-433	C	卒
王球	軍高	侍中	430-435	C	
何尚之	軍高	侍中	435-436	C	遷丹陽尹
范晏	軍高	侍中	437	C	
劉素	軍高	黃門侍郎	－440 年	C	6/68/1792
陸仲元	軍南高	侍中〔註15〕	430-431	C	
檀植	軍外次	給事黃門侍郎	436 年誅	C	5/43/1344
傅邵	軍外次	員外散騎侍郎	元嘉中	C	5/55/1547
王孺	軍外高	侍中	433-435	C	
王練	軍外高	侍中	436-437	C	
段宏	軍晚次	散騎常侍	426	C	5/44/1352
垣遵	軍晚次	員外散騎常侍	元嘉中	C	5/49/1448
垣闐	軍晚次	員外散騎侍郎	元嘉中	C	5/49/1452
丘淵之	南次	侍中	432-433	C	
劉遵考	宋宗室	散騎常侍 侍中	432 年	C	5/51/1483
劉義賓	宋宗室	黃門郎	元嘉中	C	5/51/1470
王偃	軍外高	黃門侍郎 侍中〔註16〕 散騎常侍	 元嘉末	CD	4/41/1289
劉義恭	宋宗室	散騎常侍 侍中〔註17〕	429 年 440 年	CD	6/61/1640

〔註15〕萬表誤爲「陸仲先」。
〔註16〕萬表失考。
〔註17〕萬表失考。

劉義宣	宋宗室	散騎常侍 侍中〔註18〕	432-	CD	6/68/1798
沈慶之	軍南次	員外散騎侍郎 散騎常侍 侍中	元嘉中 453年 前廢帝世	CDE	7/77/1996
孔熙先	次門	員外散騎侍郎	-445年誅	D	6/69/1820
徐爰	恩倖	員外散騎侍郎	元嘉末	D	6/59/1599
殷孝祖	高門	員外散騎侍郎	元嘉末	D	8/86/2189
庾炳之	軍高	侍中	441-447	D	
沈演之	軍南次	侍中	443-444	D	
孔山士	軍南高	侍中	448	D	
孟顗	軍外次	侍中	440-441	D	
徐湛之	軍外次	侍中	441-444	D	遷丹陽尹
蕭思話	軍外次	侍中 散騎常侍	445年 453年	D	7/78/2014
蕭斌	軍外次	侍中	450	D	
周朗	軍外次	通直郎	元嘉末	D	5/82/2092
王僧朗	軍外高	侍中	444-445	D	
何攸之	軍外高	侍中	448-450	D	
江湛	軍外高	侍中	448-450.2	D	
褚湛之	軍外高	侍中	449-450	D	
王僧綽	軍外高	侍中	451.12-453.3	D	
王僧達	軍外高	侍中	452-453.4	D	
王錫	軍外高	員外散騎	元嘉末	D	5/42/1323
杜坦	軍晚次	散騎常侍	-446.7	D	5/94
杜琬	軍晚次	員外散騎侍郎	元嘉末	D	6/65/1722
劉義宗	宋宗室	侍中	443-444	D	
劉義季	宋宗室	散騎常侍	443年	D	6/61/1654
劉褘	宋宗室	侍中	449-451	D	

〔註18〕萬表失考。

劉渾	宋宗室	散騎常侍	元嘉末	D	7/79/2042
劉愷	宋宗室	黃門侍郎	元嘉末	D	6/68/1808
何瑀之	外高	侍中	446-449	D	卒
劉勔	次門	員外散騎侍郎 散騎常侍	元嘉末 469年	DF	8/86/2191
劉恢	宋宗室	黃門侍郎 侍中散騎常侍	元嘉末 453年	DE	6/68/1807
王僧虔	軍外高	秘書郎 黃門郎 侍中 散騎常侍	元嘉世 孝武世 463、464-465、470 元徽世	DEF	齊 2/33/592
柳元景	次門	侍中	453年	E	7/77/1988
顏師伯	次門	黃門侍郎 侍中 散騎常侍	453年 460年〔註19〕 前廢帝世	E	7/77/1992
阮韜	次門	侍中	454-455	E	
鄧琬	次門	給事黃門侍郎	463-464年	E	7/84/2130
羊戎	次門	通直郎	孝武世	E	5/54/1536
戴明寶	恩倖	員外散騎侍郎	454年	E	7/79/2043
奚顯度	恩倖	員外散騎侍郎	孝武世	E	8/94/2306
殷琰	高門	黃門侍郎	465年	E	8/87/2204
顏竣	軍次	侍中 散騎常侍	453.4-454.1 孝建初	E	7/75/1960
劉延孫	軍次 宋宗室	侍中 散騎常侍	453.4-454.5 455.10- 456年	E	7/78/2019
劉旼	軍次	黃門侍郎	大明初	E	5/54/1533
劉衍	軍次	黃門郎	大明末	E	5/42/1309
羊希	軍次	黃門郎	大明末	E	5/54/1537
蕭嶷	軍次	通直散騎侍郎	孝武世	E	齊 2/22/405
王晏	軍高	員外郎	大明末	E	齊 3/42/741

〔註19〕萬表為 456～457 年。

沈文叔	軍南次	黃門郎 侍中	景和初	E	7/77/2004
沈伯玉	軍南次	員外散騎郎	453 年	E	8/100/2465
沈僧榮	軍南次	黃門郎	景和中	E	7/77/2005
沈睦	軍南次	黃門郎 通直散騎常侍	孝武世	E	6/63/1686
沈煥	軍南次	員外散騎侍郎	孝武世	E	8/100/2447
張暢	軍南高	侍中	454-455	E	
孔覬	軍南高	散騎常侍 黃門郎	454 年 大明中	E	8/85/2178 5/56/1565
張淹	軍南高	黃門郎	454 年	E	8/89/2229
孔靈符	軍南高	侍中	-456.12	E	6/119
張悅	軍南高	侍中	461-462	E	
張浩	軍南高	黃門郎	孝武世	E	
臧敦	軍外次	黃門侍郎	453 年	E	7/74/1915
蕭惠開	軍外次	黃門侍郎 侍中	454 年 464 年	E	8/87/2199
蔡興宗	軍外高	黃門郎 侍中	 458-460	E	5/57/1573
何偃	軍外高	侍中	453-454	E	
袁粲	軍外高	侍中	453-454 457-459	E	
王景文	軍外高	散騎常侍 侍中	454 460-464	E	8/85/2178
褚湛之	軍外高	侍中	456-457 460-461	E	
何尚之	軍外高	侍中	458-459	E	
袁顗	軍外高	侍中	463-465	E	
王釗	軍外高	黃門郎〔註20〕	大明中	E	5/42/1323
沈懷文	南次	侍中	459-461	E	

〔註20〕據《宋書・何尚之列傳》（6/66/1738），王釗為黃門侍郎。

劉誕	宋宗室	侍中	453-	E	7/79/2026
劉彧	宋宗室	侍中 散騎常侍	454-456 465	E	8/152
劉褘	宋宗室	散騎常侍	454 年	E	7/79/2038
劉休仁	宋宗室	侍中 散騎常侍	457-460 460 年	E	6/72/1871
劉休祐	宋宗室	散騎常侍	457 年	E	6/72/1879
劉昶	宋宗室	散騎常侍	457 年	E	6/72/1868
劉宏	宋宗室	散騎常侍	458 年，未拜卒	E	6/72/1860
劉休若	宋宗室	散騎常侍	461 年	E	8/94/2309
劉思考	宋宗室	散騎常侍	-465 年	E	5/51/1483
劉延熙	宋宗室	黃門郎	大明中	E	6/65/1719
劉秉	宋宗室	黃門侍郎	孝武帝	E	5/51/1468
劉敬猷	宋宗室	黃門郎	孝武世	E	6/72/1858
戴法興	恩倖	員外散騎侍郎 黃門侍郎	大明初 泰始中	EF	8/94/2303
沈攸之	軍南次	員外散騎侍郎 侍中 散騎常侍	孝武世 471-472 472 年	EF	7/74/1927
張永	軍南高	黃門侍郎 散騎常侍 侍中	457 年 明帝世 472.4-	EF	5/53/1513
張岱	軍南高	黃門郎 侍中	孝武世 476.5-477	EF	齊 2/32/580
丘靈鞠	南次	員外郎 通直郎 正員郎	孝武世 明帝世 昇明中	EF	齊 3/52/889
顧覬之	南高	散騎常侍	465-466 年	EF	7/81/2081
謝莊	軍高	侍中 散騎常侍	453-454 465	EF	8/85/2177
柳世隆	次門	侍中	477-478.2	F	

劉善明	次門	散騎常侍 黃門郎	478年	F	齊 2/28/524
蕭赤斧	次門	員外郎 正員郎 黃門郎	明帝世	F	齊 2/38/664
劉悛	次門	員外郎 通直散騎侍郎 散騎侍郎 黃門郎	明帝世 元徽中 昇明世	F	齊 2/37/649
劉休	次門	員外郎 正員郎 黃門郎	明帝世 昇明中	F	齊 2/34/612
王湛	次門	正員郎 黃門郎 正員常侍	明帝世	F	齊 2/34/616
蕭景先	次門	員外郎	宋末	F	齊 2/38/661
崔慧景	次門	員外郎	泰始中	F	齊 3/51/872
王道隆	恩倖	員外散騎侍郎	466年	F	7/84/2137
阮佃夫	恩倖	黃門侍郎〔註21〕	475年	F	8/94/2315
楊運長	恩倖	員外散騎侍郎	泰始初	F	8/94/2318
李道兒	恩倖	員外散騎侍郎	泰始中	F	8/94/2316
劉亮	軍次	給事黃門侍郎	-469.6	F	8/164
蕭道成	軍次	散騎常侍	471年	F	齊 1/7
劉懷珍	軍次	給事黃門侍郎	-475.7	F	9/184
到撝	軍次	通直郎	明帝世	F	齊 2/37/648
王悅	軍高	黃門郎 侍中	 468-469	F	卒
殷恒	軍高	散騎常侍 侍中	 469	F	6/63/1684
謝超宗	軍高	正員郎 通直常侍	明帝世	F	齊 2/36/636

〔註21〕9/186為「給事黃門侍郎」。

江謐	軍高	正員郎 黃門侍郎 侍中	元徽世 477 年 477-479	F	齊 2/31/570
沈懷明	軍南次	黃門侍郎	明帝世	F	7/77/2005
沈文季	軍南次	黃門郎 散騎常侍	泰始中 元徽初	F	齊 3/44/775
張緒	軍南高	侍中 黃門郎 散騎常侍	465-467、474	F	齊 2/33/600
張瑰	軍南高	通直散騎常侍	明帝世	F	齊 2/24/453
蕭惠基	軍外次	黃門郎 侍中	明帝世 477-478	F	齊 3/46/810
檀超	軍外次	散騎常侍	宋末齊初	F	齊 3/52/891
褚淵	軍外高	侍中 散騎常侍	465-469	F	齊 2/23/425
蔡興宗	軍外高	侍中	471-472	F	
王奐	軍外高	黃門郎 侍中	473 年 元徽中	F	6/72/1870 齊 3/49/847
王延之	軍外高	侍中	476-477.7	F	
謝朏	軍外高	侍中	477-479	F	
褚賁	軍外高	黃門郎	478	F	齊 2/23/431
褚炫	軍外高	正員郎 黃門郎 侍中	明帝世 昇明初 478	F	齊 2/32/582
何戢	軍外高	黃門郎 侍中	明帝世 472-478	F	齊 2/32/583
王蘊	軍外高	黃門郎 侍中	明帝世	F	8/85/2184
何顒之	軍外高	通直散騎常侍	明帝世	F	6/66/1739
蔡約	軍外高	通直郎	宋末	F	齊 3/46/804

王繢	軍外高	黃門郎 散騎常侍	元徽中	F	齊 3/49/852
王儉	軍外高	黃門郎 侍中	元徽中 478 年	F	齊 2/23/434
杜幼文	軍晚次	黃門侍郎 散騎常侍	469 年 元徽中-477.6	F	6/65/1722 9/187
垣閬	軍晚次	散騎常侍	-473.11	F	9/181
王瞻	軍晚次	給事黃門侍郎〔註22〕	-472.2	F	8/169
王玄邈	軍晚次	散騎常侍	昇明中	F	齊 2/27/511
崔祖思	軍晚次	員外、正員郎	宋末	F	齊 2/28/517
王玄載	軍晚次	散騎常侍	宋末	F	齊 2/27/509
沈憲	南次	通直郎	明帝世	F	齊 3/53/920
顧長康	南高	散騎常侍	473.7	F	9/180
虞願	南高	通直散騎常侍 正員郎	明帝世	F	齊 3/53/915
顧琛	南高	員外散騎常侍	明帝世	F	7/81/2078
孔稚珪	南高	正員郎	宋末	F	齊 3/48/835
陸澄	南高	通直郎	泰始中	F	齊 2/39/681
虞玩之	南高	通直郎 黃門郎	泰始中 昇明中	F	齊 2/34/607
蕭嶷	齊宗室	侍中	477.7-478.2	F	
蕭長懋	齊宗室	給事黃門侍郎	-479.1	F	10/199
蕭映	齊宗室	給事黃門侍郎	昇明中	F	齊 2/35/622
蕭賾	齊宗室	黃門郎 散騎常侍 侍中	元徽中 478 年	F	齊 3/44
劉遐	宋宗室	員外散騎侍郎 黃門侍郎	明帝世	F	5/51/1469

〔註22〕齊 2/27/509 為黃門郎。

劉遵考	宋宗室	侍中	465-473	F	卒
劉韞	宋宗室	侍中 黃門郎	466-467、470 472-477 明帝初	F	5/51/1466
劉襲	宋宗室	侍中	467.3-468.7	F	
劉秉	宋宗室	侍中	469-471	F	
劉顯	宋宗室	侍中	475-476	F	
劉述	宋宗室	黃門郎	477年誅	F	5/51/1466
劉休範	宋宗室	散騎常侍 侍中	明帝初 472年	F	7/79/2045
劉緄	宋宗室	侍中	明帝世	F	5/51/1466
劉景素	宋宗室	散騎常侍	泰始中	F	6/72/1861
何誕	外高	黃門郎	泰始初	F	4/41/1294
路休之	外寒	黃門侍郎 侍中	465	F	4/41/1288
陳敬元	外寒	通直郎	宋末	F	4/41/1294
顧淵之		散騎侍郎			7/81/2087
荀雍		員外散騎郎			6/67/1775
謝芩之		員外散騎常侍	宋初		5/52/1504
州韶		員外散騎侍郎	宋世		8/93/2296
郭希林		員外散騎侍郎	元嘉初不就		8/93/2292
翟法賜		員外散騎侍郎	元嘉世不就		8/93/2286
胡諧之	次門	員外郎			齊 2/37/656
蕭鳳	次門	正員郎	宋世		齊 3/45/788
王粹	高門	黃門郎			齊 3/49/847
吉翰	軍層	員外散騎侍郎	義熙世		6/65/1717
劉貞之	軍次	黃門郎			5/42/1310
劉康祖	軍次	員外散騎侍郎			5/49/1447

劉昶	軍次	員外常侍	義熙世		齊 2/27/499
劉慮之	軍次	員外散騎常侍	元嘉世		5/42/1308
江概	軍高	黃門郎 侍中			6/59/1610
王琨	軍高	黃門郎	元嘉世		齊 2/32/577
殷淳	軍高	黃門侍郎	元嘉世		6/59/1597
殷沖	軍高	黃門郎	元嘉世		6/59/1598
蕭惠明	軍外次	黃門郎			7/78/2016
謝緯	軍外高	散騎侍郎			齊 3/47/825
殷淡	軍外高	黃門郎			6/59/1598
沈道虔	南次	員外散騎侍郎	元嘉世不就		8/93/2292
虞悰	南高	正員郎 黃門郎			齊 2/37/654
劉鑒	宋宗室	員外散騎侍郎			5/51/1466
劉朗	宋宗室	侍中	元嘉世		6/61/1652
劉義融	宋宗室	侍中			5/51/1467
袁恪之		侍中	405	A	
劉叡		侍中	419	B	
程道惠		侍中	422-425	B	
袁渝		通直散騎常侍	426 年	C	6/64/1699
范雍		員外散騎常侍	426 年	C	6/64/1699
姚憲		員外散騎侍郎	442	D	5/47/1406
蕭元邕		黃門侍郎	450 年	D	8/95/2351
樂詢		散騎常侍	453 年	E	6/112
竺超民		黃門侍郎	453 年	E	6/68/1800
嵇湛之		侍中	455	E	
沈靈符		侍中	456	E	
嚴欣之		員外散騎侍郎	458	E	7/75/1957

費景緒		員外散騎侍郎	-460.2	E	6/125
竺超之		員外散騎侍郎	465 年	E	7/83/2115
雷次宗		員外散騎侍郎	不就	E	8/93/2293
郗顗		黃門侍郎	大明初	E	5/54/1533
宗靈秀		黃門侍郎	孝武世	E	7/76/1975
張興世		員外散騎侍郎 通直散騎常侍	大明末 475-478 年	EF	5/49/1453
全景文		員外郎 散騎常侍	孝武世 元徽末	EF	齊 2/29/539
明僧嵩		散騎侍郎	-466.4	F	8/157
高遵世		員外散騎侍郎	466 年	F	7/84/2138
孫耿之		員外散騎侍郎	466 年	F	8/88/2221
黃彌之		員外散騎侍郎	467 年	F	8/88/2224
任農夫		通直散騎常侍 散騎常侍	475-477 年 477 年卒	F	7/83/2126
黃回		散騎常侍	476-477	F	7/83/2123
胡羨生		員外散騎侍郎	-477.11	F	10/195
紀僧眞		員外郎	477 年	F	齊 3/56/972
呂安國		散騎常侍	477 年	F	7/74/1935
王敬則		員外散騎常侍	477 年	F	7/74/1934
張敬兒		散騎常侍	478 年	F	齊 2/25/472
曹欣之		散騎常侍	478 年	F	7/83/2114
戢仁祖		員外散騎侍郎	-478 年	F	5/51/1467
孔逿		員外郎	宋末	F	齊 2/34/611
孔瑄		員外郎	宋末	F	齊 2/34/611
卞彬		員外郎	宋末	F	齊 3/52/892
周山圖		員外郎	泰始初	F	齊 2/29/540
陳顯達		員外郎	泰始中	F	齊 2/26/488
蘇侃		黃門郎	元徽中	F	齊 2/28/528

表五：禁衛武官

姓　名	身　份	官　　職	任職時間		備　注
毛修之	軍次	右衛將軍	405 年 413-415 年	A	5/48/1427
吳隱之	軍次	中領軍	410-412	A	致仕
徐廣	軍次	驍騎將軍	410 年	A	5/55/1554
劉敬宣	軍次	左衛將軍	411 年	A	5/47/1414
檀祗	軍次	右衛將軍	412 年	A	5/47/1416
劉道憐	軍次	中軍將軍〔註23〕	414 年	A	5/51/1462
謝混	軍高	中領軍	406-410	A	萬表作領軍
謝景仁	軍高	右衛將軍 領軍	409 年 412-414	A	5/52/1494
王鎮惡	軍晚次	游擊將軍	415	A	5/45/1368
劉粹	軍次	游擊將軍 左衛將軍	410 晉末宋初	AB	5/45/1379
范泰	軍高	右衛將軍 護軍將軍	義熙中 419-420	AB	6/60/1616
孔靖	軍南高	領軍	414-416	AB	
劉懷慎	軍次	中領軍 護軍	417.9-418 423-424	B	
劉義欣	軍次	中領軍	418-420	B	
劉鍾	軍次	右衛將軍	418 年	B	5/49/1440
劉榮祖	軍次	越騎校尉 右軍將軍	420	B	5/45/1377
傅亮	軍次	護軍	422-423	B	
管義之	軍次	驍騎將軍	-424	B	5/73
劉式之	軍次	左衛將軍	元嘉初	B	5/42/1309

〔註23〕按《晉書・職官志》，晉武帝曾以羊祜為中軍將軍，領禁衛軍。至江左，雖然中軍將軍的禁衛之職早已被領護軍所代替，但是，其歷史影響卻仍然存在。劉裕西征司馬休之、北伐關洛，劉道憐、劉義符分別以中軍將軍留守，就是一證。

謝晦	軍高	中領軍 領軍	420-422.1 422.1-424	B	
王韶之	軍高	驍騎將軍	420-422 年	B	6/60/1625
劉湛	軍高	右衛將軍	423 年	B	6/69/1816
王曇首	軍高	右衛將軍 驍騎將軍	424 年	B	6/63/1679
褚秀之	軍高	左衛將軍	晉末	B	5/52/1503
沈慶之	軍南次	殿中員外將軍	421 年	B	7/77/1996
孔甯子	軍南高	步兵校尉	424-425 年	B	6/63/1676
檀道濟	軍外次	護軍	420-422.3	B	
褚叔度	軍外高	右衛將軍	420 年	B	5/52/1505
王仲德	軍晚次	左衛將軍	-421 年	B	3/57
王華	軍高	驍騎將軍 右衛將軍 兼護軍	424 424.8-427.5 426.6-427.5	B C	
殷景仁	軍高	左衛將軍 領軍 護軍	425- 429.3-429.10 430.3-432.7 435.4-440.11	B C	
到彥之	軍次	中領軍 護軍	424.8-426.5 432-433.8	BC	
劉遵考 宋宗室	軍次	游擊將軍 右衛將軍 後軍將軍 左衛將軍	義熙末 423 年、432 年 431 年 438 年	BC	5/51/1481
趙倫之	軍外次	護軍 領軍	424-426.6 426.6-428.12	BC	
蕭思話	軍外次	羽林監 前軍將軍 右衛將軍 護軍	晉末宋初 442 年 -448.4 450.2-451.3	BD	7/78/2011 5/96
裴方明	次門	越騎校尉	元嘉中	C	5/49/1447
顏延之	軍次	步兵校尉	426 年	C	7/73/1893

劉道產	軍次	後軍將軍	430-431 年	C	6/65/1719
胡藩	軍次	游擊將軍	430 年	C	5/49/1445
劉眞道	軍次	步兵校尉	-437 年	C	5/84
何尙之	軍高	左衛將軍 游擊將軍		C	6/66/1733
謝弘微	軍高	右衛將軍	-429 年	C	5/58/1592
劉湛	軍高	領軍	432-440.5	C	
陸仲元	軍南高	右衛將軍	元嘉中	C	5/53/1510
徐湛之	軍外次	右軍將軍 驍騎將軍	元嘉世	C	6/71/1844
殷穆	軍外高	護軍	427.6-432.4	C	
謝述	軍外高	左衛將軍	元嘉中	C	5/52/1496
段宏	軍晚次	驍騎將軍	430 年	C	8/95/2331
劉義融	宋宗室	左衛將軍 領軍將軍	440-	CD	5/51/1467
垣護之	軍晚次	殿中將軍 游擊將軍 右衛將軍	元嘉初 454-455 年 458.7-	CE	5/49/1449
柳元景	次門	殿中將軍 左衛將軍	元嘉中 453 年	D	7/77/1981
庾登之	軍高	護軍	443.2-443.5	D	
范曄	軍高	左衛將軍	元嘉末	D	6/69/1820
沈演之	軍南次	右衛將軍	440-444 年	D	6/63/1686
沈正	軍南次	長水校尉	元嘉末	D	8/100/2447
趙伯符	軍外次	左衛將軍 領軍 護軍	-438 年 441.7-444.2 445-447.3	D	5/85
徐湛之	軍外次	中護軍 護軍	440.11-443 451.5-453.2	D	
臧質	軍外次	護軍	445.7-445.12	D	
孟宗嗣	軍外次	羽林左監	450 年	D	8/95/2351
江湛	軍外高	左衛將軍	448 年	D	6/71/1849

王偃	軍外高	右衛將軍	元嘉末	D	4/41/1290
杜驥	軍晚次	射聲校尉 左軍將軍	元嘉中 447-450	D	6/65/1722
王方回	軍晚次	驍騎將軍	450年	D	8/95/2348
劉義賓	宋宗室	左衛將軍	-446.2	D	5/51/1470
劉宏	宋宗室	中護軍 驍騎將軍	447.10-449.8 451-453	D	6/72/1859
劉渾	宋宗室	後軍將軍	447年	D	7/79/2042
劉遵考	宋宗室	領軍	448.9-453.1 459.1-461.12	D	
劉禕	宋宗室	後軍將軍 驍騎將軍	449年 458年	D	7/79/2038
劉鑠	宋宗室	領軍	453.1-453	D	
劉愷	宋宗室	步兵校尉 長水校尉	元嘉末	D	6/68/1808
劉韶	宋宗室	步兵校尉	元嘉末	D	6/61/1653
張永	軍南高	越騎校尉 虎賁中郎將 右衛將軍	元嘉末 457年 463年	DE	5/53/1511
尹弘	軍晚次	左右衛將軍 左軍將軍	元嘉中 450年	D	8/99/2439 8/95/2351
何尚之	軍外高	中護軍 護軍	444.2-445.7 454.1-454.9	DE	
褚湛之	軍外高	左衛將軍	元嘉世 454年	DE	5/52/1506
柳元景	次門	護軍 領軍	453.6- 456-459.1	E	
宗愨	次門	左衛 中護軍	459.8- 462.9-464.7	E	
崔道固	次門	左軍將軍	459年	E	7/79/2033
朱修之	次門	領軍	462.7-463.4	E	

顏師伯	次門	步兵校尉 前軍將軍 右衛將軍 右軍將軍	孝武世 -458.7 460 年	E	7/77/1994
殷孝祖	高門	積射將軍 虎賁中郎將	孝建中 大明中	E	8/86/2189
王謙之	高門	驍騎將軍	孝武初	E	5/45/1378
顏竣	軍次	左衛將軍 驍騎將軍	453 年 454 年	E	7/75/1960
劉秀之	軍次	右衛將軍	454 年	E	7/81/2075
劉延孫	軍次 宋宗室	護軍	455.10-456.1 461.10-462.6	E	
劉瑀	軍次	右衛將軍	-456.5	E	5/54/1537
劉德願	軍次	游擊將軍	大明初	E	5/45/1376
謝莊	軍高	左衛將軍 右衛將軍 前軍將軍 游擊將軍	454 年 大明中 461 年 461 年	E	8/85/2168
沈慶之	軍南次	領軍	453.4-453.6	E	
沈曇慶	軍南次	左衛將軍	-457.5	E	5/54/1539
沈文秀	軍南次	射聲校尉	464 年	E	8/88/2222
沈法系	軍南次	驍騎將軍	孝武世	E	7/77/2006
孔覬	軍南高	翊軍校尉 右衛將軍	457 年 464 年	E	7/84/2154
檀和之	軍外次	右衛將軍	453-455 年	E	8/97/2379
孟係祖	軍外次	〔註24〕殿中將軍	457 年	E	5/47/1409
袁粲	軍外高	右軍將軍 射聲校尉 左軍將軍 長水校尉 左軍將軍 右衛將軍 驍騎將軍	455 年 457 年 459 年 461 年 465 年 465 年	E	8/89/2230

〔註24〕應與下面的「孟繼祖」是一人。

王僧達	軍外高	左衛將軍	457－458 年	E	7/75/1957
袁顗	軍外高	前軍將軍	464 年	E	7/84/2149
王景文	軍外高	射聲校尉 右衛將軍 左衛將軍	大明末 465 年	E	8/85/2178
袁愍孫	軍外高	射聲校尉	孝武初	E	7/77/1993
袁攺	軍外高	步兵校尉	孝武世	E	6/70/1840
蔡興宗	軍外高	游擊將軍 前軍將軍	孝武世	E	5/57/1573
何偃	軍外高	驍騎將軍	孝武世	E	6/59/1608
江智淵	軍外高	驍騎將軍	孝武世	E	6/59/1610
殷淡	軍外高	步兵校尉	孝武世	E	6/59/1598
垣詢之	軍晚次	積弩將軍〔註25〕	453 年	E	5/49/1451
魯秀	軍晚次	左軍將軍	-453.11	E	6/113
薛安都	軍晚次	左軍將軍 右衛將軍 前軍將軍	454 年 464 年 465 年	E	8/88/2217
申坦	軍晚次	驍騎將軍	大明世	E	6/65/1725
顧覬之	南高	右衛將軍 左軍將軍	454-455 年 大明中	E	7/81/2080
劉義綦	宋宗室	中護軍	453.9-454	E	
劉恢	宋宗室	衛尉 右衛將軍	453-454 年	E	6/68/1808
劉誕	宋宗室	驍騎將軍	453 年	E	8/85/2168
劉彧	宋宗室	中護軍、游擊將軍 左衛〔註26〕、衛尉 中護軍 領軍 護軍	454-455 456 457-459 463.4-464.2 464.9-465.1 464.7-464.7	E	8/151

〔註25〕 齊 2/25/459 作「積射將軍」。
〔註26〕 6/119 為「右衛將軍」。

				E	6/72/1871
劉休仁	宋宗室	步兵校尉 護軍 領軍	456 464.10-465.1 465.10 465.1-465.8	E	6/72/1871
劉昶	宋宗室	驍騎將軍	457 年	E	6/72/1868
劉休祐	宋宗室	長水校尉 右軍將軍	457 年 460 年	E	6/72/1879
劉褘	宋宗室	護軍	459.3-459.7	E	
劉昶	宋宗室	護軍	459.7-461	E	
劉子仁	宋宗室	衛尉 護軍	463 — 465.11	E	7/80/2066
劉休若	宋宗室	左衛將軍 衛尉	465 465 年，未拜	E	6/72/1882
劉休範	宋宗室	前軍將軍 左衛將軍 護軍	大明中 463-465 465.1-465.10	E	7/79/2045
劉敬淵	宋宗室	後軍將軍	孝武世	E	6/72/1858
宗越	次門	長水校尉 游擊將軍	459 — 465 —	EF	7/83/2110
劉勔	次門	屯騎校尉 右衛將軍 射聲校尉	464 年 467 年 468 年	EF	8/86/2193
徐爰	恩倖	游擊將軍 射聲校尉 長水校尉	463 年 465 年	EF	8/94/2310
戴法興	恩倖	越騎校尉 前軍將軍	464 年 466 年	EF	8/94/2304
劉道隆	軍次	右衛將軍 護軍〔註27〕 左衛將軍	景和中 464 465.12- 泰始初	EF	5/45/1378
王琨	軍高	右衛將軍 領軍	孝武世 468.7-469.9	EF	齊 2/32/578

〔註 27〕 8/154 爲中護軍。

王玄謨	軍晚次	左衛將軍 領軍 護軍	454 464.2-464.8 465.8-466.1 466.9-466.11 467.7-468.2	EF	7/77/1988
杜叔文	軍晚次	強弩將軍 長水校尉	-458.7 -477.6 誅	EF	6/65/1723 9/187
垣閎	軍晚次	後軍將軍 游擊將軍 長水校尉 殿中將軍 右衛將軍	-465.12 -467 昇明初 昇明末	EF	8/154 齊 2/28/531 5/49/1451
王玄邈	軍晚次	射聲校尉 驍騎將軍	孝武世 -479.1	EF	齊 2/27/510 10/198
劉韞	宋宗室	步兵校尉 左軍將軍 驍騎將軍 右衛將軍 左衛將軍 中領軍	孝武世 明帝世 -477.7 477-477.12	EF	5/51/1466 10/194
孫沖之	次門	右軍將軍 左衛將軍	 465 年	F	7/74/1921 7/80/2060
柳光世	次門	右衛將軍	465 年	F	7/77/1991
劉勔	次門	中領軍 領軍	469.9-470.9 471-472.4 472.4-474.5	F	
蕭景先	次門	驍騎將軍 左衛將軍	昇明中	F	齊 2/38/661
劉懷慰	次門	步兵校尉	宋末	F	齊 3/53/917
劉善明	次門	屯騎校尉 後軍將軍、直閤 長水校尉 後軍將軍	泰始初	F	齊 2/28/523
崔慧景	次門	長水校尉 屯騎校尉 前軍將軍	泰始世 477 年	F	齊 3/51/872 7/74/1935

裴叔業	次門	羽林監	元徽末	F	齊 3/51/869
焦度	氐人	屯騎校尉 後軍將軍	477 年 478 年	F	齊 2/30/560
戴明寶	恩倖	前軍將軍 游擊將軍 驍騎將軍	465 年 泰始中	F	8/94/2305
阮佃夫	恩倖	游擊將軍 驍騎將軍 右衛將軍	468 年 472 年	F	8/94/2314
孟次陽	恩倖	驍騎將軍 左軍將軍	468 年 -473.6	F	8/94/2314 9/180
王道隆	恩倖	右軍將軍	472-474.5	F	5/57/1584
楊運長	恩倖	後軍將軍	475 年	F	8/94/2318
壽寂之	恩倖	武衛將軍 羽林監	泰始初 泰始中	F	7/84/2157 8/94/2316
茹法亮	恩倖	殿中將軍	元徽初	F	齊 3/56/976
蕭道成	軍次 齊宗室	後軍將軍 右軍將軍 驍騎將軍〔註28〕 右衛將軍領衛尉 中領軍	465 466 -468.7 -474.5 474.5-477.7	F	齊 1/4
劉亮	軍次	右衛將軍	466 年	F	7/84/2146
劉懷珍	軍次	游擊將軍 虎賁中郎將 前軍將軍	-468.3 478 年	F	8/162 齊 2/27/502
江謐	軍高	右軍將軍 游擊將軍	元徽世	F	齊 2/31/570
沈攸之	軍南次	右軍將軍 領軍 左衛將軍	465 年 466.11-468 468-469.6	F	7/74/1927
沈文季	軍南次	長水校尉 後軍將軍	泰始世 元徽中	F	齊 3/44/775

〔註28〕此據 8/163。

沈懷明	軍南次	左軍將軍	466 年	F	7/84/2146
張永	軍南高	護軍	470.3-470.12 471.4-	F	
張沖	軍南高	領軍	477.12-478	F	
張緒	軍南高	翊軍校尉 長水校尉	明帝世	F	齊 2/33/600
張瑰	軍南高	驍騎將軍	元徽世	F	齊 2/24/453
張岱	軍南高	長水校尉 左軍將軍	元徽中	F	齊 2/32/581
蕭惠基	軍外次	長水校尉	478 年	F	齊 3/46/810
袁粲	軍外高	領軍	466.1-466.9	F	
何翌之	軍外高	長水校尉	473.7	F	9/180
褚賁	軍外高	羽林監	昇明末	F	齊 2/23/431
王續	軍外高	驍騎將軍	昇明中	F	齊 3/49/852
王延之	軍外高	射聲校尉 右軍將軍 驍騎將軍	明帝世	F	齊 2/32/585
褚淵	軍外高	驍騎將軍 右衛將軍 衛尉 護軍	泰始初 472.4-478	F	齊 2/23/425
王奐	軍外高	步兵校尉	元徽中	F	齊 3/49/847
垣恭祖	軍晚次	屯騎校尉 左軍將軍	466 年	F	7/84/2138
王寬	軍晚次	左衛將軍	-474.3	F	9/181
垣祗祖	軍晚次	羽林監	475 年	F	6/72/1862
垣崇祖	軍晚次	游擊將軍	-478.4	F	10/197
杜幼文	軍晚次	驍騎將軍 步兵校尉 游擊將軍	明帝初 466 年 466 年	F	6/65/1722 7/84/2138 7/84/2147
王玄載	軍晚次	長水校尉 左軍將軍 後軍將軍	明帝世 478 年	F	7/74/1930 齊 2/27/509

垣歷生	軍晚次	驍騎將軍	泰始初	F	齊 2/28/531
薛淵	軍晚次	右軍將軍 驍騎將軍	元徽末	F	齊 2/30/553
垣榮祖	軍晚次	左軍將軍 游擊將軍 驍騎將軍	元徽世	F	齊 2/28/530
戴僧靜	南次	積射將軍 羽林監 前軍將軍 游擊將軍	477 年 478 年	F	齊 2/30/555
丘巨源	南次	羽林監	宋末	F	齊 3/52/896
虞玩之	南高	驍騎將軍	昇明中	F	齊 2/34/608
蕭賾	齊宗室	右衛將軍 領軍	-478.1 478.8-479	F	10/196
蕭嶷	齊宗室	領軍	478.2-478.8	F	
蕭映	齊宗室	前軍將軍	昇明中	F	齊 2/35/622
劉秉	宋宗室	羽林監 越騎校尉 左衛將軍	明帝世	F	5/51/1468
劉襲	宋宗室	護軍	468.6-470.3	F	
劉顗	宋宗室	左衛將軍	明帝世	F	5/51/1466
劉纂	宋宗室	步兵校尉	宋末	F	5/51/1465
劉綽	宋宗室	步兵校尉	宋末	F	5/51/1480
劉景素	宋宗室	步兵校尉	泰始初	F	6/72/1861
路茂之	外寒	左軍將軍	465 年	F	4/41/1288
路休之	外寒	步兵校尉	465 年	F	4/41/1288
陳佛念	外寒	步兵校尉	宋末	F	4/41/1297
胡諧之		射聲校尉 左軍將軍			齊 2/37/656
鄭景玄		虎賁中郎將	元嘉世		7/79/2035
李欽之		殿中將軍	元嘉世		齊 2/27/504
劉景遠	軍次	前軍將軍			7/81/2076

蕭承之	軍次	右軍將軍	元嘉中		齊 1/3
羊玄保	軍次	左衛將軍	元嘉中		5/54/1535
王定侯	軍高	左衛將軍			6/63/1678
沈邵	軍南次	強弩將軍	元嘉中		8/100/2459
垣苗	軍晚次	屯騎校尉	元嘉中		5/49/1448
杜坦	軍晚次	後軍將軍	元嘉中		6/65/1720
劉朗	宋宗室	射聲校尉	元嘉世		6/61/1652
劉義綦	宋宗室	右衛將軍	元嘉世		5/51/1470
劉長猷	宋宗室	步兵校尉			5/51/1470
郭泓		屯騎校尉	422 年	B	5/43/1338
徐卓		殿中員外將軍	424 年	B	5/52/1504
朱容子		右軍將軍	424 年	B	6/63/1679
竺宗之		殿中將軍	425 年	B	8/95/2325
沈範		殿中將軍	宋初	B	8/95/2322
裴景仁		殿中員外將軍	427 年	C	5/54/1539
田奇		殿中將軍	430 年	C	8/95/2331
梁坦		殿中將軍	433 年	C	7/78/2013
徐瓊		左軍將軍	-444.10	D	5/92
沈邵之		殿中將軍	445 年	D	6/69/1826
程天祚		殿中將軍	450 年	D	8/95/2344
鄧盛		殿中將軍	450 年	D	7/77/1983
徐沖之		積射將軍	454 年	E	8/87/2199
沈靈賜		殿中將軍	454 年	E	7/74/1916
譚金		屯騎校尉 驍騎將軍	456 年 465 年	E	7/83/2112
孟繼祖		殿中將軍	458 年	E	7/77/1994
苗允		殿中將軍	458 年	E	7/75/1957
龐孟虯		屯騎校尉	459 年	E	7/79/2033
苟思達		強弩將軍	459 年	E	7/79/2034
尹玄慶		射聲校尉	461 年	E	7/79/2044
馬文恭		游擊將軍	孝武初	E	5/45/1378

卜伯宗		殿中將軍	孝武世	E	8/91/2254
江柳		武衛將軍	孝武世	E	8/89/2231
童太一		強弩將軍 左軍將軍	465 年	EF	7/83/2112
王廣之		殿中將軍 強弩將軍 武衛將軍 越騎校尉 左軍將軍 游擊將軍	大明中 泰始初 泰始中	EF	齊 2/29/547 8/87/2211
嚴龍		越騎校尉 右軍將軍	景和泰始之際	EF	7/80/2062
張興世		直衛 左軍將軍 游擊將軍 驍騎將軍 左衛將軍〔註29〕 兼領軍	孝建初 466 年 467- 469 年 469-472、475-477、 470	EF	5/49/1453
全景文		積射將軍 長水校尉 前軍將軍 游擊將軍 驍騎將軍	孝武世 466 年 -477.5	EF	齊 2/29/539 9/187
李安民		左衛殿中將軍〔註30〕 殿中將軍 積射將軍 越騎校尉 左軍將軍 左衛將軍領衛尉	 476 年 479 年	F	齊 2/27/504 6/72/1862
呂安國		右軍將軍 游擊將軍	 -474.9 477 年	F	齊 2/29/537 9/183 7/74/1935

〔註29〕8/169 爲「右衛將軍」。

〔註30〕閻步克先生認爲應作「左衛員外殿中將軍」。見《仕途視角中的南朝西省》66
頁注釋 1，《中國學術》第一輯（劉東主編，商務印書館 2000 年 1 月版）。

王宜興		羽林監 屯騎校尉	 477 年誅	F	7/83/2123
劉胡		越騎校尉	465 年	F	7/84/2148
劉順		殿中將軍	465 年	F	8/87/2204
武念		右軍將軍	465 年	F	7/83/2112
杜敬眞		殿中將軍	465 年	F	7/83/2115
吳喜		步兵校尉 前軍將軍 右軍將軍 驍騎將軍 左衛將軍	465 年 468 年 469 年 469 年	F	7/83/2115
葉慶祖		武衛將軍	466 年	F	8/87/2211
段佛榮		屯騎校尉 游擊將軍 長水校尉 衛尉領右軍將軍	466 年 -469 年 474-475 年 475	F	8/87/2211 7/84/2148
姚道和		射聲校尉 游擊將軍	466 年 元徽中誅	F	7/84/2157 齊 2/25/473
陸攸之		殿中將軍	466 年	F	7/84/2157
徐崇之		殿中將軍	466 年	F	7/84/2158
龐沈之		步兵校尉	466 年	F	8/87/2206
徐稚寶		虎賁中郎將	466 年	F	7/84/2137
王穆之		羽林監	466 年	F	7/84/2147
頓生		羽林監	466 年	F	7/84/2147
周普孫		羽林監	466 年	F	7/84/2147
周盤龍		積射將軍 前軍將軍 驍騎將軍	466 年 476 年 -477.12	F	7/84/2146 6/72/1863 10/195
周寧民		越騎校尉	-467.9 -471.9	F	8/162
垣式寶		羽林監	468 年	F	8/86/2195

陳胤宗		前軍將軍	-470.5	F	8/166
劉靈遺		步兵校尉	474 年	F	7/84/2148
張敬兒		越騎校尉 驍騎將軍	474 年	F	7/79/2051 齊 2/25/465
陳顯達		羽林監 游擊將軍	474 年 -474.10	F	7/79/2051 9/183
曹欣之		左軍將軍 驍騎將軍	474 年 -476.2	F	7/83/2114 9/185
黃回		屯騎校尉 驍騎將軍 右衛將軍	474 年 474-476 年 477 年	F	7/79/2051
高道慶		游擊將軍	475 年	F	6/72/1862
韓道清		前軍將軍	475 年	F	6/72/1862
范柏年		步兵校尉	--476.2	F	9/185
朱幼		步兵校尉	476 年	F	8/94/2315
張倪奴		右衛殿中將軍	476 年	F	6/72/1863
張保		右軍將軍	476 年敗死	F	6/72/1862
申伯宗		步兵校尉	-477.4 誅	F	9/187
沈景德		左軍將軍	-477.5	F	9/187
孫曇瓘		屯騎校尉	-477.5	F	9/187
孫超之		游擊將軍	-477.6	F	9/187
卞白龍		殿中將軍	477 年	F	齊 2/24/453
王宜與		屯騎校尉	477 年	F	7/74/1935
王勃勤		游擊將軍	477 年	F	7/74/1935
苟元賓		後軍將軍	477 年	F	7/74/1935
王洪範		射聲校尉	477 年	F	7/74/1935
卜伯興		直閣將軍	-477 年	F	5/51/1469
彭元俊		羽林副	478	F	5/51/1467
彭文之		左軍將軍	478.2 誅	F	7/83/2125
張敬兒		護軍	479.1	F	

任農夫		強弩將軍 射聲校尉 左軍將軍 驍騎將軍	明帝初 475 年	F	7/83/2126
田義之		虎賁中郎將 射聲校尉	明帝世 昇明初	F	8/97/2398
桓康		殿中將軍 武騎常侍 後軍將軍 直閤將軍	明帝世 昇明世	F	齊 2/30/557
曹虎		屯騎校尉 前軍將軍	宋末	F	齊 2/30/561
裴祖隆		前軍將軍	泰始初	F	8/88/2221
周山圖		殿中將軍 步兵校尉 前軍將軍 游擊將軍	泰始初 475 年 478 年	F	齊 2/29/540
蘇侃		積射將軍 羽林監 步兵校尉 前軍將軍 游擊將軍	泰始初 元徽世	F	齊 2/28/528
沈韶		積射將軍	泰始初	F	7/74/1930
董凱之		虎賁中郎將	泰始初	F	7/84/2147
李萬周		步兵校尉	泰始初	F	7/84/2147
荀伯玉		羽林監 步兵校尉 前軍將軍	泰始中 昇明初	F	齊 2/31/572
蘇烈		游擊將軍	元徽世	F	齊 2/28/529
於天寶		右軍將軍	元徽中	F	8/94/2316
王敬則		越騎校尉 驍騎將軍 右衛將軍	元徽中 477 年	F	齊 2/26/480 7/74/1934

表六：都督刺史〔註31〕

姓　名	身　份	官　職	任職時間	
盧循	次門	廣州刺史	405.4-410.2	A
司馬休之	晉宗室	荊州刺史	404.4-405.3 412-415.3	A
索邈		梁州刺史	413-414	A
劉敬宣	軍次	江州刺史 冀州刺史	404.3-405.3 412-415.4	A
魏詠之	軍次	豫州刺史 荊州刺史	404.3-405.3 405.3-405.11 卒	A
劉毅	軍次	青州刺史 兗州刺史 豫州刺史〔註32〕 江州刺史 荊州刺史	404.3-閏月〔註33〕 404.12-405.4 405.4-412.4 411.4-412 412.4-412.10 誅	A
羊穆之	軍次	冀州刺史	405-411	A
何無忌	軍次	江州刺史	406.12-410.3	A
劉道規	軍次	并州刺史 荊州刺史 豫州刺史	-406.8 406.8-412.4 卒	A
杜瑗	軍次	交州刺史	406-410	A
諸葛長民	軍次	青州刺史 豫州刺史	408.1-412.4 412.4-413.3 誅	A
劉藩	軍次	兗州刺史	408.1-412.9	A
孟懷玉	軍次	江州刺史	412-415 卒	A
王謐	軍高	揚州刺史	405-407.12. 誅	A

〔註31〕 由於都督軍事之職，一般均兼數州郡，名稱較長，因篇幅計，此處從略。
〔註32〕 據《晉書・何無忌列傳》，何無忌曾於義熙元年任豫州刺史，但萬表、吳表均未載。
〔註33〕 萬表爲十月，誤。

庾悅	軍高	江州刺史	410.6-411.4	A
褚叔度	軍高	交州刺史	410-413	A
王鎮之	軍高	交州刺史	413-415	A
魯宗之	軍晚次	雍州刺史	404-415.5〔註34〕	A
楊孜敬	晚次	梁州刺史	406.7 誅，未赴	A
楊思平	晚次	梁州刺史	-408.11 誅	A
劉裕	軍次	徐州刺史 加領兗州刺史 青州刺史 揚州刺史 豫州刺史 北雍州刺史 北徐州	404.3-405.3 405.4-408.1 404.10-408.1 408.1-419.12 413.3-418.1 416.2-417.11 416.9-419	A B
劉道憐	軍次	北徐州 青兗二州 荊州刺史 徐兗二州刺史 南徐南兗二州刺史	410-412.9 412-415 415.5-418.1 418.1-420 420-422 卒	A B
杜慧度	軍次	交州刺史	410-423 卒	A B
朱齡石	軍次	益州刺史 雍州刺史	412.12-415 418	A B
劉懷慎	軍次	北徐州刺史 徐州刺史	412.9-416.9 419.8-420 420-421	A B
檀祗	軍次	青州刺史	412-418	AB
劉義符	軍次	兗州刺史 徐州刺史	415.8-417 416.2-417	B
趙倫之	軍次 軍外次	雍州刺史	415-422	B
檀韶	軍次	江州刺史	416-418	B

〔註34〕萬表爲 414 年五月，誤。

劉義眞	軍次 宋宗室	北徐州刺史 北雍州刺史 司州刺史 揚州刺史 南豫州	417.1-417.11 417.11-418.11 418.12-419.12 419.12-421.1 422-424.2	B
向靖	軍次	北青州刺史	417.3-420	B
劉義隆	軍次 宋宗室	徐兗二州刺史 荊州刺史	417-418.1 418.1-424.8	B
劉謙之	軍次	廣州刺史	417-419	B
毛德祖	軍次	司州刺史	419.12-423	B
劉粹	軍次	豫州刺史 雍州	422-424.8 424.8-426 卒	B
杜弘文	軍次	交州	423-428.4	B
劉柳	軍高	江州刺史	415-416.6 卒	B
劉湛	軍高	廣州	424-425	B
謝晦	軍高	荊州	424-426.1	B
沈叔任	軍南次	益州刺史	415-417	B
沈田子	軍南次	青州刺史	418	B
張裕	軍南高	廣州刺史 益州	419-424 424-426	B
蕭源之	軍外次	兗州刺史	418-420 卒	B
徐羨之	軍外次	揚州刺史	421-426.1	B
褚叔度	軍外高	雍州刺史	422-424.7 卒	B
申永	軍晚次	兗州刺史	420	B
吉翰	軍次	梁南秦州 益州 司州 徐州	424-426.11 426.11-429 430.12-431 431-432 卒	B C
管義之	軍次	豫州	424-428	B C
王弘	軍高	江州刺史 揚州	418-426.1 426.1-432	B C

江恒	軍高	廣州	425.8-428	B C
張邵	軍南高	湘州刺史 雍州	422.2-428.5 428.5-431.6	B C
檀道濟	軍外次	南兗州刺史 江州	422.3-426.5 426.5-436.3 誅	B C
蕭摹之	軍外次	益州 湘州	422-424 428-431	B C
王仲德	軍晚次	冀州刺史 徐州刺史 兗州	416-417.9 422.1-430 432-438.5 卒 433.1-436.5	B C
劉義欣	宋宗室	青州刺史 南兗州 豫州	420.6-420.8 426.5-430.12 430.12-439.8 卒	B C
劉義康	宋宗室	豫州刺史 南豫州刺史 南徐州刺史 荊州 揚州 江州	420-421 421-422 422-426.1 429.1-432.6 426-429.1 432.6-440 440.11-441	B C D
劉義恭	宋宗室	南豫州 南徐州 荊州 南兗州 揚州	424-426.1 426-429.1 452.12-455.10 429.1-432.6 432.6-440.10 451.2-452.12 455.10-456.7	B C D E
孔默之	次門	廣州	429.7-433	C
王徽之	高門	交州	428-429	C
劉道產	軍次	梁南秦二州 雍州	426.11-430 431.7-	C
到彥之	軍次	南豫州	426.1-430	C

徐豁	軍次	廣州	428.4	C
劉道濟	軍次	益州	429.5-432	C
阮萬齡	軍次	湘州	431.4-431.12	C
尹沖	軍晚次	司州	430.3-430.10	C
申宣	軍晚次	兗州 青州	431 432.6-433	C
崔諲	軍晚次	冀州	432.6-433.4	C
段宏	軍晚次	青冀二州	433-438	C
劉眞道	軍次	梁南秦 雍州	437-442.7 442.7-443.7	C D
陸徽	南高	廣州 益州	438-444 446.1-452 卒	C D
趙伯符	軍外次	徐兗二州 豫州	438-441 444-445	C D
蕭思話	軍外次	青州 梁南秦 雍州 徐兗 郢州	426.12-431 433.4-437 443-445.1 448-449 451.3-453.5 454.9-455.7 卒	C D E
劉義慶	宋宗室	荊州 江州 南兗州	432.6-439.2 439.2-440.11 440.11-444.1 卒	C D
劉義季	宋宗室	南徐州 荊州 南兗州 徐州	432-439.2 439.2-444.8 444.8-445.7 445.7-447.8 卒	C D
劉濬	宋宗室	湘州 南豫 揚州 南徐 南兗	439.2-439.8 439.8-440.12 440.12-449.10 449.10-452 449.10-451.2	C D

		湘州	439.8，不之鎮	C D
劉駿	宋宗室	南豫	440.12-445.1	
		雍州	445.1-448.4	
		徐兗二州	448.4-451	
		江州〔註35〕	451-453.3	
		雍州	426.11-428	C
		南兗州	430.12-431.6	D
劉遵考	宋宗室	徐州	438-439	E
		豫州	439.8-444.2、453	
		湘州	455.4 未任	
		南豫州	465	
		徐州〔註36〕	430.12-431.6	C
		南兗州	431.6-432.6	D
		江州	436.3-439.2	E
劉義宣	宋宗室	南徐州	439.2-444.8	
		荊州	444.8-454 誅	
		揚州（453.1 未任）		
		湘州	453.4-454	
裴方明	次門	梁南秦	442.7-443	D
劉道錫	軍次	廣州	445.5-451	D
劉興祖	軍次	青冀	451-453	D
殷景仁	軍高	揚州	440	D
庾登之	軍高	江州	441.2-443.2	D
		梁南秦	448.8-453.6	D
劉秀之	軍次	益州	453.6-455.7	E
		郢州	455.7-456	
		雍州	461.10-464.1 卒	
劉瑀	軍次	益州	452.6-453	D
			456	E

〔註35〕萬表爲南兗州，誤。

〔註36〕薛軍力《劉宋初期對強藩的分割》（《天津師大學報（社科版）》1995.5.52～57）以《通鑒》之孤證入爲劉義宣應爲南徐州，似過於牽強。

臧質	軍外次	兗州 徐州 雍州 江州	441.7-444.12 441.7-445 451-453.4 453.4-455 誅	D E
檀和之	軍外次	交州 南兗州	443.12-446.12 455-456.2	D E
徐湛之	軍外次	南兗州	447.8-449	D
蕭斌	軍外次	青冀	450.6-451.7	D
王僧朗	軍外高	湘州	445-449	D
杜驥	軍晚次	青州 冀州	440.7-446.7 440.7-444.10	D E
申坦	軍晚次	梁南秦 徐州	443.2-448 455-457	D
申恬	軍晚次	冀州 青州 豫州	444.10-447.4 453.6-455.8 455.8-456 卒	D E
杜坦	軍晚次	青州 冀州	446-450 447.4-450	D
魯爽	軍晚次	司州 豫州	451.4-453.6 453.6-454 誅	D E
劉鑠	宋宗室	湘州 南豫（六月改爲豫	440.12-445.1 445.1-453.1	D
劉紹	宋宗室	江州 揚州	443-449.10 449.10-452.11	D
劉義宗	宋宗室	南兗州	444.2 未任	D
劉誕	宋宗室	南兗州 南徐州 雍州 廣州 揚州 南徐州 南兗州	444-444.8 444.8-449.7 449.7-451.5 451.5，未任，爲會稽五郡都督 453.6-455.10 455.10-457.8 457.8-459.7 誅	D E

劉義賓	宋宗室	南兗州 徐州	446.2-447.8 447.8-448	D
劉朗	宋宗室	湘州	449.8-452.5	D
劉宏	宋宗室	江州	449-451	D
劉褘	宋宗室	廣州 江州 南豫州	452-453 454.10-458.10 459.7-461 469.2-469.6 誅	D E F
張永	軍南高	冀州 兗州 南兗州 雍州	452.4-452.8 453.3-453.4 466.7 466-467、474 未任 468	D E F
宗愨	次門	廣州 豫州 雍州	453.7-456.2 456.2-459.8 464.7-465.8 卒	E
顏師伯	次門	青冀	458-460.3	E
柳叔仁	次門	梁南秦	459.1-463	E
柳元景	次門	南兗州 南豫州	463-464.5 465.5-465.8 誅	E
宗越	次門	司州	464.10-465	E
庾深之	高門	豫州	459-460	E
朱修之	軍次	雍州 荊州	453.6-454.4 454.4-462.7	E
劉延孫	軍次 宋宗室	南兗州 雍州 南徐州	455 455.8 未任 457-461.10	E
劉道隆	軍次	徐州 青冀	458.9-460.3 460.3-464	E
劉德願	軍次	豫州	463.6-464	E
王曇生	軍高	廣州	453.6 未赴	E
王琨	軍高	廣州	456.8-458	E

沈慶之	軍南次	南兗州	453.6-455.2 459.4-460	E
沈僧榮	軍南次	兗州〔註37〕	458.8-464	E
孔靈符	軍南高	郢州	456.12-459.7	E
魯秀	軍晚次	司州	453.11-454.2 誅	E
垣護之	軍晚次	冀州 青冀 徐州 豫州	453.6-454 455.10-458.7 454.8-455.5 460.9-463	E
杜叔文	軍晚次	寧州	458.8-459	E
沈曇慶	南次	兗州	457	E
劉義綦	宋宗室	湘州	454.4-455 卒	E
劉渾	宋宗室	雍州	454.6-455.8 誅	E
劉子尚	宋宗室	南兗州 揚州	456.2-456.7 456.7-459 464.12-465.11	E
劉昶	宋宗室	江州 徐州	458-459.10 464.7-465.9	E
劉休茂	宋宗室	雍州	458-461.4	E
劉子綏	宋宗室	郢州	460.3-465	E
劉子房	宋宗室	南豫州	461-	E
劉子鸞	宋宗室	南徐州	461-464	E
劉彧	宋宗室	徐州 南豫州	464 465.1-465	E
劉子尚	宋宗室	揚州	464.12-465.11 死	E
劉子仁	宋宗室	南兗州	464-465	E
劉伯禽	宋宗室	湘州	464-465.8 賜死	E
王翼之	外高	廣州	456 462-463	E
柳元怙	次門	梁南秦	463.6-466.10	E F
崔道固	次門	冀州	465.8-468.8	E F

〔註37〕《宋書》6/123 自 459 年後為垣閬。

殷孝祖	高門	兗州	465.9-466	E F
劉懷珍	軍次	東徐州〔註38〕 豫州	458.3- 475.7-478.10	E F
沈文秀	軍南次	青州	465-466 467.2-469.1 降魏	E F
張悅	軍南高	益州 雍州	456.10-460 468.9-470	E F
蕭惠開	軍外次	益州	464.5-466 兼寧州	E F
袁顗	軍外高	雍州	465.9-466.8 誅	E F
王玄謨	軍晚次	徐州 豫州 雍州 郢州 青州 南豫州	453.6-454.2 461.12-464.2 454.2-455 455.10-458.4 459-460 464.8-465.8 466.11-467.7	E F
垣閎	軍晚次	寧州 交州 司州 益州 徐州	453.8-454 455.5 458-462 465.12 467.1-469 473-476	E F
薛安都	軍晚次	兗州	464-465.9 465.9-466	E F
顧覬之	南高	湘州	455-457.6 466.9-467 卒	E F
劉休仁	宋宗室	南兗州 湘州 揚州	456-457 460-464.1 改江州，未任 465.12-469.12	E F
劉休祐	宋宗室	湘州 荊州 南徐州	457-460 466.9-469 469-471.2 誅	E F

〔註38〕此據 8/162，萬表失載。

劉休範	宋宗室	江州 南徐州 揚州 江州	459-463 465.12-469.12 469.12-470.6 470.6-474 誅	E F
劉思考	宋宗室	益州 徐州	460.5-464 466.3-467	E F
劉子頊	宋宗室	廣州 荊州	460.10-462.7 462.7-466 賜死	E F
劉子勛	宋宗室	南兗州 江州	460.8-463.1 463.1-464.1 464.7-466 誅	E F
劉休若	宋宗室	徐州 雍州 湘州 荊州 南徐州	460-461 466.9-468.5 468.5-469.11 469.11-471.2 471.2-471.7 賜死	E F
劉景素	宋宗室	南兗州 湘州 荊州 南徐州	465 469-471.2 471.2-472.7 472.7-476.7 誅	E F
劉勔	次門	廣州 466.9 未任 益州 豫州 南兗州	 466-467 未任 467.8-469.9 470	F
劉悛	次門	廣州	478.3-479	F
孟次陽	恩倖	兗州	470-474 卒〔註39〕	F
阮佃夫	恩倖	南豫州	476.8-477.4 誅	F
殷琰	高門	豫州	465.12-466	F
劉亮	軍次	梁南秦 益州	467.2-468 469.6-472 卒	F
羊希	軍次	廣州	467.2-468.3 戰沒	F

〔註39〕與 9/180 不符。

蕭道成	軍次 齊宗室	南兗州 南徐州 揚州牧	468.7-469 471 474.6-477.4 遙領 477.7-479 478.9-479.4	F
蕭順之	軍次	郢州	479	F
沈攸之	軍南次	雍州 郢州 南兗州 荊州	466.5-466.9 466-467 469.6-472.7 467.8-468 472.7-478.1 誅	F
沈懷明	軍南次	南兗州	471.7-473	F
張辯	軍南高	廣州	468.4-469	F
張岱	軍南高	益州	472.5-476.1	F
王景文	軍外高	江州 揚州	466.9-470.6 470.6-472 賜死	F
蔡興宗	軍外高	郢州	467.3-469	F
王僧虔	軍外高	湘州	471-474	F
王奐	軍外高	郢州	473	F
王蘊	軍外高	湘州	474.11-477	F
王延之	軍外高	江州	479	F
垣恭祖	軍晚次	梁南秦	466.6	F
王玄載	軍晚次	徐州 南豫州 梁南秦 益州	467.3-469.7 471.12-473.4 473-476.1 476.1-478.2	F
王玄邈	軍晚次	青州〔註40〕 梁南秦	469-470 478-479	F
杜幼文	軍晚次	梁南秦	469.4-473.10	F
王瞻	軍晚次	司州	472.2-473	F
王寬	軍晚次	南豫州	474-475	F
垣崇祖	軍晚次	兗州	478-479	F

〔註40〕據《南齊書·王玄載列傳》（2/27/510），王玄邈曾為幽州刺史，但萬表無考。

蕭賾	齊宗室	江州 南豫州	478.1-478.8 479 遙領	F
蕭映	齊宗室	南兗州	478.4-479	F
蕭晃	齊宗室	豫州	478-479	F
蕭嶷	齊宗室	江州 荊州	478-479.1 479.1-	F
劉襲	宋宗室	郢州	466.11-467	F
劉祗	宋宗室	南兗州	466.1-466.10	F
劉韞	宋宗室	湘州 南兗州 雍州	467.6-468.5 468.5-468.7 469 470-472	F
劉伯融	宋宗室	廣州	469.12-471	F
劉秉	宋宗室	南徐州	471.7-472	F
劉準	宋宗室	揚州	472-477	F
劉燮	宋宗室	郢州	473.2-477	F
劉友	宋宗室	江州 南豫州	474-478.1 478.1-479 卒	F
劉贊	宋宗室	郢州 荊州	477.7-478.1 478.1-479	F
劉翽	宋宗室	湘州	477 未任	F
劉澄之	宋宗室	南豫州	478	F
何恢	外高	廣州	473（4/41/1294	F
司馬軌之		益州刺史	-405.5 誅	A
劉稚		梁州刺史	406.10 反，誅	A
司馬榮期		益州刺史	-406.8	A
鮑陋		益州刺史	406-410.11	A
范元之		梁州刺史	408-410	A
馬敬		司州刺史	414-415.5	A
滕遁之		交州刺史	太元二十年-406	A
謝欣		廣州刺史	415-417.9 卒	B
徐琰		兗州刺史	422.4-422.12	B

鄭順之		兗州	423-424	B
竺夔		青州	422-426	B
應襲	〔註41〕	寧州	422.10-427	B
竺靈秀		兗州	428-430.12 誅	C
韋朗		青州 廣州	431-432 433.6-438	C
周籍之		寧州 益州	428.11-430 437.4-439	C
劉德武		豫州	428.11-430.12	C
程道惠		廣州	428.6-429	C
阮彌之		交州	430-432	C
甄法護		梁南秦	430-433.4 誅	C
徐遵之		兗州	431.4-432	C
甄法崇		益州	432.11-〔註42〕	C
李秀之		交州	432.12-434	C
李耽之		交州	434.2-435	C
苟道覆		交州	435.11-437	C
王方俳		兗州 青冀二州	436.5-438.8 438.8-440	C
徐森之		交州	437.8-443	CD
徐循		寧州	438.7-442	CD
周萬歲		寧州	442.10-443	D
胡崇之		北秦州	442.6-443.2	D
庾彥達		益州	444	D
徐瓊		兗州	444.10-	D
陶愍祖		廣州	444.8-445	D

〔註41〕應襲的具體情況，史實不詳。但元嘉三年，徐羨之兄子徐佩之謀反，曾邀之
　　　舉事。從當時的社會關係來推測，應襲也應是軍層，而且與徐逵之、徐羨之
　　　有來往。
〔註42〕《宋書》7/78/2013 爲元嘉十年（433 年）。

蕭景憲		交州	446.12-449 455.12-456	DE
龐秀之		梁南秦 徐州	453 454.3 卒	E
徐遺寶		兗州	453.6-454.2	E
費沈		梁南秦	453.8-454	E
梁坦		梁南秦	454.8-459	E
明僧胤		冀州	454-455	E
夏侯祖歡	〔註43〕	兗州	454-455	E
到元度		益州	455-456	E
費淹		交州 廣州	456.8-458.8 458.8-	E
劉季之		司州	458.3-459.4 誅	E
費景緒		寧州	460.2-461	E
費伯弘		寧州	461.8-464	E
檀翼之		交州	462.7-465	E
尹懷愼	〔註44〕	寧州	454.9-458	E
符仲子	〔註45〕	寧州	459.4-460	E
袁曇遠		廣州	463-466.6 誅	EF
張牧		交州	465.5-468	EF
龐孟虯		司州	466.1-	F
劉靈遺		梁南秦 南豫州	466.12-467 468.3-469 473-474.3	F
費混		廣州	466.12-467	F
鄭默		司州	466.3-468	F
明僧嵩		青州	466-467	F

〔註43〕《宋書‧武二王列傳》（6/68/1809）爲「夏侯祖權」。
〔註44〕6/115 爲「尹懷順」。
〔註45〕6/123 爲「符仲子」。

申纂		兗州	467	F
劉休賓		兗州	467.12-468.2 降魏	F
崔平		兗州	467.3-	F
周寧民		兗州〔註46〕 徐州	467.9- 471.9-473	F
孫奉伯		交州	468	F
常珍奇		司州	468.2-469	F
劉勃		交州	468.8-469	F
呂安國		司州 兗州 湘州	469.11-472 474.9-477 477.12-479.4	F
崔公烈		兗州	469.4	F
李靈謙		兗州	469.7	F
陳伯紹		交州 越州	469.7-471.2 473.6-475 471.2-473.6	F
劉崇智		冀州 青州	469.8-474 470.8-474	F
王亮		徐州	469-470	F
段佛榮		豫州 南豫州	469-474.6 475-	F
陳胤宗		徐州	470.5-471	F
孔玉		寧州	470.5-474	F
孫超之		廣州	471.5-473	F
蔡那		益州	472.4 卒	F
李安民		司州 南徐州 南兗州 鄆州	473.5-475 476-477 477.7-478 478.1-479	F

〔註46〕此據 8/162，萬表失載。

任大		豫州	474	F
陳顯達		廣州	474.10-477.11	F
劉延祖		寧州	474.7-477	F
劉善明		青冀	474-477	F
任農夫		豫州	475	F
姚道和		司州	475.12-478	F
張敬兒		雍州	475-479	F
范柏年		梁南秦	476.2-478.1 誅	F
曹欣之		徐州	476.5-477	F
李長仁		交州	476-477.5	F
沈景德		交州 廣州	477 477.11-478	F
胡羨生		越州	477.11-479	F
柳和		寧州	477.2-479	F
全景文		南豫州	477.5	F
孫曇瓘		越州	477.5	F
明慶符		青冀	477.7-479	F
李靈謙		兗州	477.8-478	F
趙超民		交州	478.6-479	F
傅琰		益州	478-479	F
張興世		豫州 雍州	466.10-467 472.4-475.3	F
黃回		南兗州	478.3 誅	F
李叔獻		交州	479	F
王廣之		徐州	477-479	F
崔文仲		徐州	479	F
周盤龍	〔註47〕	越州 司州	476-477 478.2-479	F

〔註47〕萬表爲「周槃龍」。

表七：郡國守相

姓　名	身份	官　　職	任職時間		備　注
司馬休之	晉宗室	會稽內史	-411年	A	2/27
劉懷肅	軍次	振武司馬、高平太守 淮南歷陽二郡太守	404 405	A	5/47/1403
孟懷玉	軍次	鎮軍參軍、下邳太守 寧朔將軍、西陽太守	404.3-407 407-	A	5/47/1407
孟昶	軍次	丹陽尹	404-410卒	A	
劉道規	軍次	振武將軍、義昌太守	404年	A	5/51/1471
傅弘之	軍次	寧遠將軍、魏興太守 建威將軍、順陽太守	404年 415年	A	5/48/1430
劉道憐	軍次	建威將軍、南彭城內史 堂邑太守 并州刺史、義昌太守 北東海太守	404年 義熙初 408年	A	5/51/1461
檀祗	軍次	龍驤將軍、秦郡太守、北陳留內史 輔國將軍、宣城內史 青州刺史領廣陵相	404年 412年 412年	A	5/47/1416
劉鍾	軍次	南齊國內史 振武將軍、廣川太守 寧朔將軍、下邳太守 龍驤將軍、高陽內史	404年 409年 411年 415年前	A	5/49/1438
孟龍符	軍次	寧遠將軍、淮陵太守 建威將軍、東海太守 龍驤將軍、廣川太守	405年左右 409年	A	5/47/1408
趙恢	軍次	譙國內史	410	A	5/45/1374
索邈	軍次	淮陵內史	410年	A	1/21
魏順之	軍次	琅邪內史	-410年誅	A	1/20
杜慧期	軍次	交趾太守	411年	A	8/92/2264
朱齡石	軍次	寧遠將軍、西陽太守	411年	A	5/48/1422

劉敬宣	軍次	宣城內史、襄城太守 淮南安豐太守、梁國內史 北青州刺史領清河太守	412 410 年	A	5/47/1414
劉虔之	軍次	江夏相	415	A	5/49/1446
檀範之	軍次	南平太守	415 年	A	2/32
徐逵之	軍次	彭城沛二郡太守	-415 年	A	6/71/1843
杜慧度	軍次	九眞太守	義熙初	A	8/92/2264
臧熹	軍次	東海太守 臨海太守 建平巴東二郡太守	義熙初 -413 年	A	7/74/1909
檀韶	軍次	寧遠將軍、東海太守 龍驤將軍、秦郡太守 北陳留內史 橫野將軍、北琅邪太守 寧朔將軍、琅邪內史 冠軍將軍、淮南太守	義熙初 409 410 413	A	5/45/1372
劉遵	軍次	宣城內史、淮南太守	義熙中	A	5/51/1474
庾悅	軍高	武陵內史	404 年	A	5/52/1489
殷仲文	軍高	東陽太守	-407 年誅	A	1/14
袁豹	軍高	丹陽尹	410-411	A	
王誕	軍高	齊郡太守 吳國內史	410 年 411 年	A	5/52/1492
郗僧施	軍高	丹陽尹	411-412.4	A	
謝純	軍高	南平相	412 年	A	5/52/1495
謝景仁	軍高	竟陵太守	義熙初	A	5/52/1494
劉柳	軍高	後將軍、吳國內史	義熙中	A	7/73/1891
王敬弘	軍高	吳興太守	義熙中	A	6/66/1730
謝瞻	軍高	安成相 豫章太守	義熙中	A	5/56/1557
袁湛	軍高	吳興太守 吳國內史	義熙中	A	5/52/1497

范泰	軍高	南郡太守 長沙相 東陽太守	義熙中	A	6/60/1616
沈叔任	軍南次	巴西梓潼二郡太守	413-415 年	A	6/63/1684
沉淵子	軍南次	寧蜀太守	義熙中	A	8/100/2446
孔季恭	軍南高	會稽內史 吳興太守	404 年、412 -412 年	A	5/54/1531
魯軌	軍晚次	竟陵太守	-415 年	A	7/74/1922
向靖	軍次	建武將軍、秦郡太守 北陳留內史 下邳太守 安豐汝陰二郡太守、梁國內史 冠軍將軍、高陽內史 臨淮內史 吳興太守	407 411 412 414 415	A B	5/45/1373
毛修之	軍次	宣城內史 輔國將軍、南郡太守 冠軍將軍領南郡相 河南河內二郡太守	411-412 年 412 年 415 年 416 年	A B	5/48/1428
朱超石	軍次	寧朔將軍、沛郡太守 新野太守 河東太守	412 年左右 415 年 416 年	A B	5/48/1425
向劭	軍次	宣城太守 義興太守	武帝世 元嘉初	A B	5/45/1375
劉穆之	軍次	堂邑太守 丹陽尹	義熙初 412-417.11 卒	A B	5/42/1304
劉粹	軍次	建武將軍、沛郡下邳太守 建威將軍、江夏相 寧朔將軍、竟陵太守 征虜將軍、廣陵太守 豫州刺史領梁郡太守 雍州刺史領襄陽新野二郡太守	義熙初 415 421 422 424	A B	5/45/1379

檀道濟	軍次 軍外次	輔國參軍、南陽太守 揚武將軍、天門太守 安遠護軍、武陵內史 征虜司馬、臨淮太守 梁國內史 征虜將軍、琅邪內史 丹陽尹	義熙初 410- 421	A B	5/43/1343
江夷	軍高	南郡太守 寧遠將軍、琅邪內史 吳郡太守 丹陽尹	411 年 422 年	A B	5/53/1525
謝方明	軍高	晉陵太守 南郡相 丹陽尹 會稽太守	414 年 415 年 422 年 -426 年卒	A B	5/53/1523
王弘	軍高	寧遠將軍、琅邪內史 豫章相 吳國內史 彭城太守	義熙初 義熙初 義熙中-415 418	A B	5/42/1312
虞丘進	軍寒	燕國內史 鄱陽太守 尋陽太守 山陽太守 秦郡太守	404 年 410 年 412 年 415 年 418 年後	A B	5/49/1441
蒯恩	軍寒	龍驤將軍、蘭陵太守 輔國將軍、淮陵太守	411 年 417 年左右	A B	5/49/1437
沈田子	軍南次	振武將軍、淮陵內史 振武將軍、扶風太守 咸陽始平二郡太守 始平太守	411 年 415 年 417 年	A B	8/100/2448
王鎮惡	軍晚次	安遠護軍、武陵內史 行弘農太守 征虜將軍、馮翊太守	413 414 417 誅	A B	5/45/1368

蕭承之	軍次	安固汶山二郡太守 濟南太守 南漢中太守〔註48〕 南泰山太守	義熙中〔註 49〕 元嘉初 433年 元嘉中	A B C	齊1/2 7/78/2012
劉遵考	軍次 宋宗室	建威將軍、彭城內史 并州刺史領河東太守 彭城沛二郡太守 征虜將軍、淮南太守 襄陽新野二郡太守 南兗州刺史廣陵太守 豫州刺史南梁郡太守 吳興太守	415年 425年 426年 431年 439年 -448.9	A B C D	5/51/1480 5/96
張茂度	軍南高	晉安太守 河南太守 義興太守 會稽太守	義熙初 441年	A B C D	5/53/1509
胡藩	軍次	寧遠將軍、鄱陽太守 建武將軍、江夏內史	412年左右 427年	AC	5/50/1444
徐佩之	軍外次	丹陽尹、吳郡太守	武帝初	B	5/43/1335
裴先福	次門	滎陽太守	晉末宋初	B	齊3/51/869
殷道鸞	高門	竟陵內史	426	B	5/44/1353
何叔度	高門	吳郡太守	宋初	B	6/66/1733
徐羨之	軍次	鷹揚將軍、琅邪內史 丹陽尹	415- 417-419	B	5/43/1329
劉榮祖	軍次	彭城內史	418-	B	5/45/1377
蕭源之	軍次	南琅邪太守	-420年卒	B	7/78/2011
鄭鮮之	軍次	丹陽尹	421年	B	6/64/1698
劉道產	軍次	巴西梓潼二郡太守	424-426年	B	6/65/1719
劉懷慎	軍次	會稽太守	晉末宋初	B	5/47/1404
杜弘文	軍次	九眞太守	晉末宋初	B	8/92/2265

〔註48〕齊1/2爲「漢中太守」。
〔註49〕此處的「義熙中」即義熙九年。

劉謙之	軍次	始興相	義熙末	B	5/49/1446
劉式之	軍次	寧朔將軍、宣城淮南二郡太守 吳郡太守	元嘉初	B	5/42/1309
王智	軍高	天水太守 晉陵太守	417 年	B	8/85/2178
王華	軍高	南郡太守	421 年左右	B	6/63/1676
謝靈運	軍高	永嘉太守 臨川內史	422 年	B	6/67/1753
王韶之	軍高	吳興太守	423-433 年	B	6/60/1626
江夷	軍高	吳郡太守	424 年	B	5/52/1504
王惠	軍高	吳興太守	晉宋之際	B	5/58/1590
蔡廓	軍高	豫章太守	宋初	B	5/57/1572
殷穆	軍高	吳郡太守	宋初	B	6/59/1597
王鎮之	軍高	歷陽太守	永初初	B	8/92/2263
荀伯子	軍高	臨川內史 東陽太守	元嘉初	B	6/60/1628
沈林子	軍南次	建威將軍、河東太守	420	B	8/100/2458
孔琳之	軍南高	吳興太守	晉末	B	5/56/1563
褚叔度	軍外高	雍州刺襄陽義成太守	422	B	5/52/1505
褚淡之	軍外高	會稽太守	424	B	5/52/1503
毛德祖	軍晚次	扶風太守 南安太守 馮翊太守 河東太守 滎陽太守京兆太守	417 年 417.12-	B	8/95/2329
王基	軍晚次	河西太守	-417 誅	B	5/45/1372
王康	軍晚次	龍驤將軍、河東太守	418-420 卒	B	5/45/1372
垣苗	軍晚次	濟南太守 汝南新蔡太守	425 年	B	8/95/2325 齊 2/25/459
薛廣	軍晚次	上黨太守	義熙末	B	8/88/2215
崔諲	軍晚次	振威將軍、東萊太守	永初末	B	6/65/1726

劉義欣	宋宗室	青州刺史、魏郡太守	宋初	B	5/51/1464
阮長之	軍次	東莞太守 武昌太守 臨川內史 臨海太守	宋初 432 年 434 年	B C	8/92/2268
顏延之	軍次	始安太守 永嘉太守	422 年 元嘉中	B C	7/73/1892
劉道濟	軍次	竟陵太守 河東太守	426 年 元嘉初	B C	5/44/1359 5/45/1381
裴松之	軍次	零陵內史 永嘉太守	晉末 元嘉中	B C	6/64/1699
羊欣	軍次	新安太守 義興太守	晉末、元嘉世 元嘉世	B C	6/62/1662
何尚之	軍高	臨川內史 丹陽尹	424- 436-	B C	6/66/1733
劉湛	軍高	梁郡太守 歷陽太守 丹陽尹	420-421 年 421-423 年 -440 年誅	B C	6/69/1815
王准之	軍高	始興太守 歷陽太守 丹陽尹	宋初 425 年 427-433 年卒	B C	6/60/1624
孟顗	軍次 軍外次	東陽太守 吳郡太守 會稽太守 丹陽尹	晉末宋初 -441.11	B C D	6/66/1735
庾登之	軍高	西陽太守 新安太守 南郡太守 南東海太守 豫章太守	416 年 424 年 428 年 -441 年	B C D	5/53/1515
張邵	軍南高	西中郎司馬、領南郡相 吳興太守	418.1-	B C	5/46/1394

蕭思話	軍外次	彭城沛二郡太守 南沛郡太守 雍州刺史、襄陽太守 丹陽尹	晉末宋初 432 年 444 年 453 年	B C D	7/78/2011
徐湛之	軍外次	南彭城沛二郡太守 冠軍將軍、丹陽尹 丹陽尹	元嘉初 元嘉中 449-	B C D	6/71/1844
謝述	軍外高	長沙內史 武陵太守 南郡太守 吳郡太守 吳興太守	426 年	B C	5/52/1496
申恬	軍晚次	綏遠將軍、下邳太守 寧遠將軍、北海太守 北譙梁二郡太守 泰山太守 河東太守 濟南太守 寧朔將軍、山陽太守	元嘉初 435-439 年 439- 445 年 451-453 年	B C D	6/65/1723
庾炳之	軍高	廣平太守 南梁郡太守 臨川內史 長沙內史 南泰山太守	宋初〔註50〕 430 年 439 年	B D	5/53/1516
趙伯符	軍外次	竟陵太守 丹陽尹	晉末宋初 445-	B D	5/46/1390
蕭汪之	次門	北海太守	429 年	C	7/78/2012
崔模	次門	滎陽太守	430 年	C	8/95/2333
朱修之	次門	江夏內史	元嘉中	C	7/76/1970
徐豁	軍次	始興太守	-428 年	C	8/92/2266
阮萬齡	軍次	東陽太守	元嘉中	C	8/93/2283

〔註50〕按《宋書・庾炳之列傳》，庾炳之曾爲劉粹征北長史、廣平太守，但檢《宋書・劉粹列傳》，劉粹曾歷任征虜將軍，無任征北將軍一事。

何承天	軍次	衡陽內史	元嘉中	C	6/64/1704
傅隆	軍次	義興太守	元嘉中	C	5/55/1551
劉損	軍次	義興太守 吳郡太守	元嘉中	C	5/45/1385
王琇	軍高	臨海太守	元嘉中	C	6/67/1775
王球	軍高	義興太守	427 年	C	5/58/1594
江秉之	軍高	新安太守 臨海太守	-435 年 435-	C	8/92/2270
劉斌	軍高	豫章太守	-440 年	C	6/68/1792
范曄	軍高	新蔡太守 宣城太守 南下邳太守	元嘉中 -439	C	6/69/1819
沈法興	軍南次	陰平太守	432	C	5/45/1381
沈雲子	軍南次	晉安太守	元嘉中	C	8/100/2447
陸子真	軍南高	海陵太守 臨海東陽太守	433 年	C	5/53/1510
蕭斌	軍外次	豫章太守	440 年	C	7/78/2017
江湛	軍外高	武陵內史 南東海太守	元嘉中	C	6/71/1848
尹沖	軍晚次	南廣平太守	430 年	C	8/95/2333
段宏	軍晚次	淮南太守	-433 年	C	5/82
王玄謨	軍晚次	汝陰太守 彭城太守	元嘉中	C	7/76/1973
申謨	軍晚次	竟陵太守	元嘉中	C	6/65/1723
劉義慶	宋宗室	丹陽尹	-429 年	C	5/51/1475
裴方明	次門	平西中兵參軍、龍驤將軍、河東太守 潁川南平昌太守	436 442 年前	C D	5/45/1385
羊玄保	軍次	宣城太守 南東海太守 丹陽尹 會稽太守 吳郡太守	元嘉中	C D	5/54/1535

陸徽	南高	始興太守 長沙內史	437-438 年 444 年	C D	8/92/2267
沈邵	軍南次	鍾離太守 安成相〔註51〕	元嘉中 445-450 年	C D	8/100/2459
臧質	軍外次	建平太守 歷陽太守 竟陵內史 江夏內史 巴東建平二郡太守 義興太守 南平內史	元嘉中 -441.10 -450 年 450 年	C D	7/74/1910
袁洵	軍外高	尋陽太守 吳郡太守	元嘉中 元嘉末	C D	5/52/1502
垣護之	軍晚次	北高平太守 宣威將軍、鍾離太守 建武將軍、濟北太守 南東海太守 臨淮太守 豫州刺史領淮南太守	430 年 455 年 459 年 460 年	C D E	5/49/1449
顧琛	南高	義興太守 東陽太守 吳興太守 吳郡太守 東海太守	438 年 442 年 453 年 454 462 年	C D E	7/81/2076
宗愨	次門	隨郡太守	元嘉末	D	7/76/1972
庾深之	高門	長沙內史	452 年	D	7/79/2044
劉道錫	軍次	巴西梓潼二郡太守	-444 年	D	6/65/1720
劉道隆	軍次	廬江太守	445-	D	5/45/1377
胡景世	軍次	新興太守 齊郡太守	447 年 452 年	D	5/49/1446 7/78/2015
劉瑀	軍次	淮南太守	元嘉末	D	5/42/1310
羊瞻	軍次	尋陽太守	元嘉末	D	6/62/1662

〔註51〕 6/68/1796 爲「安成公相」。

沈亮	軍南次	南陽太守 義成太守	445 年	D	8/100/2451
沈璞	軍南次	宣威將軍、盱眙太守 淮南太守	450	D	8/100/2462
沈慶之	軍南次	淮陵太守 南東平太守 南濟陰太守 武昌內史	元嘉中 453 年	D	7/77/1996
檀和之	軍外次	始興內史 彭城太守 豫章太守	-443.12 450 年 -455.3	D	5/90 8/97/2379 6/116
周嶠	軍外次	吳興太守	-453 年	D	7/82/2089
何偃	軍外高	南東海太守	452 年	D	6/59/1608
王錫	軍外高	臨海太守	元嘉末	D	7/75/1951
殷沖	軍外高	吳興太守	元嘉末	D	6/59/1598
袁淑	軍外高	宣城太守 南東海太守	元嘉末	D	6/70/1835
申坦	軍晚次	晉壽太守 巴西梓潼二郡太守 濟南平原二郡太守	441 年 -443.3 452 年	D	8/98/2408 6/65/1725
劉昶	宋宗室	南彭城下邳二郡太守 會稽太守	450－453 453－454	D	6/72/1868
劉誕	宋宗室	會稽太守	-453 年	D	7/79/2026
劉恢	宋宗室	河東太守	元嘉末	D	6/68/1807
劉玠	宋宗室	琅邪、秦郡太守	元嘉末	D	5/51/1468
柳元景	次門	隨郡太守 弘農太守 京兆廣平二郡太守 襄陽太守 丹陽尹	元嘉中 450 年 464 年	D E	7/77/1981
王謙之	高門	豫章太守 吳興太守 衡陽內史	454 孝武世	D E	5/45/1378

殷琰	高門	鄱陽太守 晉熙太守 廬陵內史 南梁郡太守	元嘉末 -454 年 465 年	D E	8/87/2204
劉德願	軍次	竟陵太守 秦郡太守	450 年 -463.6	D E	8/95/2349 5/45/1376
劉懷之	軍次	廣陵南沛二郡太守 臨川內史	450 年 文帝孝武世	D E	8/95/2352 5/45/1380
劉秀之	軍次	廣平太守 丹陽尹	元嘉世 458 年	D E	7/81/2074
劉延孫	軍次	南清河太守 尋陽太守 丹陽尹 吳興太守	元嘉世 453 年 454 年 454 年	D E	7/78/2018
沈懷文	南次	新興太守 淮南太守 廣陵太守	453 年 461-462 年誅	D E	7/82/2102
張暢	軍南高	安北長史、沛郡太守 司空長史、南郡太守 會稽太守	448- 453 年前後 455	D E	5/46/1397
孔覬	軍南高	南義陽太守 臨海太守 義興太守 江夏內史	元嘉中 462 年	D E	7/84/2153
孔靈符	軍南高	南郡太守 丹陽尹 會稽太守	元嘉末 大明初	D E	5/54/1532
褚湛之	軍外高	南彭城沛二郡太守 丹陽尹	文帝孝武世	D E	5/52/1506
江智淵	軍外高	南濮陽太守 南東海太守	元嘉末 孝武世	D E	6/59/1609
王僧達	軍外高	宣城太守 義興太守 吳郡太守 臨淮太守	元嘉末 孝武初	D E	7/75/1951

袁顗	軍外高	廬江太守 晉陵太守 尋陽太守 襄陽太守 廣陵太守	元嘉世 453 年 458 年 464 年	D E	7/84/2148
薛安都	軍晚次	北弘農太守 新野太守 竟陵內史	元嘉末 454 年	D E	8/88/2215
劉彧	宋宗室	南蘭陵下邳二郡太守 南彭城東海二郡太守	453 年 454 年	D E	8/151
劉褘	宋宗室	南彭城下邳二郡太守 會稽太守	元嘉末 孝武初	D E	7/79/2038
劉愷	宋宗室	南彭城沛二郡太守 南彭城下邳二郡太守	元嘉世 453 年	D E	6/68/1808
劉勔	次門	綏遠太守 晉康太守 鬱林太守 梁郡太守	元嘉末 454 年 明帝初	D E F	8/86/2191
劉懷珍	軍次	長廣太守 樂陵河間二郡太守 東安東莞二郡太守 寧朔將軍、竟陵太守 南義陽太守 南郡太守 南高平太守 豫章太守	元嘉中 458 年 泰始初 後廢帝世	D E F	齊 2/27/499
王琨	軍高	宣城太守 義興太守 東陽太守 臨淮太守 歷陽內史 廣陵太守 吳郡太守 會稽太守	元嘉世 孝建初 明帝世	D E F	齊 2/32/577

張永	軍南高	廣陵南沛二郡太守 吳興太守 吳郡太守 會稽太守	元嘉末 467年	D E F	5/53/1511
王景文	軍外高	南廣平太守 宣城太守 東陽太守 江夏內史 南平太守 丹陽尹 江州刺史領豫章太守	元嘉世 454年 461年 明帝世	D E F	8/85/2178
蔡興宗	軍外高	武昌太守 臨海太守 東陽太守 江夏內史 南東海太守 會稽太守	元嘉中 孝武帝世 明帝世	D E F	5/57/1573
宗越	次門	濟陽太守 汝南新蔡二郡太守 南濟陰太守 南東海太守	453年 464年 465年 465年	E	7/83/2110
鄧琬	次門	南海太守 尋陽內史	453年 464年	E	
顏師伯	次門	南郡太守 南濮陽太守 東陽太守 丹陽尹	453年 前廢帝世	E	7/77/1992
崔道固	次門	齊北海二郡太守	459年	E	8/88/2224
柳僧景	次門	新城太守	孝武初	E	7/76/1975
顏師叔	次門	南康相	孝武世	E	7/77/1995
顏師仲	次門	晉陵太守	孝武世	E	7/77/1995
戴法興	恩倖	南魯郡太守	454年	E	8/94/2303
王休	高門	永嘉太守	孝武初	E	7/75/1955
庾徽之	高門	南東海太守	孝武世	E	7/84/2155

殷孝祖	高門	濟北太守 南濟陰太守 盱眙太守 陽平東平二郡太守 濟南太守 南郡太守	孝建初 孝武世	E	8/86/2189
顏竣	軍次	丹陽尹	-457.6	E	7/75/1960
劉衍	軍次	豫章內史	465 年	E	7/84/2133
顏	軍次	濟陽太守	孝武世	E	7/73/1904
向柳	軍次	始興內史 南康相	孝武世	E	5/45/1374
王曇生	軍高	吳郡太守 吳興太守	459 年 465 年	E	7/81/2077 7/84/2131
謝莊	軍高	廣陵太守 臨淮太守 吳郡太守	461 年	E	8/85/2176
荀萬秋	軍高	晉陵太守	孝建初	E	6/60/1629
蔡孫	軍高	始安太守	孝武世	E	5/42/1311
謝惠宣	軍高	臨川內史	孝武世	E	5/53/1525
沈法系	軍南次	始興太守〔註52〕 尋陽太守 東陽太守	453 年 457 年	E	7/77/2005 6/65/1725
沈正	軍南次	齊北海二郡太守	454 年	E	8/100/2447
沈僧榮	軍南次	安成相	孝建初	E	7/77/2005
張岱	軍南高	彭城太守	461 年	E	8/91/2256
孔道存	軍南高	江夏內史	464 年	E	7/84/2155
張淹	軍南高	臨川內史	孝武世	E	6/59/1607
周朗	軍外次	廬陵內史	孝武世	E	7/82/2101
王僧朗	軍外高	丹陽尹	-462.9	E	6/130
王藻	軍外高	東陽太守（4/41/1290	-465.10	E	7/145

〔註52〕7/82/2105 爲「始興相」。

謝稚	軍外高	西陽太守	465 年	E	5/52/1495
垣閬	軍晚次	沛郡太守 汝南新蔡太守 南海太守〔註53〕	-453.7 孝建初 -458.7	E	6/113 齊 2/28/531
杜仲儒	軍晚次	鄱陽太守	454 年	E	7/74/1921
垣閬	軍晚次	南海太守 義興太守	-458.7 -459 年	E	6/122 5/49/1452
王玄默	軍晚次	平原樂安二郡太守	465 年	E	8/88/2222
申令孫	軍晚次	廣陵太守	景和中	E	6/65/1725
申闡	軍晚次	濟陰太守	景和中	E	6/65/1725
垣襲祖	軍晚次	淮陽太守	孝建中	E	齊 2/28/529
沈曇慶	南次	南東海太守	孝建世	E	5/54/1539
陸展	南高	尋陽太守	-454 年誅	E	8/92/2268
劉渾	宋宗室	南彭城東海二郡太守	453 年	E	7/79/2042
劉休若	宋宗室	南琅邪臨淮二郡太守 南彭城下邳二郡太守 吳興太守 會稽太守 晉安二郡太守	458 年 461 年	E	6/72/1882
劉子房	宋宗室	淮南宣城二郡太守 會稽太守	460 年 465 年	E	7/80/2061
劉子頊	宋宗室	吳興太守 丹陽尹	460 年 465 年	E	7/80/2062
劉子鸞	宋宗室	吳郡太守 南琅邪太守	460 年 461 年	E	7/80/2063
劉子仁	宋宗室	吳郡太守 丹陽尹	461 年 462 年	E	7/80/2066
劉子眞	宋宗室	吳興太守 南彭城太守 丹陽尹	461 年 463 年 465 年	E	7/80/2067
劉子尚	宋宗室	會稽太守	461 年	E	7/80/2058

〔註53〕6/122 作「垣閬」。

劉子元	宋宗室	秦南沛二郡太守 南琅邪泰山二郡太守	464 年 464 年	E	7/80/2068
劉子孟	宋宗室	南琅邪彭城二郡太守	465 年	E	7/80/2068
劉子輿	宋宗室	南高平臨淮二郡太守	465 年	E	6/61/1640
劉弼	宋宗室	武昌太守	465 年	E	5/51/1466
劉仲容	宋宗室	臨淮濟陽二郡太守	孝武世	E	6/61/1653
劉思考	宋宗室	豫章太守 會稽太守	孝武世	E	5/51/1483
劉韞	宋宗室	宣城太守	孝武世	E	5/51/1466
何亮	外高	桂陽太守 新安內史	孝建初	E	4/41/1294
何邁	外高	南濟陰太守	大明末	E	4/41/1293
王翼之	外高	會稽太守	孝武世	E	7/79/2043
巢尚之	恩倖	淮陵太守 南清河太守 新安太守	前廢帝世 -466 年	E F	8/94/2304
戴明寶	恩倖	南清河太守 南東莞太守 晉陵太守 武陵內史 宣城太守	孝武世 前廢帝世 泰始初	E F	8/94/2305
張悅	軍南高	尋陽太守 南郡太守 襄陽太守 巴郡太守 輔師將軍、領巴郡太守	-456.10 明帝世 470	E F	6/119 6/59/167 5/46/1400
蕭惠開	軍外次	襄陽太守 豫章內史 南東海太守 南郡太守	458 年 大明中 469 年 470 年未拜卒	E F	8/87/2200
蕭惠基	軍外次	湘東內史 武陵內史 豫章太守	孝武世 元徽中	E F	齊 3/46/810

王僧虔	軍外高	武陵太守 南東海太守 豫章內史 吳興太守 會稽太守 吳郡太守	孝武初 泰始中	E F	齊 2/33/592
王延之	軍外高	武陵內史 吳郡太守 後軍將軍、吳興太守 會稽太守	孝武世 明帝世	E F	齊 2/32/585
袁粲	軍外高	廣陵太守 豫章太守 海陵太守 南東海太守 丹陽尹	孝建中 460 年 463 年 465 年 469 年	E F	8/89/2230
王玄邈	軍晚次	清河廣川二郡太守 泰山太守	465 年 昇明中	E F	8/88/2222 齊 2/27/511
劉景素	宋宗室	寧朔將軍南濟陰太守 歷陽南譙二郡太守 丹陽尹 吳興太守	460 年 -465.12 明帝初 -469.12	E F	6/72/1860
柳世隆	次門	上庸太守 巴西梓潼太守 南泰山太守 東海太守 江夏內史 吳郡太守	466 年	F	7/84/2141 齊 2/24/446
崔慧景	次門	河東太守	478 年	F	齊 3/51/872
劉懷慰	次門	齊郡太守	479 年	F	齊 3/53/918
柳光世	次門	順陽太守	明帝世	F	7/77/1991
劉休	次門	南康相 新蔡太守 尋陽太守	明帝世	F	齊 2/34/612

劉悛	次門	蜀郡太守 武陵內史 長沙內史	明帝世 元徽世	F	齊 2/37/649
王湛	次門	湘東太守 臨川內史	明帝世	F	齊 2/34/616
徐爰	恩倖	宋隆太守 南濟陰太守	明帝世	F	8/94/2312
李道兒	恩倖	淮陵太守	泰始初	F	8/94/2316
王道隆	恩倖	南蘭陵太守	泰始初	F	8/94/2317
朱幼	恩倖	南高平太守	泰始中	F	8/94/2315
壽寂之	恩倖	寧朔將軍南泰山太守	泰始中	F	8/94/2316
姜產之	恩倖	龍驤將軍南濟陰太守	泰始中	F	8/94/2316
阮佃夫	恩倖	南魯郡太守 淮南太守加淮陵太守 歷陽太守	泰始中 472 年 476 年	F	8/94/2314
楊運長	恩倖	南平昌太守 宣城太守	泰始中 477 年	F	8/94/2318
王逡之	高門	始安內史	宋末	F	齊 3/52/902
庾沖遠	高門	豫章太守	泰始初	F	4/41/1290
劉延熙	軍次	臨海太守 義興太守	大明中	F	6/65/1719
蕭賾	軍次	南東莞太守 襄陽太守 廣興相 江夏內史	明帝世 元徽中 476 年	F	齊 3/44
劉藏	軍次	尚書左丞	宋末	F	5/42/1310
蕭道成	軍次	南東海太守	泰始初	F	齊 1/6
到遁	軍次	南海太守	元徽中	F	齊 2/37/648
蕭嶷	軍次	武陵內史	元徽中	F	齊 2/22/405
王秀之	軍高	晉平太守 尋陽太守 南郡太守	 478 年	F	齊 3/46/799
王釗	軍高	始興相	泰始初，賜死	F	5/42/1323
江謐	軍高	長沙內史 廣陵太守	泰始中 元徽中	F	齊 2/31/570

謝超宗	軍高	臨淮太守 義興太守	元徽中 478 年	F	齊 2/36/636
沈攸之	軍南次	東海太守 寧朔將軍、尋陽太守 吳興太守	明帝初 不拜	F	7/74/1927
沈文季	軍南次	寧朔將軍、廣陵太守 南東海太守 臨海太守 吳興太守 丹陽尹	明帝世 477 年 479 年	F	齊 3/44/7 75 7/74/1940
沈仲玉	軍南次	寧朔將軍、蜀郡太守	泰始末	F	8/100/2466
沈侃	軍南次	南沛郡太守	泰始中	F	8/100/2460
張𤩴	軍南高	豫章太守	-468.4	F	8/163
張瑰	軍南高	吳郡太守 東海東莞二郡太守	477 年	F	齊 2/24/454
孔覬	軍南高	南郡太守	大明中	F	5/56/1565
張浩	軍南高	東陽太守	明帝世	F	5/46/1400
周仁昭	軍外次	南海太守	昇明末	F	7/82/2101
徐孝嗣	軍外次	南彭城太守	昇明世	F	齊 3/44/771
蕭況之	軍外次	始興相	明帝世	F	7/78/2018
蕭惠徽	軍外次	東莞太守	明帝世	F	5/54/1538
蕭惠訓	軍外次	宋寧太守	泰始初	F	8/87/2202
蕭彌之	軍外次	廣興公相	昇明末	F	7/78/2018
蕭惠明	軍外次	吳興太守	宋末	F	7/78/2016
檀超	軍外次	桂陽內史 零陵內史	宋末	F	齊 3/52/891
臧煥	軍外次	武昌太守	宋順帝世	F	5/55/1547
蔡景玄	軍外高	竟陵太守	宋末	F	5/57/1585
殷孚	軍外高	始興相	大明末	F	6/59/1597
王奐	軍外高	吳興太守〔註 54〕 江夏內史 江夏武昌太守 丹陽尹	大明末 473 年 昇明初	F	5/58/1595 齊 3/49/847

〔註 54〕齊 3/49/848 爲昇明中。

江斅	軍外高	臨淮太守	昇明中	F	齊 3/43/758
袁凝	軍外高	晉陵太守	明帝世	F	6/70/1840
何戢	軍外高	東陽太守 濟陰太守	明帝世	F	齊 2/32/583
袁彖	軍外高	廬陵內史	宋末	F	齊 3/48/833
何昌寓	軍外高	湘東太守	宋末	F	齊 3/43/759
江概	軍外高	南東海太守	宋末	F	6/59/1610
褚淵	軍外高	丹陽尹 吳興太守 吳郡太守	泰始中 泰始末	F	齊 2/23/426 資治通鑑
何求	軍外高	永嘉太守	元徽世	F	齊 3/54/938
王道琰	軍外高	廬陵內史	元徽中	F	7/75/1958
王繢	軍外高	南東海太守 東陽太守	元徽中	F	齊 3/49/852
王蘊	軍外高	晉陵太守 義興太守 東陽太守	明帝世 後廢帝初	F	8/85/2184
申謙	軍晚次	輔國將軍、臨川內史	泰始初	F	6/65/1725
王寬	軍晚次	隨郡太守	泰始初	F	齊 2/27/510
垣榮祖	軍晚次	寧朔將軍、東海太守 寧朔將軍、淮南太守 輔國將軍、汝陰太守	泰始中 477 年	F	齊 2/28/530
垣崇祖	軍晚次	北琅邪蘭陵二郡太守 盱眙太守 平陽太守 東海太守	泰始中 472 年	F	齊 2/25/460
王玄載	軍晚次	山陽東海二郡太守 徐州刺史領鍾離太守 歷陽太守 建寧太守	-471.12	F	齊 2/27/509 8/169
王文和	軍晚次	〔註55〕巴陵內史	477 年	F	7/74/1933
沈憲	南次	南梁太守	478 年	F	齊 3/53/920

〔註55〕身份斷定據《南齊書・王玄載列傳》（2/27/512）。

沈沖	南次	尋陽太守	478 年	F	齊 2/34/614
丘靈鞠	南次	扶風太守	不就	F	齊 3/52/890
沈登之	南次	新安太守	昇明中	F	7/74/1940
沈雍之	南次	鄱陽太守	宋末	F	7/74/1940
顧覬之	南高	吳郡太守	-466.10	F	7/81/2080
虞願	南高	晉平太守	元徽世	F	齊 3/53/916
陸澄	南高	安成太守 襄陽太守 東海太守	宋末	F	齊 2/39/681
蕭諶	齊疏屬	東莞太守	昇明中	F	齊 3/42/745
蕭晃	齊宗室	淮南宣城二郡太守	-478.10	F	10/198
蕭映	齊宗室	淮南宣城二郡太守	-478.4	F	10/197
蕭子良	齊宗室	輔國將軍、會稽太守	479 年	F	齊 3/40/692
蕭赤斧	齊宗室	淮陵太守	昇明世	F	齊 2/38/664
蕭景先	齊宗室	新蔡太守	昇明中	F	齊 2/38/661
劉瞻	宋宗室	晉安太守	466 年	F	5/51/1466
劉襲	宋宗室	安成太守	466 年	F	5/51/1467
劉德	宋宗室	淮陵南彭城二郡太守	467 年	F	6/61/1640
劉躋	宋宗室	會稽太守	473 年	F	6/61/1653
劉顥	宋宗室	吳興太守	-476 年卒	F	5/51/1466
劉遐	宋宗室	吳郡太守	477 年誅	F	5/51/1469
劉友	宋宗室	歷陽太守	478-479 年	F	8/90/2238
劉伯融	宋宗室	琅邪臨淮二郡太守	明帝世	F	6/72/1878
劉韞	宋宗室	吳興太守	明帝世	F	5/51/1466
劉秉	宋宗室	丹陽尹	泰始初	F	5/51/1468
劉充明	宋宗室	南彭城東莞二郡太守	泰始中	F	7/79/2042
劉述	宋宗室	東陽太守	元徽世	F	5/51/1466
劉琨	宋宗室	晉平太守 武昌太守	宋末	F	5/51/1470 10/198
陳敬元	外寒	南魯郡太守	宋末	F	4/41/1294
劉懷民	次門	齊北海二郡太守	元嘉世	F	齊 2/28/522
鄧胤之	次門	豫章太守	元嘉世		7/84/2129

蕭道度	次門	安定太守	宋世		齊 3/45/787
蕭奉之	次門	西平太守	宋世		齊 3/45/792
王歆之	次門	南康相			5/42/1308
劉奉伯	軍次	陳南頓二郡太守	宋世		齊 2/27/499
羊徽	軍次	河東太守	元嘉世		6/62/1662
劉懷默	軍次	冠軍將軍、江夏內史	元嘉世		5/45/1377
劉道球	軍次	巴東建平二郡太守	元嘉世		5/45/1377
劉蔚祖	軍次	江夏內史	元嘉世		5/47/1404
劉孫登	軍次	武陵內史	元嘉世		5/45/1377
劉貞之	軍次	寧朔將軍、江夏內史			5/42/1310
劉衷	軍次	始興相			5/42/1310
劉粹之	軍次	晉陵太守			7/81/2076
鄭惛	軍次	始興太守			6/64/1698
劉敬義	軍次	馬頭太守			5/49/1440
胡隆世	軍次	西陽太守			5/49/1445
劉曠之	軍次	晉熙太守			
何鑠	軍高	宜都太守	元嘉世		齊 3/54/937
王錫	軍高	江夏內史	元嘉世		5/42/1323
王微	軍高	南琅邪太守 義興太守	元嘉世，並固辭		6/62/1665
范泰	軍高	宜都太守			6/60/1623
王曄	軍高	臨賀太守			6/60/1626
王鴻	軍高	會稽太守			6/63/1678
王深	軍高	新安太守			5/42/1323
張暢	軍南高	晉安太守 南義陽太守	元嘉世		6/59/1606
陸仲元	軍南高	吳郡太守	元嘉世		5/53/1510
張鏡	軍南高	新安太守	元嘉世		5/53/1511
孔山士	軍南高	會稽太守	元嘉世		5/54/1532
蕭簡	軍外次	長沙內史 南海太守	元嘉世		7/78/2018

蕭摹之	軍外次	丹陽尹	元嘉世		7/78/2017
檀弘宗	軍外次	南琅邪太守			齊 3/52/891
臧邃	軍外次	宜都太守			5/55/1546
臧綽	軍外次	新安太守			5/55/1546
傅弘仁	軍外次	南譙太守			5/55/1547
孟宗嗣	軍外次	竟陵太守			5/47/1407
褚法顯	軍外高	鄱陽太守			齊 2/32/582
謝䫆	軍外高	晉平太守			8/85/2177
王恢之	軍外高	新安太守			6/66/1732
何悠之	軍外高	義興太守			6/66/1738
何愉之	軍外高	新安太守			6/66/1738
謝恂	軍外高	鄱陽太守			5/52/1495
袁覬	軍外高	武陵內史			5/52/1502
褚恬之	軍外高	南琅邪太守			5/52/1505
申寔	軍晚次	南譙太守			6/65/1725
申元嗣	軍晚次	海陵太守 廣陵太守			6/65/1725
劉爽	宋宗室	海陵太守			5/51/1467
劉鏡	宋宗室	宣城太守			5/51/1480
劉倩	宋宗室	南新蔡太守			5/51/1480
路瓊之	外寒	衡陽內史			4/41/1288
劉睦之		武平太守	宋世		8/93/2296
丘淵之		吳郡太守			7/81/2079
郭啓玄		晉壽太守	元嘉世		8/92/2271
鄧文子		尋陽太守	元嘉世		8/93/2286
夏侯穆		南陽太守	元嘉世		7/83/2109
蔡茂之		始興太守	元嘉世		6/68/1807
溫祚		振武將軍、巴東太守	407 年	A	5/47/1414
劉千載		陽平太守	409 年	A	1/15
趙元		濟南太守	409 年	A	1/15
章民		九眞太守	411 年	A	8/92/2264
趙惔		尋陽太守	義熙初	A	6/64/1702

邢安泰		平原太守	義熙中	A	5/52/1494
宗臧		南平太守	義熙中	A	8/93/2278
王景度		東郡太守	424 年	B	8/95/2323
劉談之		上黨太守	424 年	B	8/95/2323
竇應明		弘農太守	424 年	B	8/95/2323
嚴悽		陳留太守	424 年	B	8/95/2323
陽瓚		濮陽太守	425 年	B	8/95/2329
王涓之		河南太守	425 年	B	8/95/2324
沈道興		南陽太守	426	B	5/45/1380
程道惠		江夏內史	426	B	5/44/1348
潘盛		建安太守	426 年誅	B	5/74
魏恭子		彭城內史	元嘉初	B	8/92/2270
李元德		穎川太守 滎陽太守 陳南頓二郡太守	425 年 元嘉初	B C	8/95/2326 8/92/2270
馮遷		遂寧太守	432	C	5/45/1381
王懷業		巴西梓潼二郡太守	432	C	5/45/1381
韋處伯		南漢中太守	432	C	5/45/1381
阮惠		涪陵太守	432	C	5/45/1381
杜玄起		江陽太守	432	C	5/45/1381
王彭		盱眙太守	432 年	C	8/91/2250
周籍之		揚武將軍、巴東太守	433	C	5/45/1384
張範		晉昌太守	433 年	C	8/98/2406
范延朗		晉壽太守	433 年	C	8/98/2406
申季歷		北譙梁二郡太守	433 年	C	8/92/2271
蕭坦		陰平太守	433 年	C	7/78/2012
潘詞		高平太守	元嘉中	C	8/92/2271
羊之		臨川內史〔註56〕	元嘉中	C	6/67/1775
任薈之		振武司馬、蜀郡太守 豫章太守	432 454	CD	5/45/1384 7/74/1921
爨松子		晉寧太守	441 年	D	5/88

姜檀		仇池太守	442	D	5/47/1406
桓隆之		豫章太守	-447.10	D	5/95
陳憲		行汝南太守 汝南新蔡二郡太守	449年 450	D	6/72/1856 8/95/2345
劉寬勗		行東弘農太守	450	D	7/77/1983
劉槐		華山太守	450	D	7/77/1983
劉伯龍		建武將軍、淮南太守	450年	D	8/95/2351
鄭琨		陳南頓二郡太守	450年	D	8/95/2344
郭道隱		汝陽潁川二郡太守	450年	D	8/95/2344
徐遵之		汝南新蔡二郡太守	450年	D	8/95/2344
劉弘宗		巴西梓潼二郡太守	450年	D	8/95/2349
龐法起		略陽太守	450年	D	7/77/1982
劉興祖		秦郡太守	-451.6	D	5/100
崔勳之		樂安渤海二郡太守	451年	D	7/78/2017
龐秀之		齊郡太守	451年	D	7/78/2017
荀赤松		始興內史	-453年誅	D	9/99/2428
崔耶利	〔註57〕	魯陽平二郡太守	450年	D	8/95/2350
徐遺寶		河東太守	453年	E	6/68/1808
程天祚		歷陽太守 山陽內史	454年 466年	E	8/88/2217
劉胡		建昌太守 東平陽平二郡太守 馮翊太守	454年 465年	E	7/84/2147
張幼緒		歷陽太守	454年	E	7/77/2001
王謙之		豫章太守	454年	E	7/77/1993
魯方平		西陽太守	454年	E	7/74/1920
任薈之		豫章太守	454年	E	7/74/1921
王玄揩		高平太守	454年	E	6/68/1808
到元度		義興太守	-455.6	E	6/117
分武都		平安樂安二郡太守	455年	E	7/77/1994
袁景		淮南太守	-456.11誅	E	6/119

〔註57〕5/99作「崔邪利」。

苻仲子		建寧太守	-459.4	E	6/123
梁曠		山陽內史	459 年	E	7/79/2031
鄭瑗		盱眙太守	459 年	E	7/79/2033
薛繼考		義成太守 河南太守	461 年	E	7/79/2044
檀翼之		西陽太守	-462.7	E	6/130
沈懷寶		南陽太守	465	E	7/84/2130
薛常寶		岷山太守	465	E	7/84/2130
韋希直		新蔡太守	465	E	7/84/2130
孫沖之		巴東太守〔註58〕	465	E	7/74/1921
沈肅之		南康相	465 年	E	齊 3/43
費欣壽		巴郡太守	465 年	E	8/87/2201
卜天生		弋陽太守	465 年	E	8/87/2204
周矜		汝南新蔡二郡太守	465 年	E	8/87/2204
劉乘民		高陽渤海二郡太守	465 年	E	8/88/2222
李靈謙		東莞東安二郡太守 山陽太守 宣城太守	465 年 -469.7 -477.8	E	8/88/2222 8/165 10/194
袁標 〔註59〕		晉陵太守	465 年	E	7/84/2131
閻湛之		晉熙太守	465 年	E	7/84/2133
何慧文		長沙內史	465 年	E	7/84/2133
劉道憲		順陽太守	465 年	E	7/84/2133
蔡那		益州刺史、宋寧太守	465 年	E	7/83/2113
費混		巴西梓潼二郡太守	孝武世	E	8/159
蔡超		南郡內史	孝武世	E	6/68/1799
竺超民		南平內史	孝武世	E	6/68/1799
譚金		南下邳太守 南清河太守	孝武世 456 年	E	7/83/2111
庾業		梁郡太守	孝建中	E	7/76/1972
庾彥達		豫章太守	孝武帝世	E	7/84/2161

〔註58〕7/84/2131 爲「巴東建平二郡太守」。
〔註59〕8/156 作「袁摽」。

皇甫道烈		陳南頓二郡太守 馬頭太守	孝武世	E	8/87/2204
龐天生		汝南潁川二郡太守	孝武世	E	8/87/2204
朱輔之		南濟陰太守	孝武世	E	8/87/2205
吳喜		河東太守 淮陵太守	孝建中 468 年	EF	7/83/2114
卞展		交趾太守	孝武明帝世	EF	齊 3/41/726
龐孟劯		義陽內史	466.1-	F	8/156
郗顒		吳興太守	466 年	F	8/91/2257
薛元寶		南濟陰太守	466 年	F	8/87/2205
許道蓮		馬頭太守	466 年	F	8/87/2205
王子仲		廬江太守	466 年	F	8/87/2209
常珍奇		汝南新蔡太守	466 年	F	8/87/2211
裴季		南汝陰太守	466 年	F	8/88/2220
王煥		下邳太守	466 年	F	8/88/2220
王職之		始安內史	466 年	F	7/84/2140
趙道生		建安內史	466 年	F	7/84/2140
顏躍		湘東太守	466 年	F	7/84/2141
羅寶稱		巴東太守	466 年	F	7/84/2145
全景文		試守西陽太守 高平太守 歷陽太守 南琅邪濟陰太守	466 年 元徽末	F	7/84/2146 齊 2/29/539
陽伯子		新安太守	466 年	F	7/84/2163
丘景先		鄱陽內史	466 年	F	7/84/2135
殷損		廬陵內史	466 年	F	7/84/2135
孔靈產		長沙內史 晉安太守	466 年 泰始中	F	7/84/2135 齊 3/48/835
劉攘兵		南陽太守 巴東太守	467 年 476 年	F	8/88/2221 7/74/1932
孫奉伯		南譙太守	-468.3	F	8/163
劉勃		南康相	-468.8	F	8/163

楊文萇		汝陰太守	468 年	F	8/86/2195
常超越		潁川汝陽三郡太守	468 年	F	8/86/2195
垣式寶		陳南頓二郡太守	468 年	F	8/86/2195
呂安國		義陽太守	-469	F	8/165
陳伯紹		東莞太守	-469.7	F	8/165
劉崇智		海陵太守	-469.8	F	8/165
張澹		巴西太守	472 年	F	7/74/1931
劉靈遺		淮南太守 歷陽太守 南蘭陵太守	-473 年 474-475 年 475 年	F	7/84/2148
周盤龍		南東莞太守	474 年	F	齊 2/29/543
任農夫		淮南太守	-474 年	F	7/83/2126
段佛榮		歷陽太守	475 年	F	7/84/2148
曹欣之		徐州刺史、鍾離太守	476 年	F	7/83/2114
黃回		南琅邪濟陽二郡太守	476 年	F	7/83/2123
劉道欣		建平太守	476 年	F	7/74/1932
柳和		建寧太守	-477.2	F	9/187
王敬則		南臨淮太守	477 年	F	7/74/1935
陳承叔		南高平太守	477 年	F	7/74/1935
彭文之		南濮陽太守	477 年	F	7/74/1935
王勅勤		南清河太守	477 年	F	7/74/1935
王毓		西陽太守	477 年	F	7/74/1940
張謨		建寧太守	477 年	F	7/74/1940
劉道宗		隨郡太守	478 年	F	齊 2/25/473
張興世		宣威將軍、隨郡太守 豫州刺史南梁郡太守	大明末 466 年	F	5/50/1453 7/84/2146
袁僧惠		宜都太守	大明中	F	4/41/1293
王濟		巴東太守	大明中	F	8/97/2397
武念		南陽太守	大明中	F	7/83/2112
桓康		蘭陵太守 南濮陽太守	昇明世	F	齊 2/30/558
田義之		宋安太守	明帝初	F	8/97/2398
田光興		光城太守	明帝初	F	8/97/2398

張讜		東安東莞二郡太守	明帝初	F	8/88/2221
張景遠		汝陰太守	明帝初	F	8/86/2192
李安民		京兆太守 司州刺史領義陽太守 山陽太守	明帝世	F	齊 2/27/505
蘇侃		綏虜將軍、山陽太守	宋末	F	齊 2/28/528
蘇烈		山陽太守	宋末	F	齊 2/28/529
趙超民		新會太守	宋末	F	10/197
黃僧念		竟陵相	宋末	F	7/83/2125
周寧民		鍾離太守	宋末	F	7/83/2126
卜伯興		前將軍、南平昌太守	宋末	F	8/91/2254
劉懷恭		北海太守	泰始初	F	齊 2/28/522
劉善明		北海太守 海陵太守 巴西梓潼二郡太守 西海太守 南東海太守	泰始初 474 年	F	齊 2/28/522
陸法眞		南海太守	泰始初	F	8/92/2272
周景遠		晉安太守	泰始中	F	8/93/2281
陳顯達		馬頭義陽二郡太守 濮陽太守	泰始中	F	齊 2/26/488
張敬兒		南陽太守 順陽太守	泰始中	F	齊 2/25/4664
庾佩玉		長沙內史	元徽末	F	7/83/2125
張欣華		安成太守	元徽中	F	齊 3/51/881
于天寶		清河太守 山陽太守	元徽中 477 年死	F	8/94/2316
荀伯玉		濟陽太守	昇明世	F	齊 2/31/573
胡諧之		南梁郡太守 汝南太守	明帝世？	F	齊 2/37/656
王廣之	沛郡相	南譙太守 建威將軍、南陽太守 龍驤將軍、鍾離太守 寧朔將軍、高平太守	大明世 明帝世 元徽中	F	齊 2/29/547

表八：其他官職

姓　名	身　份	官　職	任職時間		備註
鄭鮮之	軍次	御史中丞	410 年	A	6/64/1695
滕演	軍次	秘書監	義熙初	A	4/43/1337
王鎮之	軍高	御史中丞	義熙中	A	8/92/2263
王韶之	軍高	著作佐郎 著作郎	義熙初 晉恭帝世	A B	6/60/1625
劉湛	軍高	著作佐郎 秘書監	義熙初，不就 419 年	A B	6/69/1815
謝靈運	軍高	秘書監	義熙中 426 年	A B	6/67/1743
徐廣	軍次	著作郎 秘書監	義熙初 416 年	A B	5/55/1548
宗彧之	次門	著作佐郎	420 年不就	B	8/93/2291
陶潛	次門	著作佐郎	義熙末不就	B	8/93/2288
傅演	軍次	秘書郎	晉末宋初	B	5/43/1341
阮萬齡	軍次	秘書監	宋初不就	B	8/93/2283
傅隆	軍次	御史中丞	元嘉初	B	5/55/1550
殷淳	軍高	秘書郎 秘書丞	423 年	B	6/59/1597
謝𤏡	軍高	秘書丞	宋初	B	5/56/1559
謝曜	軍高	御史中丞	宋初	B	5/58/1592
王敬弘	軍高	秘書監	宋初	B	6/66/1730
范曄	軍高	秘書丞	宋初	B	6/69/1819
江湛	軍高	著作佐郎	元嘉初	B	6/71/1848
孔琳之	軍南高	御史中丞	421 年	B	5/56/1563
張敷	軍南高	秘書郎 秘書丞	永初初 元嘉初	B	6/62/1663
謝紹	軍外高	著作佐郎	426 年誅	B	5/44/1350
謝世休	軍外高 〔註60〕	秘書郎	426 年誅	B	5/44/1350

〔註60〕據《宋書・謝晦列傳》，謝晦二女配劉義康、劉義賓，長子謝世休元嘉二年護送

劉義慶	宋宗室	秘書監	424 年	B	5/51/1475
徐湛之	軍外次	著作佐郎 秘書監	425 年，不就 -440 年	B C	6/71/1844
顏延之	軍次	御史中丞 秘書監	元嘉中	C	7/73/1902
王恢之	軍高	秘書郎	元嘉中，不拜	C	6/66/1732
檀遵	軍外次	秘書郎	436 年誅	C	5/43/1344
蕭惠開	軍外次	秘書郎 御史中丞	元嘉中 大明世	CE	8/87/2199
殷沖	軍外高	御史中丞	元嘉中	C	6/59/1598
王僧綽	軍外高	秘書丞	元嘉中	C	6/71/1850
劉義賓	宋宗室	秘書監	元嘉中	C	5/51/1470
何承天	軍次	著作佐郎 御史中丞	439 年 442 年	C D	6/64/1705
江恁	軍外高	著作佐郎	元嘉末	D	6/71/1850
袁淑	軍外高	著作佐郎 御史中丞	元嘉世 元嘉末	D	6/70/1835
袁顗	軍外高	著作佐郎 御史中丞	元嘉世 461 年	D E	7/84/2148
孔覬	軍南高	秘書丞 秘書監	元嘉世 454 年	D E	7/84/2154
顏師伯	次門	御史中丞	孝武初	E	7/77/1992
徐爰	恩倖	著作郎	462-	E	8/94/2308
王謙之	高門	御史中丞	454 年	E	5/45/1378
劉瑀	軍次	御史中丞	453 年	E	5/42/1310
荀萬秋	軍高	御史中丞	前廢帝末	E	6/60/1629
沈統	軍南次	著作佐郎	大明中	E	6/63/1687
王景文	軍外高	御史中丞 秘書丞	454 年	E	8/85/2178
何求	軍外高	著作郎	孝武世	E	齊 3/54/937
王僧虔	軍外高	御史中丞	孝武世	E	齊 2/33/592

至京師，其元嘉三年死時爲「新除秘書郎」，那麼其爲秘書郎當是在至京師以後。

王延之	軍外高	秘書丞 秘書監	孝武世	E	齊 2/32/585
劉彧	宋宗室	秘書監	453 年	E	8/151
劉愷	宋宗室	秘書監	453 年，未拜	E	6/68/1808
劉褘	宋宗室	秘書監	454 年	E	7/79/2038
劉休仁	宋宗室	秘書監	456 年	E	6/72/1871
劉昶	宋宗室	秘書監	457 年	E	6/72/1868
劉休祐	宋宗室	秘書監	460 年	E	6/72/1879
劉休範	宋宗室	秘書丞	大明中	E	7/79/2045
沈文季	軍南次	秘書郎 秘書監	孝建中 元徽中	E F	齊 3/44/775
劉繪	次門	著作郎	宋末	F	齊 3/48/841
劉瓛	次門	秘書郎	宋末	F	齊 2/39/677
王逡之	高門	著作郎	昇明末	F	齊 3/52/902
羊希	軍次	御史中丞	-467.2	F	5/54/1537
王悅	軍高〔註61〕	御史中丞	泰始中	F	8/92/2272
張緒	軍南高	秘書丞	元徽中	F	齊 2/33/600
臧潭之	軍外次	御史中丞	明帝世	F	5/55/1547
徐孝嗣	軍外次	著作郎	泰始中	F	齊 3/44/771
王繢	軍外高	秘書郎 秘書丞	明帝世	F	齊 3/49/852
江斅	軍外高	著作郎 秘書丞	明帝世	F	齊 3/43/757
袁凝	軍外高	御史中丞	明帝世	F	6/70/1840
袁彖	軍外高	秘書丞	宋末	F	齊 3/48/833
謝瀹	軍外高	秘書郎	宋末	F	齊 3/43/763
褚賁	軍外高	秘書郎	宋末	F	齊 2/23/431
王儉	軍外高	秘書郎 秘書丞	宋末	F	齊 2/23/433
何戢	軍外高	秘書監	宋末	F	齊 2/32/583

〔註61〕王悅父能就劉穆之求官，當亦為軍層。

陸澄	南高	著作正員郎 御史中丞	宋末	F	齊 2/39/681
蕭長懋	齊宗室	秘書郎 秘書監	元徽末	F	齊 2/21/397
劉銈	宋宗室	秘書郎	467 年	F	6/61/1652
郭希林		著作佐郎	元嘉初	B	8/93/2292
劉凝之		秘書郎	元嘉初不就	B	8/93/2285
庾徽之		御史中丞	457 年誅	E	7/75/1966
顧淵之		著作佐郎	大明中	E	7/81/2087
徐夐		御史中丞	明帝世	F	齊 2/33/592
翟法賜		著作佐郎			8/93/2286
蕭緬	次門	秘書郎			齊 3/45/794
沈昭明	次門	秘書郎			7/77/2005
荀伯子	軍高	御史中丞	元嘉世		6/60/1629
王秀之	軍高	著作佐郎			齊 3/46/799
王翼之	外高	御史中丞			7/79/2043
孔靈運	軍南高	著作郎			齊 3/53/922
徐聿之	軍外次	著作郎	元嘉世		齊 3/44/771
孟靈休	軍外次	秘書監	元嘉世		6/71/1845
蕭惠基	軍外次	著作佐郎			齊 3/46/810
蕭惠明	軍外次	御史中丞			7/78/2016
蔡約	軍外高	秘書郎			齊 3/46/804
褚湛之	軍外高	著作郎			5/52/1505
王慈	軍外高	秘書郎 秘書丞			齊 3/46/802
褚淵	軍外高	著作佐郎 秘書丞			齊 2/23/425
王奐	軍外高	著作佐郎			齊 3/49/847
謝顥	軍外高	秘書郎			齊 3/43/762
王絢	軍外高	秘書丞			8/85/2184
王偃	軍外高	秘書監			4/41/1289
褚寂之	軍外高	著作佐郎			5/52/1505
劉彪	宋宗室	秘書郎			5/51/1467